D1666533

Kabinengeflüster

Kabinengeflüster

Uwe Karte und Jörg Röhrig

mit einem Vorwort von
Wolfgang Hempel

Bilder: Agon Archiv
Einband: Agon Sportverlag, Fuldabrück
Einbandfoto: Frank Dehlis
Graphische Gestaltung: Agon Sportverlag, Kassel
Druck: Fuldaer Verlagsanstalt, Fulda

© 2010 by Agon Sportverlag
            Frankfurter Str. 92A
            D - 34121 Kassel
Alle Rechte vorbehalten

ISBN 978-3-89609-376-9

www.agon-sportverlag.de

Vorwort

Vorwort zur 1. Auflage

42 Jahre DDR-Fußball verdrängt, vergessen, erledigt? Nein! Den Autoren ist es gelungen, zahllose Begebenheiten, Anekdoten, lustige und traurige, zu erfragen und zu neuem Leben zu erwecken.

Von den Anfangsjahren nach dem Krieg mit den Dresdner Fußball-Legenden Helmut Schön und Richard Hofmann bis hin zu dem letzten Spiel am 12. September 1990 in Brüssel - zufällig wieder von zwei Dresdner „Fußballhelden" der Gegenwart - Eduard Geyer und Matthias Sammer - geprägt - ziehen sich die Erinnerungen an diesen DDR-Fußball wie ein bunter Faden durch das Leben. Geschichte ist Leben, gelebtes Leben, mit allem, was das Leben beinhaltet. Freude und Ärger, Lust und Frust, im Jubel und in der Enttäuschung.

42 Jahre DDR-Fußball - das ist ein weites Feld. Der Vorwortschreiber hat viele der hier im Buch erwähnten Spieler, Trainer und Funktionäre persönlich gekannt und auch die meisten „Storys" miterlebt oder wenigstens von den Beteiligten erzählt bekommen. Ich kann zweierlei mit gutem Gewissen bestätigen: Es waren fast ausnahmslos echte Kerle, Fußballer eben, wie du und ich, und zweitens - dieser DDR-Fußball war zu allen Zeiten besser als sein Ruf.

Wenn es heute, acht Jahre nach der Wende, dafür noch eines Beweises bedarf, hier ist er: In den 36 Profiklubs der 1. und 2. Bundesliga spielen mehr als 200 Kicker, die ihr Fußball-ABC im Osten erlernt haben. Viele tragen das Prädikat: Internationale Klasse! Zurecht.

Erfurt, im August 1997

Wolfgang Kauper

Drei Jahre Chaos

Von der Ostzonenauswahl zur Nationalmannschaft

1949 - 1952

Der erste Gedanke ist immer der beste. So gesehen waren die Funktionäre des im Oktober 1948 gegründeten Deutschen Sportausschusses (DSA) zu beglückwünschen. Im Mai '49 wurde Helmut Schön von ihnen als Trainer der gerade gebildeten Ostzonenauswahl eingesetzt. „Der Lange" gehörte zu den absoluten Topstars im deutschen Nachkriegsfußball. Bewundert, ob seiner fußballerischen Fähigkeiten, geschätzt, ob seiner menschlichen Qualitäten. Als Spielertrainer der SG Dresden-Friedrichstadt, Coach der Sachsen-Auswahl und Chef der besten Ostzonenkicker hatte der damals 33jährige Dresdner alle Hände voll zu tun. Um den Streß nicht ausufern zu lassen, strich das Fußballidol kurzerhand die Politschulung vom Auswahl-Programm. Die Genossen im Sportausschuss waren verstimmt. Sie planten den Aufbau einer sozialistischen Sportorganisation getreu dem sowjetischem Vorbild und unter dem Motto: „Sportler sein ist gut, Sportler und aktiver Friedenskämpfer sein ist besser".

Die Retourkutsche ließ nicht lange auf sich warten. Zunächst feierte die Schön-Elf eine gelungene Premiere. Beim 49er Pfingsttreffen der Freien Deutschen Jugend (FDJ) gewann sie gegen die von Richard Hofmann in Vertretung betreute Sachsenauswahl vor 40.000 Zuschauern im Leipziger Bruno-Plache-Stadion mit 1:0. Danach ging es zu einem mehrwöchigen Lehrgang. In Bad Blankenburg wurde das Team auf die Weltfestspiele in Ungarn vorbereitet. Doch bei der Abfahrt nach Budapest fehlte der Trainer. Auf dem Neustädter Bahnhof in Dresden beäugten Delegationsleiter Ernst Horn und Fritz Gödicke als „Schön-Vertreter" misstrauisch die Abschiedsszenen. Vor den Augen der Funktionäre wurde Hans Kreische eine Flasche Schnaps zugesteckt. „Hans'l", bei der Likörfabrik „Bramsch" in Lohn und Brot, hatte diese von seinem Chef als Wegzehrung mitbekommen. In Prag war der Proviant alle.

In Budapest bekamen Kreische und Co. das Fürchten gelehrt. Nach gut einer Viertelstunde lagen sie gegen Ungarns B-Elf mit 0:3 zurück. Kein Zufall, denn der Fußball war im Osten nach dem Krieg nur mühsam auf die Beine gekommen. Das hatte seinen Grund. Im Dezember '45 hatten die Alliierten alle Turn- und Sportvereine verboten. Während diese Entscheidung im Westen bald darauf zurückgenommen wurde, blieben die sowjetischen Besatzer knallhart. Nach der Direktive Nr. 23 gestatteten sie lediglich „nicht-militärische Sportorganisationen örtlichen Charakters". Zu deutsch: Fußballer durften ausschließlich dort

13

spielen, wo sie wohnten, in Städten gar nur im gleichen Stadtbezirk. So musste Hans Kreische beispielsweise nach seiner Rückkehr aus der Kriegsgefangenschaft bei der SG Lockwitz kicken, weil die ausgebombte Familie in diesem Dresdner Stadtteil Unterschlupf gefunden hatte.

Erst Anfang 1948 kam ein reger Spielbetrieb in Gang. Zu den Kassenschlagern gehörten die Auftritte des DSC-Nachfolgers SG Dresden-Friedrichstadt. Von den 300 Mitgliedern waren 250 schon beim Dresdner SC eingetragen gewesen. Auch die Mannschaft rekrutierte sich vornehmlich aus dem Team des Kriegsmeisters von 1943 und 44. Die Lücken konnten erst nach und nach geschlossen werden. Am Rande eines Spiels um die Stadtmeisterschaft zwischen Seidnitz und Striesen kam Helmut Schön auf Hans Kreische zu: „Hans, wir brauchen Dich, Du bist doch ein alter Friedrichstädter!" Der Angesprochene musste

nicht lange überlegen. Ganz genau sah er sich noch mit den anderen Friedrichstädter Jungs an der Rasenkante im Ostragehege sitzen. Mit großen Augen verfolgten sie das Training der DSC-Kicker und freuten sich, wenn sich einer der berühmten Fußballer danach ein wenig Zeit für ihre Fragen nahm. Irgendwann war für interessierte Steppkes ein Probetraining angesetzt. „Hans'l", von einem Kumpel zum Kommen überredet, bot eine Galavorstellung und spielte schnell in der „Ersten" seiner Altersklasse. Einem Gönner musste der Blondschopf so imponiert haben, dass er ein Jahr lang im Casino für umsonst essen durfte.

Jetzt ging für Kreische ein Jugendtraum in Erfüllung. Auch sein Chef zeigte sich hellauf begeistert, er war Fußballfan. Fortan wurde montags, nach Siegen der Friedrichstädter, in der Likörfabrik „Bramsch" kein großer Wert auf die Anwesenheit von Hans Kreische gelegt. Der Techniker wurde dank seiner

Ballkünste und seiner offenen Art schnell zum Publikumsliebling im Ostragehege und zum Stammgast in den Auswahlmannschaften. Im DKW von Helmut Schön fuhr Kreische oft mit in die Oberlausitz, wo ein paar überzählige Likörflaschen aus Dresden gegen Zucker oder Hefe eingetauscht wurden. Auf den Fahrten nach Wilthen, Löbau oder Bautzen konnte der eigentlich als ruhig und schweigsam bekannte Schön stundenlang Witze erzählen. Im September '49 ging es rein dienstlich ins Oberlausitzer Revier. Die Sachsen-Auswahl bereitete sich in Oppach auf das Länderpokalspiel gegen den Niederrhein vor. Erfolgreich, denn 50.000 erlebten in Leipzig einen 2:1-Erfolg der mit Voigtländer (Fewa Chemnitz), Engelmann und Starke (beide Meerane) verstärkten Kombination Dresden/Zwickau. Als Siegprämie spendierte Sachsens damaliger Fußballchef Erich Jahnsmüller einen Urlaub mit den Spielerfrauen im Oberlausitzer Oberoderwitz.

Am 9. Oktober 1949 wurde im kleinen Saal des Berliner Hotels „Adlon" kräftig angestoßen. Höhepunkt war das von einem bestens gelauntem Erich Honecker angestimmte „El Yen Rakosi". Die Hochstimmung hatte Gründe. Zum einen war zwei Tag zuvor die Deutsche Demokratische Republik gegründet worden, zum anderen war Stunden vor dem Gelage zum ersten Mal so etwas wie Länderspielstimmung aufgekommen. Im „Stadion Mitte" an der Berliner Chaussee hatten sich die Kicker der Sachsenauswahl stellvertretend für alle DDR-Fußballer gegen eine ungarische Gewerkschaftsauswahl mit Spielern von Csepel und Steinmanger redlich gemüht. Mehr als der Anschlusstreffer durch den Zwickauer Heinz Satrapa sollte vor 35.000 Besuchern jedoch nicht gelingen. Keßlers Tor zum 2:2-Ausgleich erkannte Schiedsrichter Gerhard Schulz wegen Abseits nicht an. Für den Torschützen war der abendliche Empfang der letzte in dieser Art. Eine Woche später hatte Satrapa einen Vertrag mit dem 1. FC Köln in der Tasche. Mit der Unterschrift von Vorstandsmitglied Willy Wangl bekam der Zwickauer als Vertragsspieler monatlich 250 Mark garantiert. Doch Satrapa zögerte mit seiner Unterschrift und sorgte erst einmal für Schlagzeilen der anderen Art. Das „sportecho" meldete in seiner damaligen Zwei-Seitenausgabe die Fertigstellung des 1.000. Traktors im Zwickauer Werk und stellte ganz besonders den Anteil des gefährlichen Horch-Stürmers heraus. Die Leser konnten nicht wissen, dass „Satti" die Produktionshallen nie von innen gesehen hatte, weil er im Lohnbüro saß.

Anfang November '49, die Friedrichstädter waren auf dem Weg zur

Herbstmeisterschaft, beobachteten die Stammzuschauer eine rege Bau-tätigkeit im Heinz-Steyer-Stadion. Lichtanlagen wurden an die Tribüne installiert. Am Silvesterabend bekamen 22.000 Zuschauer glänzende Augen als 24.000 Watt den Rasen erstrahlen ließen. Das erste Flutlicht-spiel im Osten: Meisterschaftsfavorit Dresden-Friedrichstadt gegen eine DDR-Auswahl. Helmut Schön hatte dieses brisante Duell beim Verband durchgeboxt. Insgeheim hoffte man in Berlin auf eine Niederlage der spieltechnisch stärksten, politisch aber untragbaren Dresdner Mann-schaft. Das Spiel wurde zur Fußball-Demonstration. Helmut Schön führte „seine" Klubmannschaft auf dem Rasen zu einem ungefährdeten 2:0 gegen eine in blau-gelb spielende und gewiss nicht schlecht besetzte Republikauswahl (u.a. mit Walter Hindenberg/Eberswalde, Helmut Nord-haus, Jochen Müller/ beide Erfurt und Horst Franke/Brieske-Ost). Alle 15 Minuten wurde der Ball gewechselt, der zum besseren Erkennen mit einer dünnen Phosphorschicht überzogen war. Höhepunkt des Abends war eine Auswechslung. Der verletzt ins Spiel gegangene Herbert Pohl, umjubelter Schütze des zweiten Treffers, machte nach 45 Minuten für Richard Hofmann Platz. Der 43jährige „König Richard" kam so ur-plötzlich zu seinem Abschiedsspiel.

Nach dem Abpfiff wackelten in der Friedrichstädter Kabine die Wän-de. Natürlich durfte auch die Episode nicht fehlen, die sich Mitte der dreißiger Jahre an gleicher Stelle zugetragen hatte. Das Team des Dresd-ner SC bereitete sich auf ein Spiel um die Deutsche Meisterschaft vor. Die meisten Spieler schnürten sich schon die Töppen, nur einer fehlte. Helmut Schön stand noch in „zivil" bei seinen Fans und hatte sich wieder einmal verplaudert. Diesmal platzte Richard Hofmann der Kra-gen. Der Torjäger schloss die Kabine von innen zu und befahl seinen Kameraden: „Männer, Schnauze halten!" Wenig später klinkte es an der Tür, der „Lange" hatte seine Verspätung offensichtlich bemerkt. Hofmann legte den Zeigefinger auf den Mund und ließ den DSC-Jungstar noch eine Weile zappeln. Dann drehte er den Schlüssel zurück und nahm sich den Sünder zur Brust: „Herr Schön, wir haben ein wichtiges Spiel vor uns und Sie kommen zu spät!" Die Standpauke verfehlte ihre Wirkung nicht. Der „Lange" wusste, dass Hofmann nur dann jemanden siezte, wenn er wirklich auf „180" war. Schön kam nie wieder zu spät, konnte aber am Silvesterabend ‚49 ebenso herzhaft darüber lachen wie Birkner, Kreische und Co.

Für den Auswahlcoach war dieses Spiel eine Genugtuung am Ende einer turbulenten Zeit. Da war der Krankenhausaufenthalt wegen seiner rheumatischen Beschwerden im Rücken. Reine Nervensache, wie der Arzt ihm sagte, nach der Trennung von seiner Frau Annelies kein Wunder. Zum Glück renkte sich trotz der Scheidung im Jahr zuvor alles wieder ein. Doch die vermasselte Auswahlreise nach Bukarest und der permanente Ärger mit den „Fußball-Experten" im Verband waren nicht zu kitten. Dazu kam der Stress mit Erich Honecker und alles wegen einer Jungfrau aus Bronze, der „Viktoria". Schön hatte sich vehement dafür eingesetzt, den Deutschen Meister wieder mit der einen Meter hohen Trophäe zu ehren, die letztmalig 1944 in Berlin an den DSC überreicht worden war. Der damalige FDJ-Chef tobte, segnete aber schließlich doch eine mehrwöchige Weiterbildung des Ostzonentrainers ab. So fuhr Schön im Januar 1950 nach Köln. Ein bisschen Abwechslung konnte er gut gebrauchen. Den Lehrgang an der Sporthochschule leitete Sepp Herberger und in langen Gesprächen an den Abenden wurde schnell klar, dass Schöns Zukunft nicht dort lag, wo er herkam.

Beim nächsten größeren Auftritt der Republikauswahl saß der Hallenser Alfred Schulz als Trainer auf der Bank. Ausschlaggebend war das entscheidende Spiel um die erste DDR-Meisterschaft. Dresden-Friedrichstadt gegen Horch Zwickau; am letzten Spieltag kam es zu einem echten Finale. 60.000 ließen sich dieses Spektakel nicht entgehen, auch Walter Ulbricht nicht. Der „Spitzbart" saß am 16. April 1950 neben FDGB-Boss Herbert Warncke auf der Haupttribüne des Steyer-Stadions. Mit dem Abpfiff bekamen es beide mit der Angst zu tun. Wütende Dresdner Fußballfans drohten den Funktionären Prügel an und unverhohlen mit der Faust. Nach dem sensationellen 1:5 ihrer Mannschaft fühlten sich die Anhänger betrogen. Beim abendlichen Empfang im „Waldpark-Hotel" bekamen die Zwickauer erst Lob von Ulbricht, weil „sie sich als sozialistische Betriebssportgemeinschaft verdient durchgesetzt hätten" und kassierten dann ihre Meisterprämie. Jeder Spieler bekam ein paar schwarze Schuhe. Helmut Schön aber musste sich auf die Strümpfe machen. In Berlin wurde er Tage später gemaßregelt. „Schön, Sie haben die Ausschreitungen provoziert, die Massen aufgewiegelt!" Noch auf der Rückfahrt klang es dem „Langen" in den Ohren, dem nach Pfingsten eine Entscheidung aus Berlin mitgeteilt werden sollte. Den Mut, Deutschlands populärsten Fußballer öffentlich zu maßregeln, hatten die Funktionäre nicht. Dafür gab es mit den

Ausschreitungen einen willkommenen Grund, den DSC-Nachfolger und DDR-Vizemeister aufzulösen. „Unter BSG Tabak spielen wir nicht!" waren sich alle Friedrichstädter einig und zogen die Konsequenzen. Über Nacht verlor Elbflorenz seine Mannschaft. „Weil wir in Ruhe und Frieden unseren Fußballsport ausüben wollen", begründete Helmut Schön wenige Tage später bei einem Kameratermin in Westberlin. Damit verlor auch die DDR-Auswahl ihren ersten Coach.

Kurt Birkner, Rolf Drognitz und Hans Kreische hatten davon nichts mitbekommen. Das Trio war zur Auswahl eingeladen. Eine Woche nach dem Dresdner Skandal-Spiel trat die DDR-Elf in Zwickau gegen Sachsen an. Neben dem offiziellen Meisterschaftsempfang für die Horch-Elf gab es eine Betriebsbesichtigung der Horch-Werke und die Umbenennung der Glückauf-Kampfbahn in „Georgi-Dimitroff-Stadion". Drognitz und

Kreische meldeten sich verletzt. Torhüter Kurt Birkner fluchte wie ein Rohrspatz. Bei strömenden Regen waren die Arme seines Pullovers lang und länger geworden. Vergeblich rief er nach dem Dessauer Wolfgang Klank. Der Ersatzmann hatte längst das Trockene gesucht. Das DDR-Team gewann nach Siegen gegen Mecklenburg (4:1) und Sachsen-Anhalt (5:1) auch den dritten Vergleich gegen eine Landesauswahl und schickte Sachsen mit 3:1 vom Regen unter die Dusche.

Alfred Schulz bereitete das 28köpfige Mammutaufgebot in Bad Elster auf das nächste

„Länderspiel" vor. Zum Rahmenprogramm gehörte „Ein bezauberndes Fräulein" im Kurtheater ebenso wie ein Vortrag „Höchstleistung setzt vernünftiges Leben voraus". Höhepunkt des mehrwöchigen Lehrgangs aber war ein Testspiel „A" gegen „B". Die „Erste" verlor sage und schreibe mit 1:7. Dem Erfurter Wozniakowski gelang kurz vor Schluss der Ehrentreffer, als die Reserve die Zügel etwas schleifen gelassen hatte. Eine Woche später gab es die nächste Blamage. In Leipzig brachte man gegen eine Studentenauswahl mit viel Glück ein 1:1 über die Zeit. Niemand musste sich wundern, dass das „Länderspiel" gegen eine tschechoslowakische Gewerkschaftsauswahl beim Deutschlandtreffen in Berlin prompt verloren (0:1) ging. Danach fuhren alle nach Hause. Dort gab es für das ahnungslose Trio aus Dresden den größten Schock. Bruder Max erzählte Hans Kreische vom Weggang der Kameraden. Kurzerhand setzten sich Birkner, Drognitz und die Kreische-Brüder in ein Taxi und fuhren wieder nach Berlin, allerdings in den westlichen Teil der Stadt. Die Nachricht von der Flucht der Friedrichstädter verbreitet sich auch ohne eine einzige Zeile in der Zeitung wie ein Lauffeuer. Als Anfang Juni auch noch die Kicker vom Union Oberschöneweide komplett vom Ost- in den Westteil Berlins wechselten, waren die Spitzenfunktionäre in der „Zentrale Sparte Fußball" endgültig vergnatzt. Sie witterten Sabotage und brachen alle Kontakte zum Deutschen Fußball-Bund ab.

„Was war denn da los?" Als sich die Republikauswahl nach gut einem halben Jahr Pause kurz vor Weihnachten wieder traf, gab es nur ein Thema. Beim Punktspiel drei Tage zuvor hatte Titelverteidiger Zwickau bei Chemie Leipzig bis zur 88. Minute mit 2:1 geführt. Dann landete ein Freistoß vom Leutzscher Walter Rose vor dem Zwickauer Tor, wo Motor-Schlussmann Otto nach einem „Magentreffer" samt Ball über die Torlinie gedrängt wurde. Schiri Kastner aus Dahlewitz gab den Treffer und pfiff das Spiel ab. Die Zwickauer wähnten sich im falschen Film und bestürmten daraufhin wutentbrannt den „Unparteiischen". Ein Fall für die gerade gegründete „Sektion Fußball", die jetzt in die Offensive ging. Sie ließ von der Rechtskommission den Platz in Leutzsch und zehn Zwickauer Spieler sperren, weil sie es nach Spielschluss abgelehnt hätten, einen Wimpel der Deutsch-Sowjetischen Freundschaft entgegenzunehmen. Die Motor-Kicker hörten davon zum ersten Mal bei der Urteilsverkündung. Zu den Betroffenen gehörte Heinz Satrapa. In Zwickau war der seinerzeit gefährlichste Stürmer des Ostens ein Idol.

Fans bauten ihm einen Pkw „F 8" auf und schenkten ihm das gute
Stück. Auch an der Leipziger DHfK war sein Typ gefragt. Für einen
Fußball-Lehrfilm zum Thema „Kopfballspiel" musste er hundert Mal
anlaufen, hochsteigen und köpfen. Geduldig ertrug er sein Schicksal
bis die Einstellung im Kasten war.

Satrapas Vorbild war Helmut Schön, den er 1943 erstmals live gesehen hatte. Als Sieger in einem Wissenswettbewerb des Bereiches Zwickau/
Werdau musste der junge Beamte der Deutschen Reichsbahn zum End-
ausscheid nach Dresden. Der Präsident der dortigen Reichsbahndirektion
war auch im Vorstand des DSC und so nutzte der 16jährige das Angebot, einen Auftritt der berühmten Kicker um Helmut Schön mitzuer-
leben. Fünf Jahre später holte der „Lange" den talentierten Torjäger in
seine Auswahlmannschaften.

Nach der Flucht der Dresdner fragte Schön oft in Zwickau an und
wollte Satrapa in den Westen holen. Doch der hatte die Friedrichstädter
im Sommer '50 in einem Westberliner Hotel besucht, war von den
dort herrschenden Zuständen alles andere als begeistert gewesen und
blieb. Daran konnte auch das Urteil von Sepp Herberger nichts ändern.
„Ich hätte ja einen Rechtsaußen", hatte der DFB-Coach im Juni '51
nach dem enttäuschenden 1:2 seiner Elf gegen die Türkei in Berlin
gesagt, aber eingeschränkt: „Der lebt leider im Osten!" Herberger sah
seinen Wunschspieler Tage später bei den Weltfestspielen in der Ost-
Auswahl gegen Dynamo Moskau spielen. Die Russen hatten zwar ihre
großen, harten Bälle und den Schiedsrichter mitgebracht, doch beim
5:1 rannten der berühmte „Tiger" Chomitsch und seine Mannen erst
einmal einem Rückstand hinterher. Torschütze: Heinz Satrapa!

Das Aus in der Auswahl kam für ihn in Fürstenberg. Im Spiel gegen
eine polnische Armeemannschaft hatte „Satti" einen Major als direkten Kontrahenten. Dieser gab sich nicht nur beinhart, er spuckte auch
und zischelte immer: „Du deutsches Schwein!" Irgendwann flogen bei
Satrapa die Sicherungen durch. Er verpasste seinem Gegenspieler einen satten Kinnhaken. Der Major fiel um und musste das Spielfeld auf
einer Bahre verlassen. Als sich Satrapa versuchte, mit den Äußerungen
des Polen zu rechtfertigen, wurden zwei Offizielle Zeugen der Anklage:
„Das ist nicht wahr, so etwas sagt ein polnischer Offizier nicht!" Satrapa
hatte keine Chance und flog aus der Nationalmannschaft.

Im April '51 saßen schon wieder neue Männer auf der Auswahlbank.
Willi Oelgardt und Alfred Kunze bekamen das Ruder in die Hand. Zwei

Testspiele gegen Polen sollten den Staatsbesuch von Präsident Boleslaw Bierut in der DDR abrunden. Doch schon vor dem ersten Anstoß im Berliner Walter-Ulbricht-Stadion war „Polen offen". Die Auswahl-Kandidaten waren im Gesellschaftshaus an der Regattastrecke in Berlin-Grünau untergebracht. Im „Großen Saal" fand an diesem Abend der Frühlingsball statt, allerdings ohne die DDR-Auswahlkicker. „Weiber en masse!", ging der Schlachtruf durch die Zimmer. Mehr war aber nicht, denn die Zimmer waren vorsorglich verschlossen worden. Da rasteten die „Alten" aus. Alles, was an Einrichtungsgegenständen nicht niet- und nagelfast war, wurde spontan aus dem Fenster befördert. „Bloß das Bett haben wir nicht rausgekriegt", erzählt Helmut Nordhaus noch heute und schmunzelt.

Damals verging ihnen das Lachen ziemlich schnell. Nach dem 1:3 im ersten Spiel hatten große Teile der Mannschaft den abendlichen Empfang im Gästehaus der Regierung zu einem mittelschweren Besäufnis umfunktioniert. Die Übeltäter flogen hochkantig aus der Auswahl. Otto Werkmeister (Halle) und Nordhaus wurden schon für das zweite Spiel in Leipzig nicht mehr berücksichtigt. Dem 1:3 folgte ein 1:4 und schon drei Tage später eine große Verhandlung vor dem Deutschen Sportausschuss. Rädelsführer Helmut Nordhaus wurde als Auswahl-Kapitän abgesetzt, ein halbes Jahr für die Auswahl und einen Monat für jeglichen Spielverkehr gesperrt.

Aufgefallen war der gebürtige Erfurter schon immer, zumeist durch seine Taten auf dem grünen Rasen. Vor dem Krieg hatte sein Name im Notizbuch von Sepp Herberger gestanden. Mit 17 Jahren holte der Reichstrainer das Talent aus Thüringen zu einem Lehrgang seiner Nationalmannschaft. Wenig später musste Nordhaus das Trikot für längere Zeit ausziehen. Nach dem Krieg landete er, gerade aus englischer Gefangenschaft in Ägypten gekommen, in Hamburg und bekam prompt ein Angebot vom HSV. Vor seiner endgültigen Zusage fuhr Nordhaus noch einmal nach Erfurt, um für immer seine Sachen zu packen. Doch in der Blumenstadt hatte man sich etwas einfallen lassen, um den verlorenen Sohn nicht schon wieder zu verlieren. Man „servierte" Helmut ein wahres Prachtweib. Der Trick funktionierte. Ellen Nordhaus ist heute seit mehr als 40 Jahren mit ihrem Helmut verheiratet.

Dessen Mannschaftskamerad Wolfgang Nitsche gehörte bei den „Vorkommnissen" in Berlin-Grünau zu den „Mittätern" und bekam ein ganzes Jahr Auswahlverbot sowie sechs Monate Klubsperre dazu. Bitter für die Erfurter, die ihre Strategen damit nicht für das Chemnitzer Entscheidungsspiel gegen Chemie Leipzig einsetzen konnten. Für den Kampf um den Meisterkranz war Turbine damit entscheidend geschwächt. Ein Zufall? Immerhin war mit Fritz Gödicke ein Chemie-Spieler Leiter der Sparte Fußball im Deutschen Sportausschuss und das Entscheidungsspiel überhaupt erst wenige Wochen zuvor als Hilfe für Sonderfälle in die Wettspielordnung aufgenommen worden. Erfurt verlor in Chemnitz mit 0:2 und kurz darauf mit Herz, Wozniakowski und Senftleben weitere Spieler. Das Trio flüchtete in den Westen und wechselte zu Eintracht Braunschweig. Die Leipziger bekamen eine Musiktruhe als Meisterprämie und einige Turbine-Kicker schwören noch heute, dass das Schild „DDR-Meister 1950/51: Chemie Leipzig" schon vor dem Anpfiff in Chemnitz daran befestigt war.

Im September '51 stellte die DDR beim Weltverband FIFA den Antrag auf Aufnahme in den Weltverband. Gut drei Wochen später knallten in Berlin die Korken. Die „Sektion Fußball der DDR" war provisorisches Mitglied und träumte zum ersten Mal von einer Teilnahme an der Weltmeisterschaft. Doch der schale Beigeschmack stellte sich ganz schnell ein. Die FIFA teilte dem ostdeutschen Funktionären auf Anfrage mit: „Es ist selbstverständlich, dass Deutschland bei den WM nur durch eine Mannschaft vertreten werden kann". Was für ein Trost, dass die Spiele der DDR-Auswahl wenigstens in den Status von offiziellen Länderspielen erhoben werden sollten.

Aller Anfang ist schwer

Aufbauhilfe
aus dem Land der „Wunderelf"

1952 - 1957

Bei den Olympischen Spielen in Helsinki ließen sich die Ungarn von nichts und niemanden auf ihrem Weg zum Gold aufhalten. Nach dem Turnier mit dem erwarteten Ausgang klopfte man sich auch im Osten Deutschlands auf die Schulter. Nicht etwa, weil man den Magyaren Wochen zuvor als Sparringspartner bei der Vorbereitung geholfen hatte. Dafür war das 0:5 in Budapest gegen einen mit sieben künftigen Vize-Weltmeistern antretenden Gastgeber (u.a. mit Puskas, Hidegkuti, Czibor, Kocsis, Zakarias, Boszik, Lantos), die nur ein Jahr später die stolzen Briten auf deren heiligen Grund demütigen sollten, viel zu deftig. Der DDR-Fußball errang bei Olympia '52 am grünen Tisch seinen bis dato größten Erfolg. Als ordentliches Mitglied des Weltfußballverbandes durften fortan offiziell „Länderspiele" bestritten werden. Die Funktionäre machten sich mit Feuereifer ans Werk. Jetzt sollte nichts mehr dem Zufall überlassen werden. Mit den seinerzeit drittklassigen Polen war relativ schnell ein Debüt-Gegner gefunden. Als der Termin feststand, saß Alfred Kunze nicht mehr auf der Bank. Er hatte Wochen zuvor das Handtuch geworfen und sich als Dozent an die DHfK zurückgezogen. Also zog Willy Oelgardt seine „Kursisten" anderthalb Monate in Kienbaum zusammen. Dort wurde gründlich ge-

sichtet. „Wegen Mangels an patriotischem Denken und Handeln, Ablehnung gesellschaftlicher Arbeit, Individualismus oder Zecherei" flogen hervorragende Fußballer wie Fritz Ritter, Helmut Nordhaus, Herbert Rappsilber, Hans Schöne, Jochen Müller, Horst Franke oder Rudi Krause aus der Mannschaft. Dazu standen auch die Republikflüchtlinge (Wozniakowski, Herz, Senftleben, Oberländer, Laband) nicht mehr zur Verfügung.

Dass mit zum Teil zweitklassigen Spielern danach nur zwei von sieben Testspielen gewonnen werden konnten, störte niemanden. Hauptsache, die Linie war klar!

Der Tagesablauf der ersten DDR-Nationalspieler hatte folgendes Aussehen: 7 Uhr Wecken, 8 bis 9 Uhr Zeitungsschau, 9 bis 10 Uhr Singen, 10.30 bis 12 Uhr Leichtathletische Leistungsmessungen, 12.30 bis 15 Uhr Mittagessen und Bettruhe, 15.30 bis 17.30 Balltraining, 17.45 bis 18.25 Übungsspiel, 19 Uhr bis 22 Uhr Abendbrot und Kino.

Zum Aufgebot gehörten auch zwei Dresdner Volkspolizisten, die kein bisschen sächseln konnten. Herbert Schoen und Günter Schröter hatten erst zwei Jahre zuvor befehlsmäßig von Potsdam in die Elbmetropole verlegt. Nach der Flucht der Friedrichstädter musste die Fußball-Hochburg schnellstens eine Oberligamannschaft haben, um wieder Ruhe und Sicherheit gewährleisten zu können. Also wurden VP-Angehörige aus der ganzen Republik abkommandiert. Zumeist waren es junge Zweitligakicker, die die einmalige Chance beim Schopfe packen wollten. In Dresden bekamen sie 2- und 3-Zimmer-Neubauwohnungen, die aber größtenteils leerstehen blieben. „Wir hatten einfach keine Möbel oder anderen Hausrat, haben erst nach und nach Einrichtungsgegenstände auf Teilzahlung gekauft", erinnert sich „Moppel" Schröter.

Die Dresdner Fußballanhänger reagierten zurückhaltend. Kein Wunder, denn die Nachfolger „ihrer" Friedrichstädter trugen Uniform. Am Biertisch kam man sich aber schnell etwas näher. Gemeinsam wurde manche „Molle" gezischt. Oft gaben die Spieler einen aus. Gründe dafür gab es genug. Die VP-Elf spielte einen gepflegten Ball und wurde auf Anhieb Vierter in der Oberliga. Ein Jahr später feierte man sogar die Vizemeisterschaft. Schoen und Schröter machten die Musik im Team. Herbert Schoen stand als Stopper wie ein Fels in der Brandung. Fußballerisch zwar eher ein Handwerker, dafür kampfstark, kompromisslos und zuverlässig. Manch gegnerischer Stürmer bereute es bitter, wenn er dem VP-Heiligtum zu nahe gekommen war. Im eigenen Strafraum kannte Schoen kein Pardon. Aber auch außerhalb des grünen Rasens konnte der Mann mit der hohen Stirn kräftig auf den Tisch hauen. Im Herbst '51 erschien das Fachblatt „Fußballwoche" mit dem Slogan: „Runter mit den Tangomähnen!" Dazu waren Fußballer abgebildet, die ihre Haarpracht mit Einweckgummis, Haarbändern oder ähnlichen Apparaturen gebändigt hatten. Die Kicker waren beim Besuch einschlägiger Lokale auf diese Modeerscheinung gestoßen. Einziger Nachteil war, dass die Gummibänder auf dem Fußballplatz bei jedem Kopfball durch die Gegend flogen. Am Tag des Erscheinens der Schlagzeile kamen die Dresdner Funktionäre noch vor dem Training

Runter mit den Tangomähnen!
Fort mit den Gummibändern!

Es wird immer schlimmer! Schon einige Male haben wir in der „Fu-Wo" dezent auf die große Unsitte hingewiesen, beim Fußballspiel zur „Bändigung" der Haarpracht sogenannte Gummibänder, Weckglasgummis und sonstige „Apparate" sich über den Kopf zu stülpen. Abgesehen davon, daß vom medizinischen Standpunkt die Abschnürung nicht gutzuheißen ist, sieht es auch wenig schön aus, wenn in unseren Mannschaften immer mehr Spieler Bänder „umschnallen" müssen, damit ihre Haare, die oft fraulichen Format erreichen, nicht in der Gegend umherfliegen und sie bei der Ausübung ihres Sportes stören.

Wir appellieren hiermit letztmalig an die Einsicht und Vernunft unserer Spieler, diese Unsitte fallenzulassen. Beispielgebend sollten vor allen Dingen die Mannschaftskapitäne sein, die zum Teil selber noch mit solchem „Geschirr" umherlaufen und sich vor dem Spiel quasi „aufzäumen" müssen, weil sie sonst den Ball nicht sehen würden.

Es ist uns unerklärlich, wie die Trainer und Funktionäre solchen Unsinn überhaupt zulassen können. Wir sahen die ungarischen Spieler, Dynamo-Moskau, und man schaue auf die übrige Weltklasse. Sie alle können spielen und belasten sich nicht mit solchen Modekrankheiten, die irgendein welcher Jüngling mit einer Tangomähne eingeführt hat, und die nun alle nachmachen müssen.

Deshalb im Interesse der eigenen Gesundheit und eines würdigen Aussehens unserer Spieler: Weg mit den Gummibändern und sonstigen Geräten, die eine Haarpracht bändigen müssen, die für Tanzbodengestalten typisch ist, nicht aber für die Aktiven der Demokratischen Sportbewegung.

mit wedelnder Zeitung zum VP-Kapitän und verlangten: „So geht das nicht weiter! Macht diese Dinger endlich ab!" Schoen, dessen Haarpracht schon in jungen Jahren aus einem breiten Scheitel bestand, guckte sich die Zeitung an und rastete aus. „Nun gerade nicht!" schimpfte er. Mitspieler Horst Beulig war als Prototyp der „Tanzbodengestalten" herausgehoben worden und Schoen fühlte sich als Kapitän provoziert.

Auf dem Weg zum Länderspiel nach Polen waren das Dresdner Trio Schoen, Schröter und Matzen in bester Stimmung. Eine Woche zuvor hatten sie sich im Berliner Pokalfinale gegen Einheit Pankow ihren ersten Titel geholt. „Warum habt Ihr denn nicht gegen Stendal gespielt", wollten die Auswahlkollegen wissen, als das Team auf dem Berliner Ostbahnhof den Schnellzug nach Warschau bestieg. Eine berechtigte Frage, denn bis einen Tag vor dem Finale hieß der Endspielteilnehmer Lok Stendal. Der Verband entschied aber in einer Blitzverhandlung in der Nacht vor dem Spiel, das Team aus der Altmark zu sperren. Der Stendaler Jochen Giersch soll im Halbfinale gegen Einheit Pankow nicht spielberechtigt gewesen sein. Giersch war von Schwerin gekommen und hatte sich bei seinem Wechsel den Unmut seiner alten Gemeinschaft zugezogen, die Protest einlegte. Den Dresdnern war es egal, dass ihr über Nacht zusammengetrommelter Finalgegner Einheit Pankow beim 3:0 nicht mehr als ein Testgegner war. Das Länderspiel im „Stadion der polnischen Armee" endete mit dem gleichen Resultat wie das FDGB-Pokalendspiel, nur mit dem Unterschied, dass die VP-Kicker mit ihrer Mannschaft diesmal als Verlierer vom Platz gingen. Der Grund für die Niederlage war lapidar: Nach gut einer Stunde hatten die DDR-Kicker keine Puste mehr. So blieb ein Besuch in einer Schokoladenfabrik der Höhepunkt dieser Reise.

Vier Wochen später blieben die bestellten Plätze im Schlafwagen Berlin - Prag - Budapest - Bukarest leer. Die DDR-Auswahl ging in die Luft. An Bord der tschechischen Sondermaschine war auch Karl Schnieke. Der Thüringer war als Republikflüchtling gerade reumütig zurückgekehrt und mit offenen Armen empfangen worden. Für ihn und viele anderen war es der erste Flug überhaupt. Volkspolizist Herbert Schoen faltete schon beim Starten der Maschine, kreidebleich geworden, die Hände. Der Hüne wurde auf seinem Sitz immer kleiner. Nach einer guten Stunde konnte er aufatmen, Zwischenlandung in Prag. Abwechslung verschafften sich die Auswahlrecken beim abendlichen Amateur-Boxkampf zwischen Sparta Prag und Karlsbad. Am nächsten Tag Weiterflug nach Bukarest und am Abend vor dem Spiel zur richtigen Einstimmung erneut ein Boxbesuch. Für „Karli" Schnieke offenbar die ideale Kombination. Er schoss am 26. Oktober im „Stadion 23. August" das erste Länderspieltor für die DDR. Dass es nur bei einem Treffer blieb, die Rumänen erzielten derer drei, lag auch an der Tatsache, dass mit Heinz Satrapa einer der gefährlichsten Stürmer fehlte. „Unsoliden Lebenswandel" hatte man dem Zwickauer vorgeworfen und das kam so. Im März hatte Satrapa die 1:3-Niederlage der Motor-Elf bei den Brieser Knappen so gründlich ausgewertet, dass er am nächsten Morgen den Bus verpasste. So kam eins zum anderen und im Mai wurde der Torjäger u.a. „wegen Verletzung der Arbeitsdisziplin" für sechs Monate aus dem Verkehr gezogen. Reumütig gelobte der Sünder Besserung und wurde prompt nach fünf Wochen begnadigt. Doch der Frieden hielt nicht lange. Im Herbst kam es zur Eskalation. Ausgangspunkt war der Geburtstag von Heinz Laitzsch, den der Stürmer zusammen mit seinen Zwickauer Sturmkollegen Siegfried Meier und Heinz Satrapa in „würdiger" Form gefeiert hatte. Die ganze Nacht wurde gesungen und gelacht und das Trinken auch nicht ganz vernachlässsigt. Allerdings sah sich das Trio am nächsten Morgen außerstande, zur Arbeit zu gehen. „Wir feiern die Feste eben wie sie fallen", sagte sich Sportfreund Satrapa und kam erst am zweiten Tag wieder ins Lohnbüro. Selbstverständlich fand sich der Sünder ganz schnell auf der Strafbank wieder. Das IFA-Werk Horch schickte ihm den „blauen Brief", dazu kam der Ausschluss aus dem Oberligakollektiv. Diese Gelegenheit nutzte Karl Dittes, gerade Trainer in Aue geworden, und machte seinem ehemalige Nebenspieler ein Angebot: „Das darfst du Dir nicht gefallen lassen, „Satti". Komm zu uns, ich will Dich in Aue!" Vor der Verhandlung unter dem Vorsitz von Karl-Heinz Benedix bekamen die Zwickauer Verantwortlichen Wind von den Wismut-Absichten und wollten die Sperre wieder zurückziehen lassen. Satrapa überlegte. „Wenn Du jetzt umfällst, bist du für mich gestorben", heizte ihm Dittes ein und gewann.

Beim nächsten Winter-Trainingslager der Wismut-Elf in Oberwiesenthal war Satrapa dabei und brauchte seinen ganzen Mut. Über Nacht war Neuschnee gefallen, die Skispringer wollten aber unbedingt auf ihren Bakken. Also fragte Skisprungtrainer-Leonhardt seinen Auer Kollegen, ob ihm die Fußballer nicht beim Hangtrampeln behilflich sein könnten. Eine Stunde später war das Werk so gut wie vollbracht, Satrapa hatte nur noch wenige Meter bis zum Schanzentisch. Da drehte er sich um und merkte, dass sich alle anderen aus dem Staub gemacht hatten. Ganz allein stand er am Aufsprunghang und die komplette Wismut-Mannschaft brüllte ihm aus dem Tal entgegen: „Feigling, Feigling!" Viel Zeit zum Überlegen blieb nicht, also machte er eine Kehrtwendung, stürzte sich talwärts und landete natürlich nur Augenblicke als wandelnde Schneewehe auf dem Hosenboden. Viel schmerzhafter war für ihn die Tatsache, dass er vor seinem ersten Einsatz im Wismut-Dress eine achtmonatige Sperre abbrummen musste und sich bis dahin nur

in der Reserve tummeln durfte. Da war es nur ein schwacher Trost, dass er im Juni ʻ53 zum B-Länderspiel in Sofia berufen wurde. Trainer Janos Gyarmati hatte ihn mit dem Satz eingeladen: „Bei mir kannst Du spielen, ohne in die Partei eintreten zu müssen!"

Die A-Auswahl traf in Dresden auf das Team um Kapitän Dr. Boshkow. Auf dem Dach des Heinz-Steyer-Stadions standen die Rundfunkreporter Wolfgang Hempel und Werner Eberhardt und diskutierten über den Anruf aus Berlin, den sie gerade bekommen hatten. „Haltet Euch um Gottes Willen am Spiel fest, keine Politik, habt Ihr verstanden?!" Im Osten brodelte es. Drei Tage später probte das Volk den Aufstand. Mit Hilfe russischer Panzer konnte der verhindert werden. Trotzdem hatte der 17. Juni Konsequenzen, auch für den Fußball. Ebenso wie das mehrfach verlegte Dresdner Länderspiel, stand immer noch die Entscheidung aus, wer den 52er DDR-Meister Turbine Halle ablösen würde. Dynamo Dresden oder Wismut Aue? Ein Entscheidungsspiel zwischen den punktgleichen Teams sollte diese Frage beantworten.

Das Team aus dem Lößnitztal erholte sich im Sommer ʻ53 von der strapaziösen Saison im Zinnowitzer Wismut-Heim. Täglich erwartete man den entscheidenden Anruf aus Berlin. Am 4. Juli war es soweit. Die Auer packten ihre Sachen in den „Vomag" und tuckerten Richtung

Hauptstadt. Auf der Friedrichstraße versagte der Mannschaftsbus seine Dienste. Für die Kicker kein Problem, sie stiegen aus und schoben das Gefährt wieder an. Im Walter-Ulbricht-Stadion hielt sich die Begeisterung in Grenzen. Lediglich 600 Schlachtenbummler aus dem Erzgebirge schafften es mit zwei Sonderzügen pünktlich zum Anpfiff. Aus Dresden waren aufgrund der kurzfristigen Ansetzung nur die Treuesten der Treuen nach Berlin gekommen. Das Spiel selbst endete mit einem Eklat. Wismut fühlte sich betrogen und von Schiedsrichter Gerhard Schulz um die Meisterschaft gebracht. Beim Führungstreffer der Dresdner durch einen 40-Meter-Freistoßknaller von Michael hatte der Ball ihrer Meinung nach nie und nimmer die Torlinie überquert, dafür aber noch zur Halbzeit den Kreideabdruck am Leder. In der Verlängerung senkte sich eine Flanke hinter Dynamo-Schlussmann Klemm ins lange Eck des Dresdner Kastens. Alle Wismut-Spieler schwören noch heute: „Der war mindestens einen Meter drin!" Die Dresdner feierten dagegen ausgelassen das entscheidende 3:2 durch Karl-Heinz Holze. Den Grund für ihren Sieg sahen sie darin, dass beim Gegner während der Partie Sekt geflossen sein soll und sich bei einigen Gegenspielern nach einer kurzzeitigen Belebung offensichtlich schwere Beine und ein trüber Blick eingestellt hatten. Die Siegerehrung verfolgte der Meisterschaftszweite aus Protest im Sitzen, auch das abendliche Bankett verließen die Auer vorzeitig und kehrten an die Ostsee zurück. 2.000 Kumpels bereiteten ihnen in Zinnowitz einen begeisternden Empfang, mit Blasmusik trugen sie ihre Helden auf Schultern an den Strand.

Tage später gingen die Auswahlspieler der im Entscheidungsspiel zerstrittenen Parteien gemeinsam auf die Reise gen Bukarest. Nach Budapest '49 und Berlin '51 war die rumänische Hauptstadt mit der Ausrichtung der Weltfestspiele 1953 betraut worden. „Wenn's nicht weitergeht, guckt ihr nach der Fahne", hatten die ostdeutschen Spieler von Trainer Kurt Vorkauf mit auf dem Weg bekommen. Im Spiel um den dritten Platz trafen sie auf den East Bengal Club Kalkutta und staunten nicht schlecht, als die meisten Inder barfuß auf dem Platz erschienen. Lediglich der große Zeh war mit einer Binde umwickelt und einem Pflaster fixiert. Keine Frage, dass sich die Satrapa, Schröter, Schoen und Co. etwas unsicher waren und sich doch ein wenig zurückhielten, wenn es in die Zweikämpfe ging. Den 5:2-Erfolg hatten sie auch schnell vergessen, die außergewöhnlichen „Fußballschuhe" des Gegners haben sie bis heute im Gedächtnis behalten. Auch die Heimreise verlief nicht ohne Zwischenfälle. Zunächst bemerkte Heinz Satrapa, dass sich jemand an seinem persönlich zusammengestellten Verpflegungsbeutel vergriffen haben musste. Der von Haus aus an Sparsamkeit gewöhnte Zwickauer hatte sich in den letzten Tagen von Bukarest beim Essen nur damit befasst, zurückgelassene Butter- und Käseecken zu sammeln. Übeltäter Karl Wolf machte es sich da wesentlich bequemer. Er langte erst zu und hatte dann mit vollem Bauch sogar die Muse zum Dichten: „Die Vöglein zwitschern von den Ästen, Satis Käs'schmeckt doch am besten" stand auf einem Zettel geschrieben, den Satrapa im Verpflegungsbeutel fand. Auch der rumänische Wein war längst nicht mehr das, was das Etikett versprach. In der Flasche befand sich seit Bukarest ganz gewöhnliches Leitungswasser. Kurz vor Decin kam ein tschechischer Offizier ins Abteil der Spieler. Neben dem Auer Quartett wurden auch noch „Moppel" Schröter und Herbert Schoen aus dem Zug geholt und in zwei EMW's verfrachtet. Nach zwei Tagen gemächlicher Zugfahrt ging es im Höllentempo Richtung Lößnitztal. Dort spielte Wismut gegen Wacker Wien und war in argen Nöten. „Sie kommen" riefen die Zuschauer, als die Autos zweieinhalb Stunden später an den Stadiontoren nur Staubwolken hinterlassen hatten. Pünktlich zur zweiten Halbzeit stand die Verstärkung auf dem Platz und machte aus einem 0:3 ein zwischenzeitliches 3:3. Erst als sich die Reisestrapazen bemerkbar machten, zogen die mit sieben Nationalspielern angetretenen Gäste wieder auf 5:3 davon. Das Dresdner Duo nahm nach dem Spiel wieder in einer Limousine Platz und wurde nach Hause gebracht. Geplant wurde der Einsatz von Schröter und Schoen, als Wien beim ersten Spiel seiner DDR-Tournee in Karl-Marx-Stadt ohne ernsthafte Gegenwehr mit 9:0 gewonnen hatte. Für die beiden Dynamos sollte sich der Umweg lohnen, denn nach 14 Tagen kam ein Wismut-Vertreter und übergab jedem ein Kuvert mit 500 Mark. Schoen und Schröter schauten sich sprachlos an. So etwas hatten sie noch nie erlebt und fragten sich zurecht: „Warum spielen wir eigentlich nicht in Aue?"

Elf Monate waren seit dem 0:0 gegen Bulgarien vergangen, als das einzige Länderspiel der Saison 53/54 über die Bühne des Walter-Ulbricht-Stadions ging. Wer weiß, vielleicht hätte es auch das nicht gegeben, denn organisiert wurde die Begegnung gegen Rumänien nicht vom Fußballverband, sondern vom Organisations-Komitee der Friedensfahrt. Pannen blieben da nicht aus. Zum Beispiel musste Kapitän Horst Scherbaum Trikots, Hosen und Stutzen selbst besorgen. Man hatte vergessen, einen Betreuer einzusetzen. Dazu war die Vorbereitung in Kienbaum ohne Mannschaftsarzt gelaufen und auch der international übliche Verpflegungssatz bei Länderspielen wurde schlichtweg vergessen. 70.000 Zuschauern war das egal. Sie wollten erst die Fußballer und dann die Friedenfahrer sehen. Von den Kickern sahen sie wenig. Ein Tor des Rumänen Ozon entschied die mittelmäßige Partie für die Gäste, die kurz darauf gegen Aue mit 1:3 den Kürzeren zogen. Auch der Etappenankunft fehlte die richtige Spannung. Der Belgier van Meenen kam mit einer Minute Vorsprung ins Ulbricht-Stadion gestiefelt.

Die 54er Weltmeisterschaft konnten nur wenige Fußballfreunde aus dem Osten live erleben. Selbst Fußball-Präsident Heinz Schöbel war das nicht vergönnt. Er weilte auf einer längeren Studienreise durch die Sowjetunion. Vertreten wurde die DDR in der Schweiz offiziell durch die Vizepräsidenten Herbert Kaaden und Helmut Behrendt, Generalsekretär Erich Jahnsmüller und Janos Gyarmati. Der Auswahltrainer hatte sich für die Tage in Basel, Zürich und Bern ganz besonders vorbereitet. In seinem Reisegepäck befand sich ein Koffer, den er während der Bahnreise in die Schweiz nie aus den Augen verlor. Das Gepäckstück war relativ leicht. Sein Inhalt bestand aus zehn paar Socken und Zigaretten. Kettenraucher Gyarmati, für sein tägliches Quantum von 60 Stück stand er sogar beim Training unter Dampf, bevorzugte die ungarische Marke „Terf". Als er 1953 in die DDR kam, stieg er folgerichtig auf die ostdeutsche Marke „Turf" um.

Eine Pfeife anbrennen konnte sich auch Rundfunkreporter Wolfgang Hempel. Er sollte abwechselnd mit seinem Zimmergenossen Heinz-Florian Oertel die WM-Spiele kommentieren. Bis zum zweiten Auftritt der Westdeutschen ging auch alles gut. Dann kam das Entscheidungsspiel gegen die Türkei. Auf der Tribüne des Baseler St.-Jacob-Stadions freuten sich u.a. Hans Albers und Gustav Knuths über ein 7:2 und das Weiterkommen der deutschen Elf. Danach wurde der seinerzeit 27jährige Hempel plötzlich zum Alleinunterhalter. Oertel musste ins Krankenhaus, sein Blinddarm streikte.

Beim Endspiel wurde dem Ost-Reporter abwechselnd heiß und kalt. „Gestatten Sie mir, sehr verehrte Zuhörer, dass ich meinen Binder etwas löse", fragte Hempel ins Mikrofon und wusste ganz genau, dass er zwischen zwei Stühlen saß. Zum einen fieberte der ganze Osten mit dem deutschen Team, das sich auf das Pfälzer Korsett mit fünf Spielern aus Kaiserslautern stützte. Zum anderen drückte die Funktionärsgarde den mit vornehmlich Honved-Kickern besetzten Ungarn alle verfügbaren Daumen, um die Überlegenheit des Sozialismus zu demonstrieren.

Hempel, wie alle anderen Experten von den Heldentaten der ungarischen Wunderelf beeindruckt, versuchte, den Fußball und nicht etwa den Klassenkampf in den Mittelpunkt zu rücken. „Das Unvorstellbare ist passiert, Deutschland ist Weltmeister" kommentierte er den unerwarteten Triumph. Der wenige Meter entfernt sitzende Herbert Zimmermann hatte es da viel einfacher. Er traf mit seinem euphorischen Schlussakkord („Aus, aus, aus. Deutschland ist Weltmeister!") den Nerv aller Deutschen, egal ob im westlichen Wirtschaftswunderland oder im sozialismuserbauenden Arbeiter- und Bauern-Staat.

Die Ostberliner Funktionäre verfielen mit dem Schlusspfiff der 54er Weltmeisterschaft in hektische Betriebsamkeit. Natürlich passte es ihnen nicht in den Kram, dass der Sieg der Herberger-Elf im Osten frenetisch bejubelt worden war. An den Reaktionen im Westen, als Millionen Menschen den Heimweg der WM-Helden säumten, Kapitän Fritz Walter und seinen Kameraden eine grenzenlose Begeisterung entgegenschäumte, erkannten die Macher in Ostberlin aber auch die Macht des Fußballs. Sportboss Manfred Ewald hatte noch im Juli gefordert, dass jede Sportvereinigung schnellstmöglichst einen Sportklub zu bilden hatte. „Ein neuer Abschnitt im DDR-Fußball", wurde getönt. „Konzentrierung der Kräfte" hieß die neue Zauberformel und war die Lehre aus der erfolgreichen Blockbildung der beiden Endspielvertretungen mit Kaiserslautern bzw. Honved Budapest. Damit sollte im mauergeblümten DDR-Fußball schnellstens ein sprunghafter Leistungsanstieg vonstatten gehen.

Prominentestes Opfer der Umstrukturierungen war Chemie Leipzig. Der DDR-Meister von 1951 wurde aufgelöst und durfte als „Chemie Leipzig-West" in der Bedeutungslosigkeit weiterspielen. Auswahlkeeper Günter Busch hatte alles miterlebt. Er erinnert sich: „Zunächst hatte man Ende '51 einen Testballon gestartet und über Nacht Werner Eilitz zur neugebildeten KVP-Mannschaft „Vorwärts" abgeworben. Die Empörung war riesengroß". Daraufhin wurde sogar die Wettspielordnung insofern geändert, dass ab sofort keine Spielerlaubnis mehr erteilt wurde, wenn ein Akteur während der Saison das Team wechselte. Im nächsten Punktspiel gegen Chemie meldete sich Vorwärts-Kicker Eilitz krank. Ein Jahr später holten die Funktionäre zum großen Schlag aus. Der bei

ihrem, vornehmlich aus dem Leipziger Westen stammenden, Anhang äußerst beliebten Mannschaft sollte der Garaus gemacht werden. Sieben weiteren Spielern wurde die Pistole auf die Brust gesetzt und das Vorwärts-Trikot übergestülpt. In der Presse wurde das groß gefeiert, noch am Heiligabend empfing der Leipziger Oberbürgermeister Erich Uhlich die neuen Vorwärts-Helden. Günter Busch hatte Glück, sein Chef schickte ihn auf einen Dienstgang und bewahrte „Buscher" so vor den „Häschern". Weihnachten '52 musste der Torhüter mit seinen verbliebenen Kameraden auf Spielersuche gehen. Die „Leutzscher Legende" war geboren. In der Rückrunde hatte das Team 40.000 Zuschauer im Rücken und schaffte einen sensationellen 7. Platz. Anfang September '54 half auch die Unterstützung der Massen nicht mehr, Chemie war ausradiert. Die neuen Klubs in der Messestadt hießen SC Rotation und SC Lokomotive Leipzig und Günter Busch stand beim SC Lok im Kasten.

Noch im gleichen Monat tagte das Präsidium der Sektion Fußball. Diesmal standen keine neuen Beschlüsse, sondern die Vorbereitung der Volkswahlen am 17. Oktober auf der Tagesordnung. Ende September wurde in Rostock das Ostseestadion mit einem Länderspiel gegen Polen eingeweiht, allerdings war die Stehplatztribüne noch nicht fertig. 30.000 fußballhungrige Mecklenburger erlebten anstelle des angekündigten Sieges ein 0:1 der inzwischen von Hans Siegert betreuten Elf. Im fünften Länderspiel die fünfte Pleite. Dabei hatte man die Nationalmannschaft erstmals als Schwerpunktmannschaft aufgestellt. In der A-Elf standen Spieler aus der SV Motor (Zwickau und Jena), Erfurt und Dresden, in der B-Elf Akteure von Lok Leipzig, Vorwärts und der DHfK. Wenig später wurde Empor Lauter an die Ostseeküste umgesiedelt, um das fußballerische Niemandsland zu beleben. Im November folgte der Marschbefehl für die SG Dynamo Dresden. Aus ihr wurde der SC Dynamo Berlin. Damit sollte das weitere Abwandern der Zuschauer nach Westberlin verhindert werden.

Dazu kam für alle Oberligakicker ein umfangreicheres Übungsprogramm und damit die stillschweigende Einführung des Staatsamateurs. Zwei- bis dreimal Training pro Tag waren von nun an normal, die Spieler lediglich auf dem Papier bei den Trägerbetrieben angestellt. Doch damit nicht genug. Neben einer generellen Anhebung der Grundgehälter wurde auch ein zentrales Prämiensystem eingeführt. 200 Mark Prämie (bei Unentschieden 100 M) in der Oberliga 300 M (150 M) bei einem internationalen Vergleich legte die Sektion Fußball in Berlin fest. Die Abrechnung erfolgte nach Gutdünken, die Prämien nach Auswahleinsätzen wurden ab sofort durch den „Onkel" ausgezahlt. Der Mann aus dem Staatlichen Komitee für Körperkultur und Sport sollte bis zur Wende gegen Unterschrift Kuverts an die Spieler verteilen, die ihm dafür zu quittieren hatten. So erfuhr niemand, was beim anderen in der Prämientüte steckte.

Als Janos Gyarmati 1955 das Training der Nationalmannschaft übernahm, hatte er im Osten schon einiges erlebt. Im Sommer '53 war der ehemalige ungarische Auswahlläufer auf Anfrage von Ostberlin von seinem Verband als Berater für die DDR-Nationalmannschaft „abkommandiert" worden. Aus dem ursprünglich geplanten Aufenthalt von einem Jahr waren nun schon zwei geworden. Die Frau des Ungarn war alles andere als begeistert. Sie wollte nicht mit. Gyarmati hatte nach einer kurzen Stippvisite bei der Auswahl schon nach wenigen Wochen die Meisterelf aus Dresden bekommen, bevor man ihm nach der Saison 53/54 kurzerhand die als „SC DHfK" getarnte Nachwuchsauswahl zur Betreuung übergab. Das Experiment ging schief, schon sechs Monate später landeten die meisten Talente bei Vorwärts. Der Trainer blieb der gleiche, für Gyarmati kam „lediglich" die Nationalmannschaft dazu. Dort stützte sich der Fußballfachmann im Wesentlichen auf eine Kombination Wismut/Vorwärts.

Die Auer Wismut-Kicker bereiteten sich in Kienbaum auf eine Auslandstournee in Rumänien vor. Heinz Satrapa und Willy Tröger nutzten die trainingsfreie Zeit, um in einem Ruderboot auf den drei umliegenden Seen die nähere Umgebung ein wenig näher zu erkunden. Als Willy Tröger eine Kirchturmspitze entdeckte, war er nicht mehr zu bremsen: „Sati, wo eine Kirche steht, ist auch eine Kneipe nicht mehr weit!" Minuten später war der Kahn festgemacht und die Kicker standen in einer Gastwirtschaft. Vor Qualm konnten sie allerdings kaum jemanden erkennen. Dafür erkannte ein Kneipenbesucher die beiden Gäste an deren Wismut-Trainingsanzügen und lud sie zum Bier ein. „Mein Name ist Lupe", stellte sich der gut genährte Herr vor und entpuppte sich als Leiter der örtlichen Sportgemeinschaft Kagel und Besitzer der drei Seen. Als er vom Aufenthalt der kompletten Meistermannschaft erfuhr, fragte er spontan: „Wie wäre es denn mit einem Freundschaftsspiel? Kagel gegen die Meisterelf und das „Sport-Echo" bringt darüber eine große Reportage!" Satrapa musste den guten Mann bremsen: „Um Gottes Willen, ja nicht in die Zeitung!" und Tröger handelte schließlich die Rahmenbedingungen aus, zwei Faß Bier und einen gemütlichen Abend. Blieb lediglich ein Problem. Dem ahnungslosen Trainer Karl Dittes musste die außergewöhnliche Trainingseinheit untergejubelt werden. Das war gar nicht so einfach, denn der alte Planitzer wollte zunächst überhaupt nichts davon wissen. Erst im dritten Anlauf ließ er sich breitschlagen: „Ich weiß von nichts!" Tage später marschierte das Wismut-Team ohne Coach, aber mit Campingbeuteln auf dem Rücken ins drei Kilometer entfernt gelegene Kagel. Beim Stand von 11:0 wurde es höchste Zeit für ein Ehrentor. Dafür setzte sich Aues Schlussmann extra auf die Querlatte, als der Angriff der Gastgeber lief. Doch der Schuss des Mittelstürmers landete prompt in den Armen von Schmalfuß. Der ganze Sportplatz grölte. Bei der anschließenden Auswertung in der Gaststätte spielte eine Drei-Mann-Band zum Tanz auf, die Dorfschönsten waren gekommen. Am späten Abend kam dann auch der

Mannschaftsbus der Wismut-Elf. Karl Dittes wollte doch lieber auf Nummer sicher gehen.

Aller guten Dinge sind drei. Diese Binsenweisheit wurde im Herbst '55 gleich in mehrfacher Hinsicht mit Leben erfüllt. Drei Jahre nach dem ersten offiziellen Länderspiel bejubelten die DDR-Fußballer ihren ersten Sieg. Natürlich im dritten Vergleich mit den Rumänen. Ausschlaggebend war beim Stand von 2:2, ganz klar, das dritte Tor. Willy Tröger hatte auf die große Stadionuhr in der zum Bersten gefüllten Bukarester Arena geschaut und die 90. Minute herannahen sehen. In diesem Moment kam der lange Pass von Siegfried Wolf und der Wismut-Stürmer fackelte nicht lange.

Nach dem 3:2 in Bukarest genossen die Auswahlkicker das völlig neue Gefühl auch beim folgenden Heimspiel gegen Bulgarien in Berlin. Durch sein „Goldenes Tor" machte erneut Willy Tröger den Sieg perfekt und kassierte eine Siegprämie von 500 Mark. Auf die nächste mussten er und alle anderen acht Monate warten. In Polen fehlte „Moppel" Schröter zum ersten Mal bei einem Länderspiel. Während er aufgrund einer Verletzung in Berlin geblieben war und kräftig die Daumen drückte, rechnete man sich in der Sektion Fußball keine allzu großen Siegchancen aus. Doch die Mannschaft behielt im Hexenkessel von Chorzow kühlen Kopf und gewann überraschend mit 2:0. Natürlich hatte Tröger wieder getroffen, Assmy nur Augenblicke später den Sieg perfekt gemacht. Kurz vor dem Abpfiff kam Manfred Kaiser vor 100.000 Zuschauern zu seinem Auswahldebüt. Mit stolzgeschwellter Brust bestiegen die Kicker den Nachtzug nach Berlin. Die Stimmung war phantastisch. Am nächsten Morgen, kurz vor dem Eintreffen in der Hauptstadt nahm Rainer Baumann einen Kamm zur Hand. In bester Wochenschaumanier bot er den grölenden Teamkollegen eine Reportage vom Empfang der siegreichen DDR-Fußballer auf dem Berliner Ostbahnhof durch tausende Fußballfans. Die Stimmung sank kurzzeitig auf den Nullpunkt, als der Bahnsteig bei der Ankunft vor Leere zu gähnen schien und sich nicht einmal ein Funktionär blicken ließ. Doch so wollten die Kicker ihren Siegeszug nicht zu Ende gehen lassen. Voller Frust klingelten die Spieler den Chef vom „Café Warschau" aus den Federn und rückten bei ihm ein. Dann wurde auf Verbandskosten gesoffen, nach Herzenslust. Kurz nach 10 Uhr ein lautes Hallo, als der verletzte „Moppel" Schröter zur Mannschaft stieß. Ein Telefonat mit dem Verband hatte ergeben, dass die Zentrale umgehend einen Bus zum Café schicken

wollte. Als dieser eintraf, belief sich die Zeche einschließlich der Pralinen-
schachteln für die Frauen auf rund 3.000 Mark. Auf die Brüderstraße
fuhren die Spieler natürlich mit Taxis und nicht mit dem Bus. Dort
angekommen wollte man die explosive Stimmung mit einer improvisierten Jubelrede für die Helden von Chorzow retten. Da platzte Herbert
Schoen der Kragen. Mit erbarmungsloser Kritik stellte er die Funktionäre in ihrer Unfähigkeit bloß, weil sie sich um nichts gekümmert
hätten.

Einen fußballerischen Leckerbissen der besonderen Art gab es am
Vorabend des 7. Jahrestages der Republik in Leipzig. Wismut Karl-
Marx-Stadt gegen Kaiserslautern und 400.000 Menschen wollten im
gerade eröffneten Zentralstadion das Duell Ostmeister gegen West-
champion sehen. 110.000 durften sich an diesem Sonnabendabend glücklich schätzen, eines der begehrten Tickets (Durchschnittspreis: 1,50
MDN) zu ergattern. Rund 20.000 Wismut-Fans kamen mit Sonderzügen aus dem Erzgebirge, um ihre Veilchen (darunter immerhin fünf
Nationalspieler) anzufeuern. Viele Kumpels hatten für diesen Feiertag
Schichten getauscht oder sich schweren Herzens von ihrem letzten
„Kumpeltod"-Deputat getrennt. Schon Stunden vor dem Anpfiff war
die Leipziger Betonschüssel zum Bersten gefüllt und die Kräfte eindeutig verteilt. 90.000 wollten den mit fünf Weltmeistern antretenden Deutschen Meister aus der Pfalz sehen. Beim Einlauf gestand der fast 36jäh-
rige Fritz Walter seinem Auer Kollegen Tröger tief bewegt, so etwas
noch nie erlebt zu haben. Für den Höhepunkt eines riesigen Fußball-
abends sorgte der „alte Fritz" persönlich. In einen halbhoch geschlagenen Eckball seines Bruders Ottmar flog er waagerecht und katapultierte den Ball mit der rechten Hacke unhaltbar ins obere Eck zum 3:1.
Nach diesem „Jahrhundert-Tor" hielt es keinen mehr auf den Bänken,
der Kessel kochte. Viele Augenzeugen bekommen noch heute beim
Gedanken an eines der spektakulärsten Tore der Fußballgeschichte eine
Gänsehaut. Das Duell endete mit einem 5:3-Erfolg der Lauterer und
einem bis in die Morgenstunden andauerndem Umtrunk im Hotel
„Astoria". Kurz vor der Heimreise ins Lößnitztal bekamen die Wismut-
Kicker von einer LPG ein Ferkel geschenkt. Der schweinische Neuzugang wurde kurzerhand ins Gepäcknetz des Mannschaftsbusses verfrachtet. Bei einer Rast in Wildenfels nutzte das Schwein die Chance,
sprang aus dem Netz, durchstöberte die Taschen der Spieler und empfing die zurückkehrenden Kicker unter lautem Hallo mit einem Schlips

um den Hals und einem Badeschlappen an der Haxe. Drei Wochen später sollte das Maskottchen als Spanferkel enden. Dazu kam es nicht, das Schwein war urplötzlich verschwunden. Der Platzwart, mit der Fütterung des Ferkels beauftragt, gestand auf bohrende Nachfragen reumütig, schon Tage zuvor den Grill angeworfen und in privater Runde dem Leben des quickenden Jungtieres ein Ende gesetzt zu haben.

Vor dem nächsten Länderspiel hatten sich einige Funktionäre etwas ganz Besonderes ausgedacht. Im Karl-Marx-Städter Thälmann-Stadion, dem heutigen Sportforum, trauten 50.000 Zuschauer ihren Augen nicht. Die DDR lief gegen Indonesien in den Farben der Staatsflagge auf. Schwarze Hemden, rote Hosen und goldfarbene Stutzen sollten die Nationalmannschaft künftig begleiten. Allein das Material der Trikots, das absolut schweißundurchlässig war, sorgte für das schnelle Ende dieser Schnapsidee.

Der wenig berauschende Sieg gegen die höchstens viertklassigen Indonesier wurde Tage später relativiert, als die locker-flockig aufspielende Oberliga-Elf vom SC Einheit Dresden die Asiaten mit 4:1 überrollte. Die DFV-Funktionäre jedoch wähnten sich auf der Reise nach „Wolke 7". Schließlich war das Auswahlteam bereits seit einem Jahr ungeschlagen. Siegessicher flog man drei Wochen später zum Länderspiel gegen Bulgarien. Den Gegner glaubten sie aus dem Eff-Eff zu kennen. Kunststück, denn in ihrem 11. Ländervergleich maß die DDR-Elf zum vierten Male die Kräfte mit den Kickern vom Balkan. An Bord der beiden Lufthansa-Sondermaschinen waren desweiteren 25 Armbanduhren aus heimischer Produktion, gedacht als Siegprämie für die Fußballer. Die Chronometer aus Thüringen waren begehrte Artikel im gesamten Ostblock. Dies wussten natürlich auch die Schröter, Tröger und Co. und hatten sich, zu einem Stückpreis von 28,- MDN, mit Ruhla-Erzeugnissen eingedeckt. Für ein solches Produkt erhielt man in Bulgarien seinerzeit rund 550 Lewa. Während sich die meisten Spieler mit bulgarischen Wildlederkappen oder teppichgroßen Schaffellen eindeckten, stach dem Auer Willy Tröger etwas anderes ins Auge. Beim Bummel durch die Straßen Sofias erspähte er in den Auslagen eines Lederwarenfachgeschäfts eine traumhaft schöne Lederjacke. Die musste der Willy einfach haben! Nachdem auch die Anprobe des guten Stückes zur vollen Zufriedenheit ausgefallen war, einigte man sich auf den Preis. Doch nach langem Kramen in der Geldbörse fehlten 20 Lewa. Mittlerweile hatte ein Offizier der bulgarischen Volksarmee das

Geschäft am Dimitroff-Mausoleum betreten und verfolgte das Szenario. „Herr Tröger, ich bezahle den Rest!" - der „Tell aus dem Erzgebirge" konnte es nicht glauben, staunte mit offenem Mund. Als der fremde Bulgare die Rechnung bezahlte, waren alle Zweifel verflogen und der Auer überglücklich.

Die Gastfreundschaft der einheimischen Fußballer hielt sich indes in Grenzen. Mit 3:1 bezwangen sie den ostdeutschen Kontrahenten. Die Stimmung in der Kabine 23 des riesigen Wassil-Lewski-Stadions war entsprechend gedrückt. Die Funktionäre, jetzt um 25 Uhren reicher, begriffen die Situation blitzschnell. Aus führenden Realsozialisten wurden im Handumdrehen ausgebuffte Marktwirtschaftler. Blitzschnell nutzten sie die Gunst der Stunde und verscherbelten die einbehaltenen Zeitmesser. Nur einer trat missgelaunt den Heimflug an. Für DDR-Coach Janos Gyarmati war es die erste Niederlage als Auswahltrainer.

Zu Gyarmatis sportlichen Problemen mit der Auswahl gesellte sich Tage später nackte Angst. Die politische Situation in seiner Heimat eskalierte. Russische Panzer rollten durch die Straßen Budapests und besänftigen. Mit vereinten Kräften gelang es einigen Spielern, den tobenden Magyaren unter die laufende Dusche zu bugsieren. Was war geschehen? Was hatte ihn derart aus der Fassung gebracht? Solange sie auch grübelten, die Spieler fanden einfach keine Erklärung. Nach dem Frühstück gelang es ihnen dann doch, die Trainerzunge zu lösen. „Man hat mich betrogen", begann Gyarmati zu erzählen. „Der Taxifahrer war's, der Hundesohn! Vor dem Hotel stieg ich aus dem Wagen und gab ihm einen Tausender durchs Fenster. Wartete auf Wechselgeld. Doch was macht der! Lacht, gibt Gas und verschwindet einfach!" Nebenbei hatte der Ungar in der Hosentasche gekramt. Als er eine noch halbvolle Schachtel seiner „Turf" herausfingerte, legte sich ein mildes Lächeln auf sein Gesicht. Er hatte soeben seinen Frieden wiedergefunden. Ob Zufall oder nicht, zwei Tage später schickte der Coach die Vorwärts-Spieler ins Bett und trank mit der Wismut-Fraktion noch ein Bier. Gegen ein Gläschen in Ehren hatte „Jonchy" unter einer Bedingung nichts einzuwenden, er musste selbst ein Glas in der Hand halten.

Vier Wochen später gingen die Auer Nationalspieler in Karl-Marx-Stadt in die Luft. Die „Wölfe", Willy Tröger, Manfred Kaiser und Binges Müller bestiegen einen von der Wismut bezahlten Neunsitzer und flogen in 800 Meter Höhe nach Berlin zur Vorbereitung auf das Länderspiel gegen Luxemburg. Dass Janos Gyarmati sein Team in Kienbaum mit auf einer Zigarettenschachtel notierten Stichpunkten auf die Partie einstimmte, hatte nichts mit der Qualität des Gegner zu tun. Der Ungar machte das immer so. Auch vor dem nächsten Spiel verlor der Coach nicht viele Worte. Der Gegner sprach für sich. Mit Wales kam in der WM-Qualifikation für Schweden '58 zum ersten Mal ein Gegner von internationalem Format. Superstar John Charles war gerade für astronomische 65.000 Pfund von Leeds United zu Juventus Turin gewechselt. Eine halbe Million Kartenbestellungen gingen bei den Länderspielorganisatoren in Leipzig ein. Offiziell 100.000, höchstwahrscheinlich 120.000 verfolgten schließlich als Augenzeugen die live im Fernsehen übertragene Partie im Zentralstadion. Überraschend im Aufgebot war ein gewisser Georg Buschner. Der Zweitligakicker aus Jena hatte wenige Tage zuvor mit seinem Klub gegen Luton Town gespielt, Gyarmati den drahtigen Verteidiger beobachtet. Als einige Stammspieler ausfielen, durfte Buschner ran und kniete sich trotz dicken Verbands unter dem Trikot nach einem Rippenbruch wie alle anderen in die

Aufgabe, vor allem nach dem schnellen Rückstand durch Mel Charles. Das Wunder nahm seinen Lauf. Toren von „Wibbel" Wirth und Willy Tröger hatten die am Ende einer langen Saison etwas müde wirkenden Gäste nichts entgegenzusetzen. Begeisterte Anhänger begleiteten den in Schrittgeschwindigkeit zum Hotel „Astoria" schleichenden Mannschaftsbus und klopften immer wieder an die Scheiben. In der Unterkunft wurde Herbert Schoen von Günter Schneider zur Seite genommen. „Sag' mal, was müsste man den Spielern geben?" Der Kapitän, wie alle anderen noch völlig unter dem Eindruck des unerwarteten Erfolgs, antwortete: „Na, vielleicht 500 Mark." Noch heute kann er sich darüber ärgern: „Ich Rindvieh, die hätten uns damals jede Summe gezahlt und wir gaben uns mit diesem Taschengeld zufrieden!"

Ganz leise träumte der eine oder andere plötzlich von der Weltmeisterschaft. Dafür war allerdings ein Punkt in der CSR Pflicht. Gyarmati hatte nach der frühen Führung eine absolute Sicherheitstaktik ausgegeben und damit eine Stunde lang Erfolg. Doch letztlich fehlte es an der Kondition und so lagen die völlig ausgepumpten Spieler nach dem 1:3 fix und fertig auf dem Kabinenboden. Da ging die Tür auf und Sepp Herberger kam herein: „Seid nicht traurig, Ihr habt gut gespielt", munterte der Bundestrainer die Truppe auf.

Trost konnte vor allem Günter Busch gebrauchen. In der Auswahl war er in den 50er Jahren Stammkeeper, aber nur als zweiter Mann. 19jährig bekam er 1949 die ersten Berufungen in die Sachsen- und Ostzonenauswahl. Vor Ehrfurcht sagte die spätere Stimmungskanone keinen Mucks. Schließlich nahm er allen Mut zusammen und fragte Helmut Schön, der an der Tischtennisplatte stand: „Herr Schön, darf ich auch mal ran?" Auch bei Chemie bekam es der talentierte Keeper aus Großpösna (b. Leipzig) mit „älteren Herrschaften" zu tun. Die Leutzscher Abwehrstrategen Brembach und Rose hätten beide sein Vater sein können. Doch mit seinem faszinierendem Linienspiel und tollen Flugparaden machte sich der „Elfmeterkiller" schnell einen Namen. In Wales hatte „Buscher" beim Rückspiel der Nationalmannschaft nicht seinen besten Tag erwischt. Drei Tore innerhalb von sechs Minuten, am Ende 1:4. Der WM-Traum war geplatzt. Busch, der bei einem Freundschaftsspiel mit Lok gegen Schalke als erster deutscher Keeper mit langen Hosen im Kasten stand und damit für dicke Schlagzeilen sorgte, konzentrierte sich auf sein Studium und stand nur noch seiner Klubelf zur Verfügung.

Auch Gyarmati wollte nicht mehr. Der Ungar hatte zwar als Auslän-
der viele Freiheiten genossen, doch bei den ständigen Querelen gab es
kaum Hoffnung auf eine kontinuierliche Arbeit, wie bei der Olympia-
auscheidung für Melbourne. Nach einem Kurzlehrgang in Berlin hatte
Gyarmati seine vermeintlich zehn besten Spieler in den Bus gesetzt. In
München sollten sie unter Anleitung von Herberger mit zehn Westspie-
lern das Olympiateam bilden. Unmittelbar vor der Abfahrt beendete
Manfred Ewald persönlich die Reise und holte die Kicker wieder aus
dem Bus. „Aufgrund von Nichteinhaltung der Verträge durch die west-
deutsche Sportführung" sähe man sich dazu gezwungen. Der Auswahlchef konnte das nicht mehr hören und ging nach Abschluss der 58er
WM-Qualifikation zurück in sein Heimatland.

Fast grotesk das Nachspiel in der DDR-Gruppe. Wales, hinter der CSR
Gruppenzweiter, bekam eine überraschende Chance. Gegen Israel wollte
nach den Geschehnissen am Suez-Kanal kein Team aus Asien oder
Afrika antreten, also loste die FIFA einen europäischen Gruppenzweiten
aus. Wales gewann beide Spiele und fuhr nach Schweden. Dort scheiterte man erst im Viertelfinale am späteren Weltmeister Brasilien -
durch den „Goldenen Treffer" von Pelé.

Immer wieder Scherereien

Die jungen Wilden stürmen

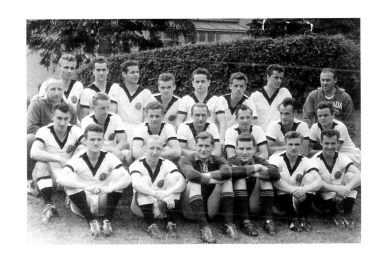

1958 - 1962

Fritz Gödicke hatte es geschafft. Er löste Gyarmati als Nationaltrainer ab. Die Wismut-Fraktion in der Auswahl kannte ihn gut. „Manni" Kaiser, „Binges" Müller, Willy Tröger und die „Wölfe" hatten den Vorzeigefunktionär mit zwei Meistertiteln in Folge auch zum erfolgreichen Trainer gemacht. Sie wussten, dass Gödicke in Aue nur Nachfolger von Karl Dittes werden konnte, weil man diesem „mangelnde fachliche Qualifikation" bescheinigt hatte und zu einem achtmonatigen Lehrgang an die DHfK schicken wollte. Der neue Mann hatte nach seinem Abschied als Fußballer in Leipzig-Leutzsch zu einer Blitzkarriere in Berlin angesetzt. Erst Spartenleiter (der spätere Generalsekretär/d.A.) im Fußballverband und NOK-Vizepräsident, dann sogar Präsident des Fußballverbandes. Nach drei Jahren knüppelharter Funktionärstätigkeit kehrte er als Nachwuchs-Auswahltrainer an die Basis zurück. In Aue lernten die Wismut-Kumpel schnell die Marotten des Nichtrauchers Gödicke kennen: „Das wenige, was er zu sagen hatte, las er von der Streichholzschachtel ab", erinnert sich Karl Wolf. Gödicke wusste, wem er zu danken hatte und setzte im Wesentlichen auf die erfahrenen Kämpen, auch in der Nationalmannschaft. Vorzeigbare Erfolge aber erntete er nicht.

Der 13. August war schon ein denkwürdiger Tag, bevor die Mauer gebaut wurde. Zumindest fußballerisch gesehen. Drei Jahre vor dem welthistorischen Ereignis in Berlin spielte die DDR-Nationalmannschaft in Oslo. Es war das erste Gastspiel nach der Gründung des Deutschen Fußball-Verbandes (DFV). Fritz Gödicke hatte zur letzten Mannschaftsbesprechung auch vier Journalisten zugelassen. Aus heutiger Sicht würde dafür die Bandbreite der Beurteilung von „außergewöhnlich" bis „suizidgefährdet" reichen. Das „Quartett der Fremdkörper" staunte im 12geschossigen „Scandina"-Hotel auch nicht schlecht, als die in der letzten Reihe sitzenden Rainer Franz (Motor Zwickau) und Heinz Lemanczyk (Brieske-Senftenberg) während den Ausführungen des Trainers in aller Ruhe eine Partie „17 und 4" spielten.

Franz spielte im Ulleval-Stadion von Anfang, hätte aber doch etwas besser zuhören sollen. Durch die falschen Stollen lag er permanent flach auf dem regennassen Rasen. Es war das verrückteste Spiel der Auswahlgeschichte. Nach sechs Minuten hatte „Moppel" Schröter die DDR in Führung gebracht. Keine halbe Stunde später lagen sie durch drei Treffer von Hennum und einem Pedersen-Tor mit 1:4 zurück. Doch damit nicht genug. Bis zur Halbzeit waren die Gäste wieder dran

47

und hatten durch zwei weitere Schröter-Tore den Anschluss zum 3:4 geschafft. Trainer Gödicke stand fassungslos neben seiner Trainerbank, die Zuschauer klatschten vor Begeisterung. Nach dem Seitenwechsel stellten Halbstürmer Hennum und Perdersen wieder den alten Abstand her, bevor „Wibbel" Wirth und der spätere „Republikflüchtling" Horst Assmy für den 5:6-Endstand sorgten. 20.000 restlos begeisterte Fans hatten für jede zweite Krone ein Tor gesehen, denn ein Ticket kostete damals 22 Kronen. Auch UEFA-Generalsekretär Johannsen schüttelte nach dem Abpfiff ungläubig mit dem Kopf: „Elf Tore, das wird es nie wieder geben".

Zum abendlichen Empfang wurde es richtig feierlich, bei Kerzenlicht und Klängen von einem Streichquartett. Die Mannschaft des Gastgebers hatte einheitlich den feinen Zwirn gewählt. Im DDR-Team fielen wieder zwei aus der Rolle. Rainer Franz trug an Stelle des offiziellen DFV-Anzuges ein kariertes Jacket. Übertroffen wurde er lediglich von Kurt Stoph. Der Bruder des damaligen Verteidigungsministers und späteren Regierungschefs war als Chef im Fußballverband der Delegationsleiter in Oslo. Er kam in einem grün-grauen Sommeranzug, darunter trug er ein bis zum vierten Knopf offenstehendes weißes Hemd und an den Füßen Sandalen.

Als das denkwürdige Norwegen-Spiel in diesem feierlichen Rahmen ausgeklungen war, lag die Gruppenauslosung für den I. Europapokal der Nationen erst wenige Tage zurück. Die DDR traf im Achtelfinale des im k.o.-Systems ausgetragenen Vorläufers der Europameisterschaft auf Portugal und fühlte sich als Favorit. Aber schon dem Hinspiel folgte der Katzenjammer. Das 0:2 gegen die Portugiesen wollten sich die DFV-Oberen nicht bieten lassen. Wie konnten sie wissen, dass diese am Anfang ihrer Entwicklung stehende Mannschaft sieben Jahre später WM-Dritter werden würde? Dass dieser aus Mosambique stammende Halbstürmer Coluna, Torschütze des zweiten Treffers im Walter-Ulbricht-Stadion, noch ganz andere Abwehrreihen ins Schwitzen bringen sollte? Sie forderten Konsequenzen. Fritz Gödicke nickte ergeben und schmiss „Wibbel" Wirth, Harald Assmy, Manfred Kaiser und Lothar Meyer „wegen mangelnder Leistungsbereitschaft" aus dem Kader. Das Rückspiel war nur noch eine Formsache. Nach dem 2:3 war die DDR wieder in ihrer gewohnten Rolle, als Zuschauer.

Irgend etwas musste passieren, seit dem Abschied von Gyarmati hatte man keinen Schritt voran gemacht. Das Trainerkarussell drehte sich wieder einmal. Gödicke wurde auf den Cheftrainer-Posten gehievt. Die Arbeit mit der Mannschaft sollte der zuletzt in Rostock tätige Heinz Krügel übernehmen. So wurde der Coach des SC Empor zur National-mannschaft delegiert und machte sich für Walter Fritzsch als neuen Mann an der Küste stark. Beide waren in Zwickau-Planitz aufgewach-sen und hatten schon in der Knabenmannschaft zusammengespielt. Während Fritzsch die rauhe Seeluft immerhin sechs Jahre schnuppern sollte, wurde Krügel als Auswahltrainer in Berlin einfach nicht warm. Es fing mit seiner Behausung an, die aus einer kleinen Kammer be-stand. Krügel nannte sie „Gefängnis". Dazu kam der Umgang im Ver-band, wo der Typ „offen und ehrlich", der sein Herz auf der Zunge trug, auf Dauer nur den Kürzeren ziehen konnte. Ein Beispiel: Als die Delegation der Nationalmannschaft im Rahmen des Länderspiels in Indonesien auf Einladung bei Staatspräsident Sukarno auflief, hatten sich alle schmuck gemacht und herausgeputzt. Bis Delegationsleiter Kurt Stoph, der, wie schon in Norwe-gen, aus der Rolle fiel. Er hatte kurze Hosen und Sandalen gewählt. Krügel platzte bald vor Wut und verpasste dem „Chef de Mission" vor versammelter Mannschaft einen fürchterlichen An-schiss. Doch wer sich mit den Bossen anlegt, muss mit Konsequenzen rechnen. Das galt auch für Krügel.

Die Krönung war für den Fußball-fanatiker aber, dass der DTSB nach Lei-beskräften versuchte, die Entwicklung der Kicker zu bremsen. Deshalb konnte das neue Tandem Gödicke/Krügel auch nie richtig Fahrt aufnehmen, weil beide rein menschlich viel zu unterschiedliche Typen waren und keine gemeinsame Übersetzung fanden. „Fritz ist ein lie-ber guter Mensch, aber kein guter Trai-ner!" urteilt Krügel noch heute über sei-nen Vorgänger auf dem Auswahl-schemel. Damals warf er ihm vor: „Du schwänzelst überall 'rum, bist oft beim Ewald und sagst mir dann nichts. Das ist unkollegial!"

Ging es um die Mannschaft, ließ sich Krügel von niemandem reinreden. Als Fußballtrainer war er eine Granate. Ein knochenharter Hund, der im Sommer, wenn es Wochen nicht geregnet hatte, im Fünf-Meterraum schon mal einige Eimer Wasser hinkippte, um im frischen Schmodder ein zünftiges Torwarttraining absolvieren zu können. Einer, der von seinen Spielern verlangte, ohne Zigarette und Bier auszukommen, sich selbst mit einbezog und es als einziger schaffte. Einer, der sich erbarmungslos für seine Spieler einsetzen konnte, ihnen aber auch alles abverlangte. Krügel, für die Spieler eher Kamerad als Kumpel. Einer, der die Truppe beim Waldlauf schwitzen sehen wollte und trotzdem lachen konnte, als er sie am nächsten Teich beim „Schweißauftragen" erwischte.

Mit der SG Planitz wurde Krügel 1948 erster Ostzonenmeister, da stand er selbst noch auf dem Rasen. Eine Knieverletzung katapultierte den Verteidiger 1951 auf die Trainerbank. Zunächst betreute der 30jährige zusammen mit Dresdens Fußball-Legende Richard Hofmann die Landesauswahl Sachsens. Noch im gleichen Jahr bekam Krügel den Auftrag, eine Oberligamannschaft der Kasernierten Volkspolizei aufzubauen. Die sollte in Leipzig angesiedelt werden und so ging der Westsachse auf die Suche nach geeigneten Spielern für die neue „Vorwärts"-Elf. Hilfreich dabei war ihm ein Lehrgang der Sachsenauswahl in Planitz, unter den Teilnehmern ein gewisser Werner Wolf aus Dresden-Zschachwitz. Wochen später, es war an einem Donnerstagabend im Oktober '51, betraten zwei Herren das Zschachwitzer Sportcasino. Als Grund für ihren Besuch gaben sie eine Autopanne an. Vater Wolf ging seinen Sohn wecken, der sich schon schlafen gelegt hatte. Werner kam in den Gastraum und erkannte sofort die Sportfreunde Keller aus Glauchau und Ebert aus Riesa. Wenig später verrieten sie ihm den wahren Grund ihres plötzlichen Aufkreuzens. „Am Sonntag spielt Vorwärts in Dessau. Da kannst Du schon dabei sein!" Zwei Tage Zeit hätte er, um sich alles in Ruhe zu überlegen. Werner kam ins Grübeln, wollte aber mit niemandem darüber sprechen. Seine Zschachwitzer Kumpels würden ihn schnell überreden, zu bleiben, aber immerhin war er schon 27. Am nächsten Tag nach Feierabend besuchte er seinen Trainer Georg Köhler und staunte nicht schlecht, als ihm dieser erst verständnisvoll zugehört und dann alles Gute und viel Glück gewünscht hatte. Am Freitagabend, kurz nach Einbruch der Dunkelheit, holte ihn eine in der Nähe des Sportplatzes geparkte Limousine nach Leipzig ab und Werner Wolf zwei Tage später mit Vorwärts in Dessau einen Punkt. Zwei Jahre blieb er in Dresden wohnen. Oft war der Pendler schon am Abend vor dem ersten Training in Leipzig. Für Heinz Krügel kein Problem. Der Trainer quartierte kurzerhand seine Frau aus und ließ Werner Wolf neben sich im Ehebett schlafen.

Nach der Saison 51/52 fuhr das Team von Vorwärts an die Talsperre Kriebstein. Die Spielerfrauen durften mit, mussten aber, getrennt von ihren Männern, alle in einem Schlafsaal nächtigen. Tagsüber setzte Trainer Krügel auch ein paar Einheiten an, damit es seinen Kickern nicht zu langweilig würde. In diese Idylle platzte ein Anruf aus Berlin. Die Genossen in der Hauptstadt hatten ein Freundschaftsspiel gegen die sowjetische Armeeauswahl organisiert, Spielort war das Luftschiffstadion in Potsdam. Zähneknirschend machten sich Krügel und Co. auf den Weg. In Leipzig mussten bei einem Zwischenstop sogar die Uniformen geholt werden. Im „Burgkeller", unmittelbar in der Nähe vom Alten Rathaus, ging die Mannschaft Mittagessen. Krügel setzte sich zu einem älteren Ehepaar an den Tisch, das sich gerade über seinen Sohn unterhielt, der in Sosa an der Talsperre tätig war. Die beiden Erzgebirgler fragten den Trainer irgendwann, wer sich hinter seiner munteren Gesellschaft verbirgt. Krügel antwortete: „Wir sind die Kultur-

gruppe von der Talsperre Sosa und müssen zum Rundfunk nach Berlin, um eine Sendung aufzunehmen". Während sich die ersten Spieler schon ins Knie bissen und das Lokal verlassen mussten, setzte der Coach mit ernster Miene noch einen drauf: „Wir sind ein bisschen traurig. Unser Zitterspieler, der Lore-Karl, kann nicht mitfahren. Ihm ist einer mit der Lore über den Daumen gefahren". Jetzt gab es kein Halten mehr, doch das Ehepaar wünschte Heinz Krügel und seinen Männern alles Gute und versprach, sich die Sendung auf jeden Fall anzuhören.

In Potsdam war allen das Lachen vergangen. Vor der kompletten KVP-Spitze auf der Tribüne hatten die Sowjets, wie üblich, ihre großen Bälle und den Schiedsrichter mitgebracht. Krügel platzte der Kragen: „Den Ball raus!" brüllte er und schoss einen Ball seiner Mannschaft zum Anstoßkreis. Die Russen sortierten diesen aus und plazierten ihren eigenen wieder auf dem Punkt. Da rastete Krügel endgültig aus und drosch die russische Kugel auf die Ehrentribüne. Die Vorwärts-Spieler standen wie gelähmt, im ganzen Stadion herrschte sofort Totenstille. Dann kam ein sowjetischer General auf den Rasen und versuchte, den Coach zu beruhigen. Das gelang aber erst, als Vorwärts das Spiel überraschend klar mit 5:2 gewonnen hatte. Auch die KVP-Führung war zufrieden und nahm den Ausrutscher des Trainers nicht weiter krumm.

Krügel setzte bedingungslos auf die Jugend. Dabei schöpfte er vor allem aus dem erfolgreichen Jahrgang, der beim UEFA-Juniorenturnier 1959 erst im Halbfinale an den Bulgaren gescheitert war. Die Ducke, Nöldner, Nachtigall und Co. schwören noch heute, dass der Gastgeber bei der Auswahl der Spieler nicht ganz genau auf die Geburtsdaten geachtet hätte. Im Gegensatz zu den 18jährigen Milchbärten aus der DDR wären die vollbärtigen Spieler des 3:0-Siegers in der Mehrzahl schon von den eigenen Kindern angefeuert worden. Einer aus dem 59er Jahrgang sollte den DDR-Fußball nahezu 20 Jahre lang in Atem halten.

„Großer, komm mit nach Jena!", forderte der sieben Jahre ältere Roland seinen, um ein paar Zentimeter höher gewachsenen Bruder eines lauen Sommerabends auf. Man schrieb das Jahr 1959. Der damals noch siebzehnjährige Peter Ducke genoss seine ersten Ferientage nach erfolgreich bestandener Lehre zum Spitzendreher. Als er den Schönebecker Kinosaal verließ, glaubte er seinen Augen nicht zu trauen. Bruder Roland und Georg Buschner, damals verantwortlicher Trainer des SC Motor Jena, erwarteten ihn bereits. Der Grund für den überraschenden Besuch war schnell herausgefunden. Der „Schwarze" sollte schnellstmöglich von der Elbe in die 120 km entfernt liegende Saalestadt, zum Klub nach Jena, wechseln. Peter, derart umschmeichelt, konsultierte seine Mutter. Maria Ducke protestierte energisch: „Mein Sohn wird nie in Jena spielen!"

Seit dem Vorjahr kam ihr der Thüringer Klub einem rotem Tuch gleich. Ihr Peter war nach einem ersten Eignungstest mit der knappen Begründung „vollkommen untalentiert" zurück in die Börde geschickt worden.

Peters großer Wunsch, mit Bruder Roland in einer Mannschaft zu spielen, ließ ihn die Sache neu überdenken. Nach reiflichem Überlegen entschied sich der damals 17jährige für den Wechsel zum SC Motor. Auch die Bedenken der Mutter konnte der „Lieblingssohn" zerstreuen und so packte er seine „Siebensachen". Von der natürlichen Schönheit der Gegend um die Kernberge angetan, fiel ihm die persönliche Umstellung recht leicht. Da er auch außerordentliches fußballerisches Talent besaß, wurde er von den neuen Mannschaftskameraden sofort akzeptiert. Nur mit einem verband ihn über all die Jahre ein ganz besonders delikates Verhältnis - dem Trainer Buschner. Der Coach, der dafür bekannt war, jungen Spielern auf brutale Art klarzumachen, dass sie in der Hierarchie ganz, ganz unten stehen, trieb den Neuling oft zur Weißglut. Zugleich aber „war er mein größter Förderer und schrieb Empfehlungen an den Auswahltrainer.", weiß Ducke noch heute zu berichten. Gerade einmal 13 Monate gingen ins Land, dann steckte die erste Einladung zum Auswahllehrgang im Briefkasten des Jenenser Abbe-Sportfeldes. Heinz Krügel war das aufstrebende Talent natürlich nicht entgangen. Am 30. Oktober 1960 trug der „Schwarze" erstmals das Trikot mit Zirkel und Ährenkranz im Emblem. Wie es sich für Ducke gehörte, trug er sich beim 5:1 über Finnland in Rostock sofort in die Schützenliste ein. Als er im Dezember des Jahres auch zum Aufgebot gehörte, welches nach Tunesien und Marokko flog, fühlte er sich „wie im Märchen von 1001 Nacht. Ich war richtig selig und das war mein schönstes Weihnachtsgeschenk", schwärmt der mittlerweile 56jährige. „Wir besuchten Casablanca, Rabat, Fes und ganz nebenbei schlugen wir die mit französischen Profis bestückten Marokkaner und Tunesier!" Er fühlte sich wohl in der Truppe und mit dem großen Bruder wusste er im Ernstfall immer Verstärkung im Rücken. Das Duo Ducke war aus der DDR-Elf nicht mehr wegzudenken.

Als Krügel durch den Ungarn Karoly Soos ersetzt wurde, wollte der neue Trainer ihn sogar für einige Monate zur Profilierung in das Land der Magyaren schicken. „Sie werden Dich vergöttern", versprach Soos. Ducke, zum kurzzeitigem Wechsel durchaus bereit, wurde die Entscheidung von den Verbandsoberen abgenommen. „Du bleibst hier!" Die Entscheidung war ebenso knapp, wie eindeutig. Begründungen waren in dieser Zeit unüblich. Zu den Magyaren entwickelte er trotzdem eine besondere Beziehung. „Gegen Ungarn habe ich meine besten Spiele gemacht. Erfuhren die, dass ich auflaufe, stöhnten sie - oh Gott, wieder dieser Ducke!", grinst der „Schwarze Peter". „Schon ins Trainingslager versuchten sie, Späher zu schleusen." Nach dem 3:3 in Budapest, Ducke machte ein Wahnsinnsspiel, klopfte sogar der CF Barcelona an. Die Katalanen wollten diesen Mittelstürmer unbedingt haben und waren bis dato gewohnt, das Objekt ihrer Begierde auch zu verpflichten, koste es, was es wolle. In diesem Fall hatten sie die Rechnung aber ohne den DFV gemacht. Der Verband dachte nicht im Traum daran, einen Oberligaspieler als Profi ins Ausland ziehen zu lassen. Damit konnte sich Ducke eine Karriere als Weltstar abschminken.

Geschichte um Geschichte fällt dem Wahl-Jenenser ein, denkt er an seine Auswahlzeit zurück. So war es für Peter Ducke ein Grauen, wenn er neue Schuhe erhielt und diese wohlmöglich noch anziehen musste. Lieber spielte er doch in den abgenutzten Tretern des Bruders. Konnte er es einmal wirklich nicht verhindern, watete er stundenlang im Trainingslager durch den benachbarten Kiensee, um die Töppen anzupassen. Beim abendlichen Kontrollgang des Trainers, der auf geputzte Stiefel großen Wert legte, bohrte Ducke häufig ein sehr dünnes Brett. Zum Ärger seines Kumpels „Kuppe" Nöldner präsentierte er Soos dessen gewienerte Schuhe. Nöldner hatte im wahrsten Sinne des Wortes den Dreck.

Kienbaum war für die Spieler immer eine Reise wert. Der „Geldonkel" aus Berlin war ein stets gern gesehener Gast. Pro Auswahlsieg klingelten immerhin runde 1200 Mark im Geldbeutel der Fußballer. Für den normalen Arbeiter waren dies damals zwei Monatsgehälter. Ducke hatte die Eigenart, seine Prämiengelder im Nachttisch zu verstauen. Für ein schlampiges Genie wie ihn kein besonders günstiger Platz. „Wir fuhren von Kienbaum zum Spiel nach Leipzig. Kurz vor dem Hotel „Astoria" merke ich, dass ich mein Kuvert mit der Prämie liegengelassen hatte. Rund 4.000 Mark, die Erfolgsprämien der letzten

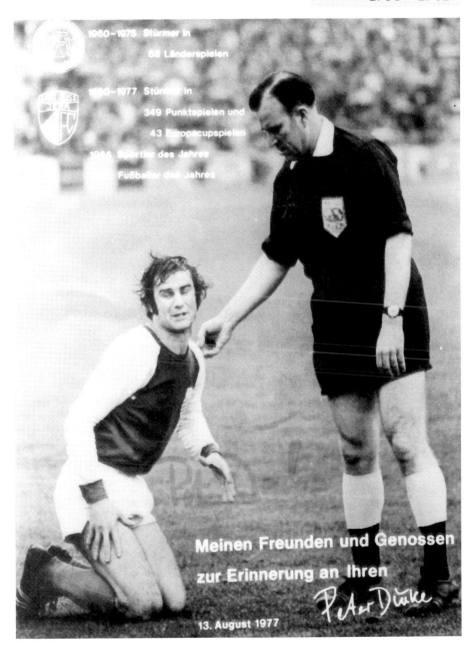

1960–1975 Stürmer in
68 Länderspielen

1960–1977 Stürmer in
349 Punktspielen und
43 Europacupspielen

1966 Sportler des Jahres
Fußballer des Jahres

Meinen Freunden und Genossen
zur Erinnerung an Ihren

Peter Ducke

13. August 1977

Monate lagen im Nachttisch! Kurz nach der Ankunft klingelte im Hotel das Telefon, eine ehrliche Putzfrau hatte den bemerkenswerten Fund längst gemeldet." Ducke hatte Glück gehabt. Auf der Südamerikareise 1966 fehlte es ihm. Im Freundschaftsspiel gegen Sparta Prag erlitt er einen doppelten Schien- und Wadenbeinbruch. Der Prager Tichy war ihm in die Parade gefahren. Jetzt rächte sich bitter, dass Ducke niemals Schienbeinschützer trug. „Mit den Dinger konnte ich einfach nicht spielen", war seine Begründung. Noch am Abend des 21. Januars wurde er im „Katholischen Krankenhaus" von Mexiko-City operiert. Zum ersten Male konnte Ducke wieder lachen, als ihn seine Mannschaftskameraden nach dem nächsten Spiel am Krankenlager besuchten und erzählten, dass sie als Referenz an den Gastgeber gegen eine Klubelf in grün-weiß-rot, den Nationalfarben Mexikos, aufgelaufen wären. Nicht die einzige positive Erinnerung an den vierzehntägigen Aufenthalt im Klinikum. „Täglich besuchten mich Dutzende. Darunter auch einige Präsidenten mexikanischer Vereine, die manchmal sogar fertige Verträge dabei hatten." Unter den Stammbesuchern war auch ein Pfarrer, der Ducke Tag für Tag eine Karaffe Rotwein mitbrachte. Dies verwunderte Trainer Soos bei seinen Visiten am Krankenbett. Er konfiszierte den Rebensaft mit den Worten „Du Spieler und Wein nix gut für Dich" und nahm ihn mit zur eigenen Verwendung mit. Ein Gemeinsamkeit, die ihn mit anderen Auswahltrainern verband. Überliefert ist unter anderem die Tatsache, dass Georg Buschner nach dem Genuß von ein paar Gläschen Rotwein gern eine Partitur aus Verdis „Don Giovanni" darbot. Zum Gaudi der verblüfften Zuschauer.

Nach der Rückkehr in die Heimat verbrachte Ducke noch einige Wochen im Kreiskrankenhaus Saalfeld. Vom Koch des Hauses wurde eigens für ihn desöfteren ein Römerbraten gebrutzelt, seine Lieblingsspeise. Durch hartes, oft bis an die Schmerzgrenze gehendes Aufbautraining schaffte er in relativ kurzer Zeit den sportlichen Anschluss an die Kameraden. Mittlerweile hatte sein Klubtrainer Georg Buschner das Amt des Auswahltrainers von Harald Seeger übernommen. Der neue Chefcoach holte viele Spieler aus der Zeiss-Elf in die Auswahl und verlegte kurzerhand diverse Lehrgänge nach Jena. Zum Leidwesen der Nicht-Jenenser, die von den Marotten des neuen Trainers alles andere als begeistert waren. Einer von denen klagte besonders heftig, der Dresdner „Hansi" Kreische. „Hör' mir off mit dem Buschner, wegen dem Heini muss'sch schonn wieder nach Jena!", klagte er daheim dem

Vater sein Leid. Buschner blieb in den ersten Monaten als verantwortlicher Auswahltrainer zugleich Klubtrainer in Jena. Interessenkonflikte waren programmiert. So ein Zustand konnte natürlich nicht gehalten werden und Hans Meyer übernahm 1971 das Training in Jena. Buschner, jetzt ausschließlich auf die Auswahl fixiert, qualifizierte sich anschließend für die Weltmeisterschaft 1974, ausgerechnet in der Bundesrepublik. Zu diesem Zeitpunkt neigte sich die Karriere des Peter Ducke langsam dem Ende entgegen. Aufgrund der Verdienste für den DDR-Fußball boxte Buschner gegen den Widerstand des Verbandes die Teilnahme Duckes an der WM durch. Doch der „Schwarze" fühlte sich vor Ort als „fünftes Rad am Wagen" und verfolge ohne Euphorie das Turnier von der harten Ersatzbank aus. Die Kurzeinsätze konnten ihn, dem Vollblutfußballer, nicht befriedigen. Er lebte von Kindheit an für den Fußball, wollte einfach immer spielen und immer gewinnen. Gnadenbrote waren nicht sein Ding. Fühlte er sich betrogen, explodierte er. Häufige Sperren waren die Konsequenz. So geschehen 1965. Tatort war der Friedrich-Ludwig-Jahn-Sportpark in Berlin. Im Pokalfinale standen sich der SC Motor Jena und der SC Aufbau Magdeburg gegenüber. Das Spiel sollte den Rahmen für die Ankunft der Friedensfahrer bilden, die mit „Rund um Berlin" auf ihre Tour nach Warschau gestartet waren. Mit diesem Gedanken hatten die DTSB-Bosse um Ewald, Manfred kein glückliches Händchen. Kurz vor Schluss stand es 1:1, die Verlängerung drohte. Das wiederum hätte den ganzen Zeitplan durcheinander gebracht. Da pfiff Schiedsrichter Riedel einen Elfmeter für Magdeburg, eine Minute vor Ultimo! Hirschmann ließ sich diese einmalige Chance natürlich nicht entgehen, Fritzsche im Zeiss-Kasten ohne Chance. Die Thüringer fühlten sich ungerecht behandelt und protestierten. Der Unparteiische zeigte sich unbeeindruckt und pfiff wenig später noch einmal, allerdings zum letzten Mal. Ducke rastete endgültig aus. Auch bei der Siegerehrung hatte er sich noch nicht beruhigt. Er schrie DFV-Generalsekretär Schneider ins Gesicht: „Euern Scheiß-Pokal könnt ihr behalten!" Der DFV zeigte Härte. Sechs Wochen Sperre für alle Fußballvergleiche lautete das Urteil der Rechtskommission. Das tat weh, denn dadurch verpasste der „Schwarze" das Länderspiel gegen seinen Lieblingsgegner Ungarn und saß in Leipzig nur auf der Tribüne. Allerdings sorgte er dort unfreiwillig für Gelächter, als der Stadionsprecher ihn in der Halbzeitpause bat, zum Spielertunnel zu kommen. „Jetzt, wo sie einen guten Stürmer brauchen, wollen sie Dich wohl doch noch einsetzen, Peter?" flachsten die links und rechts von ihm sitzenden Anhänger.

Den Pokalsieg mit dem FC Carl-Zeiss holte er 1972 und 1974 nach. Ein Jahr später, am 19.November 1975, trug Peter Ducke ein letztes Mal das blau-weiße DDR-Trikot, beim 1:1 in Brünn gegen die CSSR. Es war ein trauriger Abschied. Klubtrainer Meyer schrieb Buschner folgende Zeilen. „Ducke passt mit seiner arroganten und überheblichen Art und Weise nicht mehr in die Nationalmannschaft. Sportlich ist er nur noch Mittelmaß." Als 35jähriger wollte Ducke noch einmal den Verein wechseln. Enttäuscht von den Zeiss-Verantwortlichen bat er um den Wechsel nach Aue. Der Verband lehnte ab und Ducke beendete seine Fußballer-Laufbahn. Seit 1977 arbeitet er als Jugendtrainer in Jena. Zwei Jahre lang, dann fuhr er mit dem Citroen des Westbesuchs auf das Vereinsgelände. Ducke wurde aus dem Klub geworfen. „Auf eine Entschuldigung der Verantwortlichen, die zum Teil heute wieder an der Spitze des FC Carl-Zeiss stehen, warte ich immer noch vergeblich", äußert das einstige Fußballidol betroffen. Mit der Arbeit als Sportlehrer an einer Regelschule in Jena und seiner zweiten Ehefrau Ute hat der „Wilde" von einst jedoch seinen Frieden gefunden. Beruflich und privat. Nur die Geschichte mit seinem alten Verein wurmt ihn heute noch. Vor wenigen Wochen kam ein Brief mit dem Angebot, dem FC Carl Zeiss wieder beizutreten. Aber nur unter der Bedingung, dass er rückwirkend für jeden Monat seit „seiner Tat", eine Mark Beitrag entrichtet. Ducke konnte ob solch unglaublicher Zeilen nur verständnislos den (nicht mehr ganz schwarzen) Schopf schütteln.

Ein Jahr nach dem UEFA-Turnier '59 trafen sich Ducke und Nöldner bei der Nationalmannschaft wieder. Zusammen mit dem 21jährigen Dieter Erler sollten sie das Sturmtrio gegen Finnland bilden. Vor dem Spiel in Rostock geriet diese Aufstellungsvariante von Heinz Krügel noch einmal ernsthaft in Gefahr. Beim Trainingsspiel „Blau" gegen „Weiß" musste Masseur Kuschmitz einspringen, um beide Vertretungen zahlenmäßig auszugleichen. Der „Lückenfüller" entpuppt sich aber als echter Torjäger und setzte Auswahlkapitän Spickenagel gleich zwei Treffer ins Netz.

Krügel setzte aber auf seinen „Babysturm" und sollte den höchsten Sieg in der noch jungen Länderspielgeschichte feiern. Für Jürgen Nöldner begann die unmittelbare Spielvorbereitung mit einem Schock. Er sah Roland Ducke beim Schuhe putzen mit einer Zigarette im Mund. 28

Minuten nach dem Anpfiff hatte „Kuppe" seine Fassung wiedergefunden schoss das 1:0. Insgesamt klingelte es sechsmal bei den Finnen, allerdings erkannte Herr Sörensen aus Dänemark den zweiten Treffer von Peter Ducke nicht an. Überragender Mann auf dem Platz war Mittelstürmer Erler, der aus hängender Position in der M-Formation des Angriffs spielte und die Gäste damit vor unlösbare Rätsel stellte.

Anfang Dezember 1960 bekam Rainer Nachtigall schon sein Weihnachtsgeschenk. Heinz Krügel schickte ihm eine Einladung zur Nationalmannschaft. Tunis und Casablanca wurden angesteuert, nicht nur für ihn eine Reise in eine andere Welt. Schnell kamen die DDR-Spieler ins Schwitzen. Das lag aber nicht nur am heißen Klima. Als der Kellner beim abendlichen Bankett mit einer Zinkkanne an die Tafel kam, lehnten die DDR-Spieler den vermeintlichen Tee dankend ab. Dabei befand sich in der Kanne ganz normales Wasser zum Händewaschen. Das hatte seinen Grund. All die leckeren Sachen, die in der Mitte der Tafel standen, wurden mit den Händen gegessen.

Vor dem Anpfiff in Tunis gab es für die Gastgeber eine peinliche Panne. Der Protokollpunkt „Abspielen der Nationalhymnen" konnte nur zu 50 Prozent erfüllt werden. Die Platte mit dem DDR-Hit war einfach nicht aufzufinden. Für Heinz Krügel und seine Mannen kein Problem. Sie stellten sich um die Fahnenstange und sangen selbst aus Leibeskräften bis die Flagge in einer kräftigen Mittelmeerbrise flatterte. Beim zweiten Länderspiel dieser Reise gab es erneut vor dem Anpfiff einen Höhepunkt, der 20.000 Zuschauer im Stade d'Honneur mit der Zunge schnalzen ließ. Sie waren zwar von ihren in der Mehrzahl in Frankreich spielenden Profis einiges gewöhnt, aber Waldemar Mühlbächer stahl allen die Show. Der Berliner zeigte beim Warm up seine Rastelli-Nummer. Jonglierte mit dem Ball, fing ihm mit dem Nacken wieder auf und ließ ihn von dort nach links und rechts die Arme entlang kullern. Das Stadion stand Kopf und der damals 23jährige erntete nicht enden wollende *standing ovations*

Kabinengeflüster

„Was für scheeenes Ende!"

Unter Karoly Soos
Fußball fürs Auge, aber keinen Titel

1962 - 1969

„Roland, was hast du an linker Arschbacke?" An Fragen dieser Art mussten sich die Nationalkicker ab 1962 erst gewöhnen. Auch Roland Ducke, der, so angesprochen, sofort innehielt und sich umdrehte, um zu ergründen, was mit seinem Hinterteil geschehen war. Natürlich nichts, denn in diesem Moment krähte die gleiche Stimme: „Du haben linkes Bein an linke Arschbacke, warum also Du linkes Bein nicht benutzen?" Erst jetzt verstand der Jenenser. Auswahltrainer Karoly Soos war aufgefallen, dass der am Ball beidbeinig agierende Ducke an diesem Tag so gut wie nichts mit links gemacht hatte.

Der bei seiner Amtsübernahme 53jährige Ungar hatte nicht eine Minute an einer Universität zugebracht, aber jede Menge Lebenserfahrung gesammelt. Davon versuchte er, mit seiner unnachahmlichen Art, den Spielern etwas zu vermitteln. Diese hatten ihren „Karl" schnell ins Herz geschlossen. Auch wenn Soos mitunter kräftige Vulgarismen in seine ungarisch eingefärbten Sprachbrocken mischte, wenn ihm etwas nicht passte. Nach einem Fehlpass klang das dann so: „Nachtigall, Du sagen mir, haben sie Dein Bein verkehrt herum in Arsch geschraubt?" Mitunter kam es aber auch zu Missverständnissen, die die komplette Mannschaft in Hochstimmung versetzten. „Franz, was war los in Berlin?", fragte Soos seinen Nebenmann „Franne" Rydz im Mai '62 in Moskau und wollte eigentlich wissen, wie die B-Auswahl am Vorabend gespielt hatte. „Tscherepowitsch hat gewonnen!", antwortete der DTSB-Spitzenfunktionär völlig korrekt, denn das B-Länderspiel war in den Friedensfahrtauftakt „Rund um Berlin" eingebettet gewesen. Für Soos nicht mehr als eine Wasserstandsmeldung, er wollte das Fußballergebnis. Doch danach hatte Rydz bei seinem Anruf in Berlin vergessen zu fragen.

Der neue Coach war zu den Kickern wie ein Vater. Der Ungar führte Musik zum Frühstück ein, trainierte hart, aber vor allem freudbetont und lernte in Einzel- und Gruppengesprächen recht bald seine „Pappenheimer" kennen. Die Jungs dankten es ihm mit Leistung und spielten innerhalb kürzester Zeit einen gepflegten Fußball, vielleicht den attraktivsten, den eine DDR-Elf je gespielt hat. Ihr Image beim Publikum erfuhr so innerhalb kürzester Zeit eine erhebliche Aufwertung.

Man schrieb das Jahr 1963. Die Ducke-Brüder führten den SC Motor Jena zum ersten Mal zur DDR-Meisterschaft. Ein anderer Thüringer, allerdings in den Diensten des SC Wismut Karl-Marx-Stadt, wurde vom Deutschen Fußball-Verband zum „Fußballer des Jahres" gekürt. Der damals 34jährige Manfred Kaiser bekam diese Auszeichnung als erster Einzelspieler. Von Kindheit an ein Fußballer mit Leib und Seele, absolvierte er seine Oberliga-Lehrjahre in Gera. Aufgrund seiner hervorragenden Technik und der Fähigkeit, ein Spiel lesen zu können, stand der Name „Kaiser" bald in den Notizbüchern der Späher anderer Vereine. In der Geraer Mannschaft kickte seinerzeit auch ein Verteidiger, der aufgrund seiner Härte bei den Gegnern besonders gefürchtet wurde. Der spätere Auswahltrainer Georg Buschner. „Der Schorsch war ein Fußballverrückter, der keinen schonte. Weder den Kontrahenten noch sich selbst.", erinnert sich Kaiser heute. „Wenn irgendwo die Luft brannte, er war immer ganz vorn dabei." Auch im Oktober des Jahres '51. Die Geraer Spieler und Zuschauer fühlten sich beim 1:1 im Oberligapunktspiel gegen Wismut Aue vom „Pfeifenmann" verschaukelt. Referee Kurt Paufler aus Dessau nutzte nach dem Schlusspfiff die einzige Chance und rannte auf dem Weg zum Bahnhof um sein Leben. Dabei bildete die durch Gera fließende Elster das letzte natürliche Hindernis, die einzige Brücke hatten wütende Schlachtenbummler vorsorglich abgeriegelt. Der „schwarze Mann" stieg in den Fluss und hatte Glück, dass der Pegel kaum höher als bei einem Meter lag. Mit Müh' und Not erreichte er das rettende Ufer und wurde von verständnisvolleren Einheimischen geborgen und in einem Haus versteckt. Sowohl eine Platzsperre als auch den Abstieg im Jahr darauf konnten die Thüringer nicht verhindern. Manfred Kaiser aber blieb erstklassig. Seine Dienste

sicherte sich der SC Wismut Karl-Marx-Stadt, zum Ärger der benachbarten Rivalen vom SC Motor Jena. Diese hatten ebenfalls großes Interesse an ihm bekundet.

Zehn Jahre pendelte der „Kaiser Manni" täglich von Gera nach Aue. Dort trainierte und spielte der Klub, dem die Verbandsoberen nach der Sportklubgründung den Namen der Bezirkshauptstadt verpassten. Eine Kompromisslösung. Den Auer Kumpeln gelang es erst im letzten Augenblick, die drohende komplette Verlegung zu verhindern. Sie hatten mit „Generalstreik" gedroht. „Für uns Spieler war klar - in Karl-Marx-Stadt spielen wir nicht. Lieber hätten wir in Aue von ganz unten neu angefangen, in der Kreisklasse", das Gesicht von Manfred Kaiser bekommt heute noch Zornesröte, wenn er an diese Zeit zurückdenkt.

Beim 2:0 Erfolg der DDR in Polen hatte er im Juli 1956 das erste Mal Auswahlluft geschnuppert. Für die Spiele der DDR-Auswahl wurde zu jener Zeit sogar die Meisterschaft unterbrochen. Drei Jahre lang gehörte Kaiser zum Stamm der DDR-Elf. Nach dem 0:2 gegen die starken Portugiesen fiel Trainer Krügels Bannstrahl auch über ihn. Aus der Sicht der „Verbannten" ein lächerlicher Vorwurf. Zwei Jahre später bekam er vor dem Hollandspiel ein Telegramm und der Supertechniker Kaiser feierte unter Karoly Soos sein Comeback in der Auswahl.

Dort erlebte er unvergessene Stunden. Bei einem Aufenthalt in Taschkent kam er eines Abends mit „Theo" Körner von einem Gelage auf der Dachterrasse im 14. Stock. Kaum hatten die beiden ihr Zimmer betreten, klopfte es, kurz nach Mitternacht. An der Tür standen drei Russen und luden zum nächsten Umtrunk im Nachbarzimmer ein. Eine Wärmflasche diente den Zechern als kühlende Aufbewahrung für den Wodka, dazu gab es einen Tisch voller Speisen. Als der Morgen graute, wankten die Kicker endgültig in ihre Falle. 1962 begann der blonde Stratege in Karl-Marx-Stadt sein Fernstudium zum Sportlehrer. Zur täglichen Pendelei Gera-Aue-Gera kam die dienstägige Tour zum Konsultationstag an die Hochschule. Der Wismut-Klub hatte mit dieser Mehrfachbelastung ein Einsehen. Fortan durfte der „Fußballer-Student" donnerstags allein in Gera trainieren. Ein Luxus, der keinem anderen Auswärtigen gewährt wurde. Auch sonst wurden „echte Kumpel" und „Zugereiste" getrennt behandelt. Als eingestufte „Über-Tage-Arbeiter" kamen die Auswärtigen nicht in den Genuss des hochprozentigen „Kumpeltodes" und erhielten zum Grundlohn 20 Prozent weniger Zuschläge. Dem Zusammenhalt in der Truppe tat dies jedoch keinen Abbruch. Gemeinsam ging's nebst Angehörigen in den Urlaub. Im Sommer ins Betriebsheim an die Ostsee nach Zinnowitz, im Winter nach Oberwiesenthal.

Mit der DDR-Auswahl ging Kaiser im Februar 1964 ein letztes Mal auf große Fahrt, der „Schwarze Kontinent" war das Reiseziel. „Ach ja, Ghana", der heute 68jährige lacht schallend, „das war schon eine ganz tolle Nummer!" In der Hauptstadt Accra traten die blau-weißen Kicker zu einem inoffiziellen, freundschaftlichen Vergleich gegen die Gastgeber an. Bei annähernd 50 Grad und extrem hoher Luftfeuchte ging den Deutschen schon nach einer halben Stunde die Puste aus. Sie unterlagen sang- und klanglos mit 0:3. Danach begannen Ghanas Funktionäre einen Streit mit der DDR-Mannschaftsleitung und forderten die nachträgliche Anerkennung der Partie als offizielles Länderspiel. Die DFV-Führung lehnte selbstverständlich ab. Dabei blieb es, vorerst. Zwischen Testvergleichen mit dortigen Klubmannschaften gab es einen Mannschaftsausflug in den Urwald. Sechs Stunden lang wurden sie im Bus nach Kumasi kutschiert. Von dort sollte sie der Busfahrer Stunden später wieder abholen und in die Hauptstadt zurückfahren. Man wartete eine Stunde vergeblich, dann die zweite ... Die Nervosität wuchs. Nachdem ein Telefon ausfindig gemacht werden konnte und der Kontakt zu Ghanas Verantwortlichen hergestellt war, lagen die Fakten klar auf dem Tisch. Entweder offizielle Anerkennung des Spieles oder Verweilen im Busch auf unbestimmte Zeit. Wie der Streit auf Funktionärsebene endete, erfahren Sie im Statistikteil am Ende des Buches.

Im Jahr 1965 beendete Manfred Kaiser seine Laufbahn und kehrte nach Gera zurück. Mit der Liga-Elf von Wismut Gera gelang ihm ein Jahr später der Aufstieg in die höchste Spielklasse, dem aber der postwendende Abstieg folgte. Die ehrgeizigen Pläne des Trainers, der die Wismut-Kicker ins Oberhaus zurückbringen wollte, wurden 1970 vom „Fußballbeschluss" zerstört. Die Aktiven sollten fortan von morgens halb sechs im Schacht arbeiten. Nach der 8-Stunden-Schicht war für den Nachmittag ein dreistündiges Training festgelegt. Kaiser hatte die Nase voll und verließ seinen Heimatverein in Richtung Erfurt. Beim FC Rot-Weiß arbeitete er fünf Jahre als Assistenztrainer, ehe er in Zeitz und später in Hermsdorf den Trainerposten übernahm. Als Rentner lebt Manfred Kaiser mit seiner Frau heute im Herzen von Gera. Mit Interesse verfolgt er die aktuelle Entwicklung des Fußballsports zum Showgeschäft, meint augenzwinkernd: „Das wäre nichts für mich", und lehnt sich dabei im gemütlichen Sessel zurück.

„Ach, Du großer Gott!" Der Aufschrei war durch die ganze Republik gegangen. Die Auslosung zum zweiten Europacup für Nationalmannschaften hatte der Soos-Elf ausgerechnet den Vizeweltmeister beschert. Ende November '62 kamen die WM-Helden von Chile nach Berlin und wurden mit viel Vorschusslorbeer bedacht. Immerhin hatten sie die Österreicher in deren Nationalheiligtum „Praterstadion" Tage zuvor mit 6:0 gedemütigt. Doch die Prager Dukla-Achse um Masopust und

Pluskal sollte diesmal nicht dominieren. Den Taktstock hatte Routinier Manfred Kaiser in der Hand. Ihm zur Seite lief sich der Stendaler Kurt Liebrecht die Lunge aus dem Leib. Beide führten den Außenseiter zu zwei Toren und einer Glanzleistung. Mit dem Abpfiff kamen die Gäste noch zum Anschlusstreffer. Dukla-Stürmer Kucera korrigierte den „Betriebsunfall", im Rückspiel würde man schon den Rest erledigen. Die DDR rechnete sich auf dem Prager Strahov kaum Chancen aus, hoffte aber auf eine knappe Niederlage und damit auf ein Entscheidungsspiel. Für die Tschechen kein Thema, auf die Frage, wo dieses stattfinden würde, antwortete Trainer Rudolf Vytlacil: „Wir spielen zuerst in Ungarn!" Die Magyaren waren gegen den Sieger dieser Achtelfinalbegegnung ausgelost worden und verfolgten natürlich mit brennendem Interesse das Duell in der Goldenen Stadt. Manfred Kaiser wusste erst unmittelbar vor dem Anpfiff, dass sein verletzter Fuß halten würde. Bei einem „Test" mit Masseur Horst Kuschmitz hatte er die Belastbarkeit getestet. Beim Schlagen von Pressbällen war kein Schmerz mehr zu spüren, doch plötzlich jaulte der Masseur laut auf und tanzte, auf einem Bein hüpfend, über den Rasen des Strahov-Stadions. Vier Minuten vor dem Ende des Spiels wurden erneut Tänze aufgeführt. Nach dem Ausgleichstreffer war die DDR-Bankbesetzung in luftige Höhen geschnellt und über die Aschenbahn gesprungen. Peter Ducke hatte sich mit typischem Antritt von seinem Gegenspieler gelöst und mit einem satten Flachschluss aus spitzem Winkel das 1:1 erzielt. „Tätärätäääh. Tschingdarassa-bum!" tönte es zu

Hause den Zuschauern des Deutschen Fernsehfunks entgegen. Die Sensation war perfekt. Dem Verband war das Erreichen der nächsten Runde pro Spieler einen Tausender wert. „Warum hast Du denn vor dem Tor aus diesem unmöglichen Winkel nicht in die Mitte gepasst?" wollten die Journalisten nach dem großen Siegestaumel vom Torschützen wissen. Ducke reagierte, ohne mit der Wimper zu zucken: „Ich wusste doch nicht, ob meine Mitspieler das Ding reinmachen und habe es lieber selbst gemacht!" Der „Schwarze" war schon immer anders, als die anderen.

Die Geschichte zum England-Länderspiel beginnt mit der Vergabe des XVI. UEFA-Junioren-Turniers an das „Mutterland des Fußballs". Mit dieser Entscheidung war klar, dass die DDR nicht teilnehmen konnte, weil ihre Spieler keine Einreise bekommen würden. Nach Italien (1955) und Portugal (1961) verwehrte der „NATO-Beschluss" dem im sozialistischen Saft schmorenden Nachwuchs aus Ostdeutschland zum dritten Mal eine der wenigen Möglichkeiten, sich mit den gleichaltrigen Besten des Kontinents zu messen. Der engagierte DFV-Generalsekretär Kurt Michalski musste das akzeptieren, gab sich damit aber nicht zufrieden. Dank seiner guten Kontakte und einiger Runden edelstem Scotch Whisky handelte er mit keinem geringeren als mit FIFA-Präsident Sir Stanley Rous und einigen anderen Vertretern der „Football Assiociation" folgenden Kompromiss aus: Auf der Rückreise vom Länderspiel gegen Vizeweltmeister CSSR in Bratislava würde England in der DDR antreten und zwar in Bestbesetzung und ohne finanzielle Forderungen! Der englische Verband, im Herbst '63 stolze 100 Jahre alt, stimmte wenig später zu und die DDR hatte ihren ersten Auftritt gegen eine wirkliche Größe im Weltfußball, die nicht aus dem Ostblock kam. DTSB-Boss Ewald tobte, die Fußballgemeinde im Osten feierte.

Am Pfingstsonntag 1963 platzte das Zentralstadion aus allen Nähten. Die DDR-Auswahl hatte sich in Großsteinberg (b. Leipzig) auf den Hit vorbereitet und sich u.a. eine Aufzeichnung vom überzeugenden 4:2-Erfolg der Engländer in Bratislava angeschaut. Auf Anweisung von Karloy Soos mussten sich seine Jungs drei Tage vor dem Spiel schmuck und windschlüpfrig machen lassen. Dafür wurden zwei Friseure aus dem Hotel „Astoria" ins Mannschaftsquartier eingeflogen, die einem nach dem anderen einen exakten Messerformschnitt verpassten.

Nach dem Kontrollblick in den Spiegel wurden fast alle blass. Die Barbiere verlangten pro Kopf stolze 14 Mark. „Moppel" Schröter hatte

unmittelbar vor dem Anpfiff einen dicken Kloß im Hals. Der kleine Dribbelkünstler erntete ein dreifaches „Sport - frei!" aus 100.000 Kehlen. Einen Tag nach seiner Verabschiedung wurde der Rekordnationalspieler 36 Jahre alt und wenig später als erster Fußballer in der DDR „Verdienter Meister des Sports". So richtig freuen konnte er sich aber nicht. Mit dem Abschied von der Auswahl hatte man ihn auch gleich in der Klubelf „entsorgt" und in den Trainerstab beim SC Dynamo Berlin aufgenommen. Günter Schröter hat im Mai '97 die 70 überschritten und ist immer noch am Ball. Vermutlich könnte er noch in jeder Alte-Herren-Mannschaft eine dominierende Rolle spielen. Gegenspieler haben es gegen „Moppel" auch heute noch schwer. Ihm zu Ehren skandierten die Engländer damals ein zünftiges „Hipp-hipp - hurra!". Einer fehlte in ihren Reihen - Jimmy Greaves. Den gefürchteten Halbstürmer, der in 57 Länderspielen 44mal ins Schwarze getroffen hatte, war mit einer Angina außer Gefecht gesetzt. Er musste das Hotelbett hüten. Die „Astoria"-Besatzung hatte dem prominenten Gast extra einen Fernseher auf das Zimmer 230 gestellt und so konnte er verfolgen wie Hunt, „sein" Ersatzmann, sogar für den zwischenzeitlichen Ausgleich sorgte. Weniger erfreut war Dieter Erler, der ebenso zum Zuschauen verurteilt war. Der Karl-Marx-Städter wurde von Henning

Frenzel vertreten. Doch der Leipziger zeigte sich kurz nach seiner Hochzeit nicht gerade in bester Verfassung.

Alf Ramsey hatte in Leipzig fünf Spieler aufgeboten, die drei Jahre später zur weltmeisterlichen Endspielelf gehören sollten. Neben Keeper Banks, waren das Hunt, Moore und Wilson sowie „Bobby" Charlton. Der Linksaußen wechselte später ins Mittelfeld und wurde zum Denker und Lenker im englischen Team. Gegen die DDR musste er die Bekanntschaft mit den legendären Tacklings der Marke „Urbanczyk" machen, entschied aber trotzdem das Spiel. Zum Leidwesen der fußball-interessierten Ehrengäste von Armeegeneral Heinz Hofmann bis hin zu Stasi-Boss Erich Mielke. In Hochstimmung hatten sie auf die Riesen-sensation gehofft, als die DDR durch Peter Ducke in Führung gegangen war. Dessen englischer Mittelstürmerkollege agierte im Spiel eher un-auffällig. Dafür reagierte Bobby Smith beim abendlichen Bankett als Erster und verschwand mit einer netten Bekanntschaft ganz schnell auf sein Zimmer. Klaus Urbanczyk nahm dagegen gern die Komplimente entgegen. Er hatte zwar den entscheidenden Treffer nicht verhindern können, sich aber gegen Bobby Charlton Respekt verschafft. Dieser staunte nicht schlecht, als er von „Banne" gleich mehrfach mit lehrbuch-reifen Sliding tacklings vom Ball getrennt worden war. Zum Begriff wurde der Name „Urbanczyk" aber erst im Oktober ‘64, bei den Olym-pischen Spielen in Tokio.

Das Halbfinale DDR gegen CSSR lag in den letzten Zügen, als ein Rettungswagen durch die Straßen der japanischen Hauptstadt raste. Mannschaftsarzt Dr. Zdenek Placheta musste den mit schmerzverzerrtem Gesicht auf die Trage geschnallten Klaus Urbanczyk immer wieder trösten. „Das kriegen wir schon wieder hin!" Die Diagnose bedeutete wenig später das Ende aller Träume für den Fußballer Klaus Urbanczyk: „Seitenbandriss, Kreuzbandriss", hinzu kamen jede Menge „Kleinigkei-ten". Dabei sollte das Olympiaturnier für „Banne" und seine Kamera-den ein Triumphmarsch werden.

Qualifiziert hatten sich die Männer von Karoly Soos nach zwei inner-deutschen Duellen in Karl-Marx-Stadt (3:0) und Hannover (1:2), zwei Siegen gegen Hollands Amateure und einem „Dreierpack" gegen die UdSSR. Das Hinspiel endete 1:1. Vor dem Anpfiff wurden im Zentral-stadion vor 80.000 Zuschauern Alfred Kunze und sein legendärer „Rest von Leipzig" für ihren sensationelle Meistertitel der Saison 63/64 ge-ehrt und mit wahren Ovationen bedacht. Auch das Rückspiel brachte eine Woche später keine Entscheidung, wieder 1:1. Jürgen Heinsch genoss in Moskau prominente Rückendeckung. „Tiger" Chomitsch, inzwischen Bildreporter, wich über 90 Minuten nicht vom Tor des Rostockers, stürmte nach dem Abpfiff auf ihn zu und brüllte: „Charascho!" Bestens gelaunt, stimmte Heinsch, der nahezu perfekt Hans Albers imitieren konnte, in der Kabine sein „Goodbye Jonny" an. Und wirklich mussten sich die Sowjets nach dem Entscheidungsspiel in Warschau von ihren olympischen Träumen verabschieden. Eberhard Vogel wird diese 90 Minuten nie vergessen. Der Stürmer aus Niederwiesa bei Chemnitz hatte einst als Schüler von seinem Vater 50 Pfennig pro Tor kassiert. Zur Freude der Sportfreunde von der örtlichen BSG Trak-tor stieg die Trefferquote ihres Stür-

mers kontinuierlich an. Vater Vogel musste dafür immer öfter in seine Geldbörse greifen. „Matz", heute noch als äußerst sparsam bekannt, legte die Nebeneinahmen auf die hohe Kante, leistete sich nur ab und an einen Neuzugang in seinem Aquarium. In Warschau führte die DDR mit 2:1, als sich der Linksaußen das Leder an der linken Eckfahne zurechtlegte. Ein kurzer Blick, ein kurzer Anlauf und Augenblicke später segelte die leicht angeschnittene Kugel in Richtung Tor, wo Freund und Feind staunend den Weg des Balles ins lange Eck verfolgten. Das 3:1 durch einen direkt verwandelten Eckball - das waren die Tickets nach Tokio. In der Kabine war nach dem 4:1 die Hölle los. Kapitän Urbanczyk stimmte ein dreifaches „Sport-frei!" an und der Chor seiner Mannschaftskameraden fiel lautstark ein.

Zum Auftakt des Olympiaturniers kam dem „Geheimfavoriten" DDR das Team aus dem Iran gerade recht. Richtig exotisch aber ging es auf den Traversen zu. Dort saßen 8.000 Schüler aus Yokahama, die mit

Freikarten in der Tasche zum ersten Mal in ihrem Leben ein Fußball-spiel verfolgten. Natürlich johlten und klatschten sie stets an der falschen Stelle. Mit dem Regelwerk dieses eigenartigen Spiels hatte sie zuvor niemand vetrautgemacht. Etwas ungläubig bestaunten sie dann auch die Tore von Bauchspieß, Frenzel und Vogel (2). Im nächsten Spiel gegen Rumänien erlitt der Linksaußen vom SC Karl-Marx-Stadt einen schweren Schock. Vogel jagte einem Steilpass nach und setzte gerade zum Schuss an, als der rumänische Keeper angeflogen kam, sich auf das Leder stürzte und darauf liegenblieb. Vogel sprang über Datcu und hörte einen Pfiff. Beim Umdrehen sah er den vollschlanken Schiedsrichter schon Heranschnaufen. Herr Korelus sprach erst mit Datcu, wandte sich dann plötzlich Vogel zu und stellte ihn mit dem kurzen Kommando „Hinaus!" vom Platz. Ungläubig und wie angewurzelt stand „Matz" dem tschechischen Referee gegenüber bis er langsam begriff, dass dieser es wirklich ernst meinte. Mit hängendem Kopf schlich er vom Platz. Eine halbe Stunde war gespielt. In der Halbzeitpause fanden die verbliebenen Zehn ein schluchzendes Häufchen Unglück in ihrer Kabine vor. An ihrer Ehre gepackt, gingen sie wieder hinaus und hielten das wertvolle 1:1. Vogels Ehre wurde von einer FIFA-Kommission Tage später wieder hergestellt. Diese entschied, dass der Platzverweis unberechtigt und der Spieler somit auch nicht zu sperren war.

Nach der Pflichtübung Mexiko wartete im Viertelfinale ein schwerer Brocken. Doch Henning Frenzels drittes Tor in seinem dritten Spiel genügte, um die Jugoslawen in Schach zuhalten. Der Leipziger, vom Trainer auch gern „mein Kind" genannt", hatte kurz darauf noch einen Grund zum Jubeln. Per Telegramm bekam er mitgeteilt: „Der Nachwuchs ist da!" Der Mittelstürmer stand mit 22 Jahren am Anfang einer großen Karriere.. Sein großer Nachteil, er war nie ein Mann der großen Worte. Die größten Erfolge feierte er mit seiner als „Sphinx" verschrieenen Leipziger Lok-Mannschaft: 1973/74 nach den Duellen mit dem AC Turin, Wolverhampton Wanderers, Fortuna Düsseldorf, Ipswich Town das Halbfinale im UEFA-Cup gegen die „Hotspurs" aus Tottenham sowie der Pokalsieg mit zwei Frenzel-Treffern zwei Jahre darauf. 1978 wurde Henning, 36jährig und mit Tränen in den Augen, von Wilfried Gröbner und Joachim Fritsche vom Platz getragen. Das Publikum in Probstheida dankte dem gelernten Maurer aus Geithain für 19 Jahre im Lok-Dress.

Das Halbfinale in Tokio wurde an historischer Stätte ausgetragen. Eigentlich war das Kamazawa-Stadion schon für die Olympischen Spiele 1940 bestimmt. Doch durch den Krieg fiel auch die Eröffnungsfeier in diesem Neubau flach. 24 Jahre später wollte die DDR in dem zur reinen Fußballarena umfunktionierten Stadion den Einzug ins Finale schaffen. Nöldner ebnete mit seinem Weltklasse-Tor nach 25 Minuten den Weg. Dann kam wieder die ominöse 30. Minute, die den Ostkickern schon gegen Rumänien Unglück beschert hatte. Diesmal sollte es Klaus Urbanczyk treffen. Nach einem Zusammenprall mit Keeper Jürgen Heinsch und dem Tschechen Valosek blieb „Banne" liegen. Den Ball hatte keiner bekommen, dafür war Heinsch auf Urbanczyk gestürzt. Der merkte sofort, dass ihm das Bein nicht mehr gehorchte. Dann wurde ihm schwarz vor Augen. Im Rettungswagen brachte man ihn in die Krankenstation des Olympischen Dorfes. Ohne „Banne" blieb der Einzug ins Endspiel ein Traum. Gegen Ägypten wurde im „kleinen Finale" die ersehnte Medaille geholt, jedoch „nur" Bronze. Zur Siegerehrung wurde Urbanczyk von zwei Mitspielern auf das Podest gehievt. Am Jahresende gab es noch ein dickes Trostpflaster dazu. Der 24jährige wurde nach der Ehrung zum „Fußballer des Jahres 1963/64" auch „DDR-Sportler des Jahres 1964". Längst hatte er mit dem schier aussichtslosen Kampf für sein Comeback begonnen. „Ein Wunder, wenn er jemals wieder richtig laufen wird", waren sich alle Experten einig. Doch Urbanczyk fand einen, der genauso fußballverrückt war wie er. Heinz Krügel, damaliger Trainer des SC Chemie Halle, lebte mit der Überzeugung: „Wo ein Wille ist, ist auch ein Weg!" Also fragte er seinen Schützling: „Willst Du wieder Fußball spielen?" Nach der zögerlichen Zusage trichterte er „Banne" ein: „Du wirst wieder Fußball spielen!" Unermüdlich, phasenweise bis zur Selbstaufgabe arbeitete das Duett. „Mehr als einmal stand Klaus kurz davor, alles hinzuschmeißen", erinnert sich Heinz Krügel. Einmal trafen sie sich im Konditionsraum „Hast Du noch einen Trainingsanzug", fragte der Coach. Urbanczyk holte einen zweiten und hielt ihn Krügel hin. Der lachte los und erklärte: „Nein, mein Junge, der ist für Dich. Du musste jetzt doppelt schwitzen!" Ein Jahr lang dauerte dieser Fight, den Tag werden beide nie vergessen. Bei einem Spiel der zweiten Mannschaft stand „Banne" erstmal wieder auf dem Rasen und machte sogar ein Tor. Er hatte den Kampf gewonnen.

Zum Jahreswechsel 64/65 flog die DDR-Elf nach Südamerika. DFV-

Generalsekretär Michalski hatte den ersten Trip auf den fußballverrückten Kontinent möglich gemacht. Silvester in Montevideo, was
für ein Erlebnis! Doch die Vorstellungen von Trainer und Spieler über
die Abendgestaltung gingen ein wenig auseinander. Punkt 20 Uhr setzte
Karoly Soos kurzerhand ein Training an, genehmigte erst dann zwei
Gläser Sekt. Drei Tage später sah er sich bestätigt, denn die „Urus"

erlebten ihr Wunder. Sie hatten in ihrem nationalen Heiligtum, dem
Estadio Centenario überhaupt erst ein Spiel verloren und nun wurden
sie durch die angeblich „viertklassigen" Kicker aus Ostdeutschland dü-
piert. Horst Weigang kehrte nach gut zwei Jahren wieder ins Tor zurück, „Schuld" war ein Fahrstuhlgitter. Auf dem Weg zum Spiel geriet
Stammkeeper Jürgen Heinsch mit der Hand in das damals übliche
Scherengitter des Aufzugs und quetschte sich einen Finger. Dabei wollte er beim Aussteigen den anderen Fahrstuhlinsassen lediglich den Vor-
tritt lassen. An einen Einsatz war nicht zu denken. Der Leipziger „Ted-
dy" Weigang musste die Torwarthandschuhe überstreifen. Mit dabei

war überraschenderweise auch Rainer Nachtigall. Der Rechtsaußen von Vorwärts hatte einen trüben Herbst hinter sich und dadurch das Olympiaturnier verpasst. Soos nahm ihn trotzdem mit. Er brauchte den wieselflinken Stürmer, der die 100 Meter in 11 Sekunden wetzte gegen die schnellen Urus. Im zweiten Spiel der Tournee bekam Nachtigall gleich zu Beginn einen Eindruck. Der Linksaußen der Gastgeber düste mit Vollgas an Fräßdorf und ihm vorbei, die Grundlinie fest im Visier. Als er den „schwarzen Löwen" dort stellen wollte, knackte es in seinem Knie und das Spiel war ohne eine Ballberührung für ihn zu Ende. Kurt Michalski entschied: „Du fährst nach Hause!" Als der DFV-Generalsekretär ihm noch „ein bisschen was mitgeben" wollte, rutschte Nachtigall endgültig das Herz in die Hose. Ein Päckchen mit Pässen sollte er nach der Zwischenlandung in Argentinien an einen Herrn Eriksson übergeben. Der 24jährige, bis auf den Verzehr von „Russischbrot" noch nie näher mit einer Fremdsprache in Kontakt, versuchte vergeblich, den Durchsagen etwas zu entnehmen. Die eine Stunde bis zu seinem Weiterflug mit der Air France verging wie im Flug. Im

letzten Moment wurde er an den Informationsschalter gerufen. Dort wartete der gesuchte Mann schon und erlöste Sportfreund Nachtigall von seinem Päckchen. Über Rio, Genf und Prag traf er schließlich in Berlin ein und staunte erneut nicht schlecht. Auf einer improvisierten Pressekonferenz musste er Rede und Antwort stehen. Den aufgeregten Journalisten ging es aber weniger um sportliche Details der Reise. Bei der Ankunft in Montevideo hatten einige Spieler auf ihren Nachttisch-schränkchen Briefe vom Goethe-Institut vorgefunden, in denen sie auf-gefordert wurden, sich in der bundesdeutschen Botschaft zu melden. Zumindest hatte das fuwo-Chef Klaus Schlegel in die Heimat trompe-tet. An Nachtigall war alles spurlos vorübergegangen. Der „Kronzeuge" war hoffnungslos überfordert. Machte nichts, der Klassenfeind bekam auch ohne ihn sein „Pressefett" weg.

Zum Länderspiel gegen Chile reiste das „Vorwärts-Bataillon" mit stolz-geschwellter Brust ins Trainingslager an. Die Berliner hatten gerade ihren Titel verteidigt und damit die fünfte Meisterschaft für den Armee-sportklub eingefahren. Der WM-Endrundenteilnehmer, der kurz vor dem Championat noch einmal testen wollte, bekam die Lockerheit zu spüren. Beim 5:2 sahen die Südamerikaner keinen Stich, die 45.000 im Zentralstadion aber tolle Tore. Das schönste, zum 4:1, bereitete Manfred Geisler vor. „Männe", wie er nicht nur in Leipzig genannt wurde, hatte sich einst als Knirps hinter dem Tor von Chemie-Keeper Günter Busch mit dem Kicker-Virus infiziert. Er gehörte zu den Fußballern, die sich seine Grenzen selbst bestimmten. Sein Tackling trug zu Recht das Attribut „lehrbuchreif". „Männe" Geisler stürmte über die Mittellinie und schlug einen Traumpass auf das rechte Strafraumeck. Die Zu-schauer ahnten schon und brüllten: „Otto, Otto!" Und wirklich kam Rechtsverteidiger Otto Fräßdorf angesprintet, nahm das Zuspiel direkt und traf ins lange Eck. Schütze und Passgeber genossen den Jubel im Stadionkessel. Die beiden Abwehrstrategen waren auch Wochen später in Moskau dabei. Karloy Soos war vom Geschehen auf dem Rasen ziemlich mitgenommen. Die zweimalige Führung der Sowjets hatten Fräßdorf und Nöldner jeweils egalisiert, als die Schlussoffensive des WM-Vierten begann. Da hielt es Soos nicht mehr auf der Bank. Er flüchtete in die Katakomben des Lenin-Stadions. Ein Fehler, denn dort potenzierte sich der Lärm der 50.000 zu einer gespenstisch anmuten-den Geräuschkulisse. Soos glaubte zumindest ein oder zwei Torschreie identifiziert zu haben, war sich aber nicht ganz sicher. So fragte er die nach dem Abpfiff als erstes hereinströmenden Wechselspieler: „Sagt mir, wie hoch haben wir verloren, 2:3 oder 2:4?" Als er hörte, dass es beim 2:2 geblieben war, weinte er vor Glück und fiel jedem weiteren seiner Spieler um den Hals. Kein Wunder, denn damit war die DDR-Auswahl seit mehr als einem Jahr ohne Niederlage und katapultierte sich auf Platz 7 in der Weltrangliste. Das hatte es noch nie gegeben!

Karoly Soos traute seinen Augen nicht. Die endlose Karawane von Autos, Motorrädern, Pferdefuhrwerken und Drahteseln hatte nur ein Ziel, das Stadion in Neubrandenburg. 10.000 Zuschauer waren unmittelbar nach den Osterfeiertagen gekommen, um ein völlig bedeutungsloses Testspiel der DDR gegen den dänischen Spitzenreiter AB Kopenhagen zu sehen. Eine Woche vor dem wichtigen EM-Qualifikationsspiel gegen Holland sollten die Auswahlspieler Tore schießen und Selbstvertrauen tanken. Schon kurz nach dem Anpfiff stellte Soos seine Sehkraft erneut in Zweifel. Behäbig und lustlos schlichen seine Mannen über den Platz. Offenbar hatten die meisten über Ostern nicht einen Finger krumm gemacht und schleppten auch noch einige Gramm zuviel mit sich herum. Die Zuschauer hinter der Trainerbank hatten das ebenso wie Soos schnell erkannt. Nach 90 Minuten entging die DDR nur durch ein Selbsttor der Dänen einer Riesenblamage - 1:1. Danach in der Kabine Totenstille. Soos ging, die Hände auf dem Rücken verschränkt, ständig auf und ab. In ihm kochte es, das wussten die Spieler

nur zu gut. Da ging die Tür auf und Günter Männig kam herein. Der Schiedsrichter ging auf DFV-Generalsekretär Michalski zu und sagte schulterzuckend: „Tut mir leid, aber mehr konnte ich nun wirklich nicht machen. Scheißspiel!" Auf der Fahrt nach Kienbaum raunte der im Bus ganz vorn sitzende Coach seinem Assistenten zu: „Werni, dreh' Dich nicht um. Sie sollen merken, dass wir bös' sind mit ihnen!" Werner Wolf hielt sich daran und zuckte auch nicht, als Dieter Erler bei der Ankunft nach einem Bier für die Mannschaft fragte: „Geht's ins Bett und denkt lieber, wie ihr heute Fußball gespielt", radebrechte Soos, den Blick dabei immer geradeaus.

Am nächsten Morgen schlichen die Helden von Neubrandenburg in Kienbaum auf den Trainingsplatz. Es wurde um 9 Uhr, doch der Trainer war nicht zu sehen. Da kam Werner Wolf und teilte der Mannschaft mit: „Alle in den Sitzungssaal!" Dort wartete der in feinsten Zwirn gekleidete und mit einer silbernen Krawattennadel „veredelte" Cheftrainer nur, bis der letzte Spieler Platz genommen hatte. „Schämt Euch! Da kommen die Völkereien mit Pferdefuhrwerken, nur um Euch zu sehen und Euch den Rücken zu stärken. Und ihr spielt so eine Scheiße! Ich muss mich für Euch schämen." Eberhard Vogel hatte schon ins Knie gebissen, als Soos absichtlich oder auch nicht „Bevölkerung" mit „Völkereien" verwechselt hatte. Doch ihm und allen anderen verging beim anschließenden Straftraining erst das Lachen und dann Hören und Sehen.

Eine Woche darauf waren die psychologische Fähigkeiten des Trainers gefragt. Zur Halbzeit lag die DDR im Leipziger Zentralstadion gegen Holland mit 0:2 zurück. Die Qualifikation für den in „Europameisterschaft" umbenannten „Europapokal für Nationalmannschaften" schien schon im ersten Gruppenspiel geplatzt, der 58. Geburtstag von Karoly Soos gründlich verdorben. Nur für die Gäste gab es Grund zum Feiern. Debütant Mulder, Vater des 97er UEFA-Cup-Siegers Yurie Mulder, und Linksaußen „Piet" Keizer hatten die DDR-Abwehr um die Leipziger „Manner" Walter und „Männe" Geisler erfolgreich ausgekontert. Völlig deprimiert sah Soos seine Helden vor sich auf dem Boden sitzen. Er wusste, wackelnde Kabinenwände würden jetzt überhaupt nichts nützen. „Jetzt geht Euch hinaus und zeigt, was Ihr könnt, dann werdet Euch sehen, was kommt!" Mehr sagte er nicht. Nach dem Seitenwechsel trauten die 40.000 ihren Augen nicht, auch Soos musste sich mehrfach in die Wade zwicken. Die Zauderer und Angsthasen von Halbzeit Eins spielten jetzt urplötzlich die „Oranjes" an die Wand. Ein Treffer von Vogel und drei Tore von Frenzel, allesamt nach Eckbällen erzielt, sorgten für die sensationelle Wende. Selbst Keizers zwischenzeitliche 3:2-Führung konnte die Blau-Weißen nicht mehr beeindrucken. „Seit 26 Jahren bin ich Trainer, aber so etwas habe ich noch nie erlebt", war Soos nach dem Abpfiff happy und seine Geburtstagsfete gerettet.

„Trainer, wie sehen Sie denn aus?" Die Frage war mehr als berechtigt und galt Werner Wolf. Der Assistenztrainer hatte beim Gang in die Halbzeitpause den Zorn des Leipziger Publikums zu spüren bekommen. Nach dem Holland-Spiel hatte die DDR in drei Auswärtsspielen nur aus Kopenhagen einen Qualifikationspunkt mitgebracht und lag jetzt ausgerechnet gegen die Dänen mit 1:2 zurück. Vollgespuckt von oben bis unten hatte Wolf die Kabine betreten. Dank seiner „NATO-Plane" war Schlimmeres verhindert worden. Sie half auch dem Chefcoach bei seiner Pausenpredigt. Die Spieler erkannten spätestens jetzt den Ernst der Lage und wollten sauber aus Spiel und Stadion kommen. Vor allem Herbert Pankau. Der Rostocker versöhnte mit seinen zwei Treffern die Zuschauer und das Trainergespann. Im Oktober '67 endete für den DFV eine der schwärzesten Serien. Der erste Sieg gegen Ungarn. 18 Jahre hatten die Ostkicker seit dem ersten Treffen mit einer ungarischen Gewerkschaftsauswahl warten müssen. Bei aller Freude über das „Goldene Tor" von Frenzel - der Erfolg war völlig wertlos. Die DDR durfte den Magyaren zum vierten Mal in Folge zum Erreichen einer WM- oder EM-Endrunde (das Viertelfinale im Nationencup 1962/64 eingeschlossen) gratulieren. Es begann im April '61, als die noch von Heinz Krügel betreute Mannschaft schon auf der Anreise zum WM-Qualifikationsspiel nach Budapest schwere Verluste hinnehmen musste. Einem Brand an Bord des „Hungaria-Express"-Zuges waren auch einige Koffer aus dem Auswahlgepäck zum Opfer gefallen. Für das Kollektiv kein Problem. Man rückte enger zusammen und tauschte so lange Sachen aus, bis sich alle wieder auf der Straße sehen lassen konnten. Dass das eine oder andere textile Teil nicht ganz exakt der jeweiligen Statur angepasst war, störte die Kicker weniger. Viel mehr dagegen, dass sie beim 0:2 ohne Chance waren. Im Rückspiel zeigten die jungen Burschen erstmals, was in ihnen steckt. In Berlin waren sie das bessere, die Ungarn das clevere Team. Mit Schlagzeilen wie „Das 2:3 kommt einem Sieg gleich", wurden die Kicker getröstet. Für Günter Hoge, den alle nur „Jimmy" nannten, sollte es der letzte Auftritt für

lange Zeit gewesen sein. Soos hielt große Stücke auf den ebenso begna-
deten wie unberechenbaren Vorwärts-Spieler und holte ihn zum Abschluss seiner Tätigkeit noch einmal für drei Spiele in den Kader. Der
Gegner bei seinem Comeback nach sechs Jahren hieß natürlich Ungarn. Doch „Jimmy" war auch außerhalb des Rasens nicht anders,
trank hin und wieder ein Gläschen über den Durst und passte so
überhaupt nicht in den Rahmen des sozialistischen Vorzeigefußballers.
So stand Hoge wie auch Peter Ducke oft vor der Rechtskomission, um
eine Sperre zu empfangen und gesenkten Hauptes Besserung zu gelo-
ben.

Im November '63 schlichen die Ungarn mit einem unguten Gefühl
vom Platz. Im „Nepstadion" waren sie nach dem glücklichen 2:1-
Auswärtserfolg in Berlin mit einem blauen Auge davon gekommen.
Wieder waren die DDR-Kicker die bessere Mannschaft gewesen, wieder
konnten sie sich dafür nichts kaufen. Das 3:3 hatten die Ungarn vor
allem Schiedsrichter Nedelkovski zu danken. Der Jugoslawe brachte
Roland Ducke um einen einwandfreien Treffer und drückte gleich bei
zwei Treffern der Gastgeber alle Augen zu. Peter Ducke wird heute
noch rasend, wenn er an diese 90 Minuten denkt. „Wir wurden nicht
nur einmal beschissen", sagt der „Schwarze" und ließ sich damals auch
nicht von der Tatsache trösten, dass Herr Nedelkosvki wegen ähnlicher
Vorwürfe seine Pfeife wenig später zwangsweise aus der Hand legen
musste.

In sechs der insgesamt acht „Ungarn-Spiele" war Peter Ducke dabei.
Karloy Soos hatte zum „Schwarzen" ein ganz besonderes Verhältnis.
Er kannte die Macken des Zeiss-Stürmers und wusste ganz genau, was
der „Schwarze Peter" für Tricks auf Lager hatte. Die schon beschriebene Eigenart, nie Schuhe zu putzen erklärte Ducke immer wieder damit,
dass ihn sofort das Glück verließe, wenn er mit auf Hochglanz polier-
ten Töppen spielen würde. Bei der Vorbereitung auf ein Länderspiel in
Kienbaum setzte der Coach wieder mal eine spontane Schuhkontrolle
an und fragte seinen Assistenten Werner Wolf: „Werni, gehst Du mit?
Gucken wir, was machen unser Freund!" Als das Trainerduo das Zimmer betrat, versuchte es Peter Ducke diesmal nicht mit irgendeiner
Ausrede, sondern ging zielsicher zum Schrank, um seine Töppen vor-
zuzeigen. Tatsächlich, frisch geputzt! Karoly Soos guckte einen Moment verdutzt, überlegte kurz und polterte dann los: „Gangster! Kannst
keine alte Mann verkohlen, das sind Schuhe von ‚Großkopf!" Für Duckes

Zimmergenossen Jürgen Nöldner waren Späße dieser Art kein Problem. Er ließ sich auch in ganz kribbeligen Situationen auf dem Rasen nur schwer aus seiner Ruhe bringen.

Sieben Jahre war Karoly Soos nun schon im Osten. Ende '67 sollte sein Vertrag mit dem DFV auslaufen und er empfand auch kein gesteigertes Interesse, diesen zu verlängern. Die ständigen Querelen hatten den Trainer mürbe gemacht, oft fühlte er sich in seiner ungarischen Seele verletzt. Der Praktiker hatte nichts anderes versucht, als von seinen Erfahrungen etwas an die Spieler weiterzugeben. Die Grundlage dafür erwarb er sich in den 30er Jahren, als der Mittelläufer von Vasas Budapest und Attila Miskolc in die französischen Profiliga wechselte und sich unter schwierigen Bedingungen durchbeißen musste. Das war kein leichtes Brot und prägte den gebürtigen Budapester. Die Auswahlspieler der DDR brachten ihm eine gehörige Portion Respekt und Achtung entgegen und „Karl", wie sie ihn nannten, genoss den Sonderstatus, den er als ausländischer Trainer hatte. War ihm etwas in die Nase gefahren, klärte er es prinzipiell auf höchster Ebene. Zu Co-Trainer Werner Wolf pflegte er ein gutes Verhältnis. Oft genug hatte der Dresdner kurz vor dem Einschlafen die Stimme des Ungarn gehört: „Wolfi, schläfst Du schon?" Die Folge waren dann

mitunter stundenlange Gespräche über das bevorstehende Spiel, Besetzungsprobleme oder taktische Fragen. Die Frage „Was meinst du?" kam Soos leicht über die Lippen, so dass schnell eine Vertrauensbasis aufgebaut werden konnte. Croy, Löwe oder Brausch, die im Mai '67 in Schweden gemeinsam ihr Auswahldebüt gegeben hatten, waren Tipps von Wolf gewesen, der die Spieler aus der Nachwuchsauswahl kannte.

Nicht ganz so schnell wurde der Ungar mit den speziellen Gegebenheiten im „Fußball-Entwicklungsland DDR" vertraut. Die wochenlangen Trainingslager waren für ihn völliges Neuland. „Das könntest Du mit unsere Spieler nicht machen. Die springen aus dem Fenster, rennen in das nächste Dorf und ficken erste Frau!" pflegte er die Mentalität der kickenden Magyaren zu umschreiben. Mit seinen DDR-Auswahlspielern hatte er da weit weniger Probleme, auch wenn es gelegentlich zu „Hausbesuchen" kam. Soos bekam eines Tages gesteckt, dass Otto Fräßdorf und „Theo" Körner zwei tolle Frauen an ihrer Seite führten. Spontan entschloss er sich, der Sache auf den Grund zu gehen, um zu erfahren, ob die Damen auch garantieren konnten, dass seine Schützlinge fit und ausgeruht zum nächsten Auswahltreff erscheinen würden. Der erste Versuch scheiterte. Nach Sturmklingeln bei Fräßdorf tat sich nichts. Otto hatte längst das Weite gesucht. Bei „Theo" Körner hörte er es erst poltern, dann kam eine leichtbekleidete Frau an die Tür. Die Dame konnte gerade noch den Mund aufmachen, als ihr Soos schon ins Wort fiel: „Frau Theo, sagen Sie nichts, ich weiß schon wo er ist!" Sprach's und hatte schon auf dem Absatz kehrt gemacht.

Ab und an ging aber auch mit Soos das Temperament durch. Bei einem Test an der Cantianstraße in Berlin gegen den holländischen Erstdivisionär MV Maastricht kamen kurz vor dem Abpfiff zwei Herren in den für ihren Job damals typischen Ledermänteln an die Trainerbank und schimpften auf die Leistung der DDR-Kicker, die bei miserablem Wetter 3:2 führten. „Die sollten sich alle mal um eine anständige Arbeit kümmern", sagte der eine zum anderen. Kaum war dieser Satz gefallen, stürzte sich Soos auf das Duo und konnte erst nach dem Eingreifen der kompletten Bankbesetzung wieder langsam beruhigt werden.

Ein anderes Mal verfolgte der Auswahlchef an der Steffenstraße ein Oberligaspiel zwischen dem BFC Dynamo und Chemie Leipzig. Als Manfred Walter nach einer unfairen Attacke eines Gegenspielers behandelt werden musste, drehte sich Soos zum unmittelbar hinter ihm sitzenden Erich Mielke um und warf dem Stasi-Boss vor: „Holzen wie die Blöden. Wie soll ich da mit der Nationalmannschaft spielen, wenn ihr alle Spieler kaputt macht?" Mielke, als Choleriker bekannt, drohte Sekunden später zu platzen. Krebsrot tobte er geschlagene 20 Minuten und führte sich auf wie ein Rumpelstilzchen. Mit dem Abpfiff war alles vergessen, der BFC hatte gewonnen, Soos und Mielke verabschiedeten sich wie echte Sportsmänner, mit Handschlag. Die nächste Auseinandersetzung ließ jedoch nicht lange auf sich warten.

Die Dynamos empfingen den frischgebackenen DDR-Meister vom FC Karl-Marx-Stadt und es ging ordentlich zur Sache. Schiedsrichter Rudi Glöckner hatte alle Hände voll zu tun. Ganz nach dem Geschmack von Erich Mielke, der natürlich zu den Besuchern gehörte. Als diese Sachsen seinen Preußen für seinen Geschmack aber zu sehr den Schneid abkauften, hielt es den Minister nicht mehr in seinem Sessel. „Das sollen Nationalspieler sein? Glaub'ste ja selber nicht!" regte er sich auf. Karoly Soos, der ebenfalls zu den Gästen des Spiels gehörte und drei Reihen unter Mielke plaziert war, platzte der Kragen. Der Ungar drehte sich hoch und brüllte: „Du ganz ruhig! Du haben keine Ahnung!" Urplötzlich war die ganze Tribüne verstummt. Doch der Vulkan des Cholerikers Mielke kam nicht zum Ausbruch. Der Dynamo-Boss maulte lediglich kleinlaut zurück: „Man wird doch wohl in seinem Stadion noch etwas sagen dürfen!" Dazu erwartete er den Auswahlcoach nach Spielende mit ausgebreiteten Armen an der Casinotür, um sich persönlich von ihm zu verabschieden. So hatte ihn Soos noch nie erlebt. Trotzdem war die Entscheidung des Ungarn endgültig. Im Frühjahr '68 wurde er Auswahlcoach in seinem Heimatland. Mit einem Sieg in der Olympiaausscheidung gegen Rumänien wollte er sich deshalb würdig verabschieden. Zuvor hatte er bekannt gegeben: „Es werden meine letzten beiden Spiele!" Es wurden zwei

Schlachten. Nach dem 1:0 in Berlin wurde in Bukarest natürlich der Holzhammer rausgeholt. Bei der Vorbereitung auf dieses Spiel gab es ein großes Problem. Die Auswahl machte von Kienbaum aus einen Ausflug nach Finsterwalde. DFV-Vizepräsident Dr. Gerhard Helbig, mit Chemie Leipzig 1950/51 DDR-Meister geworden, hatte dort, im Rahmen der Möglichkeiten, eine Super-Sport-Anlage aufgebaut. Die Soos-Truppe war zum Kegelabend eingeladen. So sollte den Spielern die Anspannung genommen werden. Werner Wolf wurde mitten im bunten Treiben stutzig. Was machten Urbanczyk und Rock denn da? Als „Banne" von der Bahn kam, sprach ihn der Co-Trainer an: „Was ist los?" Der Hallenser wollte nicht so recht mit der Sprache heraus und druckste: „Der Peter will nicht mitfliegen." Wolf verstand nur Bahnhof. Da erklärte Urbanczyk etwas ausführlicher: „Er will sich wegen seiner Flugangst die Kugel auf den Fuß hauen, um hier bleiben zu können!" Der Trainer schüttelte den Kopf. Er kannte die Probleme des Jenensers, dem schon auf der Fahrt zum Flughafen das Herz regelmäßig in die Hose rutschte. Soos und Wolf überlegten lange, ob sie Rock in Bukarest überhaupt bringen konnten. Dann entschieden sie sich für den „Helden der Lüfte". Dafür wurde Nöldner durch Harald Irmscher ersetzt. Und ausgerechnet der Zwickauer, der Monate später beim FC Carl Zeiss anheuern sollte und nur an Tagen, wo Ostern und Weihnachten zusammenfielen, Tore schoss, traf als einziger in diesem Spiel. Karoly Soos wollte am liebsten auf dem Rasen stehenbleiben und die Zeit anhalten. Mit Tränen in den Augen wiederholte er immer wieder auf's Neue: „Was für scheenes Ende!"

Auf der Rückreise wurde der Sieg im Flieger nach Berlin ordentlich begossen. Nur einer saß ganz still auf seinem Platz. Peter Rock. Wie der wuchtige Verteidiger 1964 nach Tokio gekommen war, wusste er bis zu diesem Tag nicht. Bei Olympia '64 kam er im „Spiel um Bronze" für den verletzten Urbanczyk in die Mannschaft. Soos hatte diese Entscheidung unter der Maßgabe getroffen, dass Rock dem Kapitän dafür die Medaille abtreten müsste. Denn damals bekam nur der das begehrte Edelmetall, der auch im entscheidenden Spiel auf dem Rasen stand. Der 20jährige Youngster bekam für seine Tat die entsprechenden Schlagzeilen und hatte damit auch kein Problem. Zudem fertigte der DFV für ihn und alle anderen Reservisten eine Nachbildung an. Erst nach der gescheiterten Olympiaqualifikation für Mexiko '68 kam Rock ins Grübeln. Zusammen mit Klaus Urbanczyk war er bei der Fernsehsendung

„Mit dem Herzen dabei" eingeladen und erhielt von Moderator Hans-Georg Ponesky einen Ball in die Hand gedrückt, auf dem sich berühmte Fußballer verewigt hatten. Augenblicke später gab es für „Banne" eine Reise zu den Olympischen Spielen nach Mexiko, die er allerdings nie antrat.

Dresden im Frühjahr '69. Das Fußballfieber grassierte wieder einmal in Elbflorenz. Die Dynamos standen kurz vor der Rückkehr in die Oberliga. Kurt Kresse hatte acht Monate nach den bitteren Abstiegstränen ein junge Truppe geformt, die Hoffnungen weckte. Einer behauptete in diesem Ligajahr sogar seinen Platz in der Nationalmannschaft,Hans-Jürgen Kreische. Erst Ende März hatte der Torjäger den Europameistern aus Italien einen eiskalten Schauer über den Rücken gejagt. Zoff, Burgnich und Facchetti staunten nicht schlecht, als sie vor 60.000 Zuschauern im Berliner Walter-Ulbricht-Stadion durch diesen „Schlaks" nach 75 Minuten plötzlich mit 1:2 im Rückstand lagen. Nur mit der Rückendeckung von Schiedsrichter Boström schafften sie noch den Ausgleich. Ein grobes Foul von Salvadore an Kreische

hatten alle im Stadion gesehen, nur der Unparteiische nicht. Dazu stand Riva beim 2:2 im Abseits, Croy hatte auf den Pfiff gewartet und keinen Finger krumm gemacht. Boström gab den Treffer. Damit hatte sich die Reise von seinem Landsmann Niels Liedholm endgültig bezahlt gemacht. Der einstige Halbstürmer, mit Schweden 1958 Vizeweltmeister und seit 1961 in Italien als Trainer tätig, war mit einer Privatmaschine aus Monza eingeflogen worden. Neben mehreren vertraulichen Gesprächen mit dem Unparteiischen hatte man auf der DDR-Bank auch misstrauisch verfolgt, wie sich die beiden Landsleute unmittelbar vor dem Anpfiff noch einmal zuwinkten. So blieb als Trost nur die Erkenntnis, den Europameister gehörig ins Schwitzen gebracht zu haben.

Hans-Jürgen Kreische war gut ein Jahr zuvor beim „Octogonal" in Chile zu seinem ersten Einsatz bei Auswahltrainer Harald Seeger gekommen. Der setzte auf den etwas eigenwillig wirkenden Burschen große Stücke. Immerhin gehörte „Hansi" zu seiner Siegerelf beim 65er UEFA-Juniorenturniers und hatte im Essener Endspiel gegen England das entscheidende Tor zum 3:2-Erfolg erzielt. Als sich nach einigen Absagen auch noch der Rostocker Herbert Pankau bei der Vorbereitung in Kienbaum verletzte, wurde der auf Abruf stehende Kreische eingeflogen. Zwei Tage später erlebte der 20jährige neben den beiden anderen „Frischlingen" Jürgen Naumann (Lok Leipzig) und Manfred Zapf (Magdeburg) seine Äquatortaufe und war auch angesichts der kommenden Gegner beim „Octogonal" überwältigt. Weltpokalsieger Penarol Montevideo, der Pele-Klub FC Santos aus Brasilien, das Spitzenteam Colo Colo Santiago aus dem Gastgeberland, Vasas Budapest sowie die Auswahlmannschaften der CSSR und der DDR ließen das mehrwöchige Turnier für Klub- und Auswahlmannschaften zu einem wahren Fußball-Festschmaus werden. Im Rahmenprogramm zeigten sich die Spieler von den Bretterbuden in den Elendsvierteln von Santiago ebenso beeindruckt wie von den malerischen Badeorten an der Pazifikküste.

Sportlich und finanziell lief die Reise für Kreische glänzend. Nicht nur durch die mit nach Hause gebrachten 150 Dollar hatte er Appetit auf mehr bekommen. Gegen die Tschechen traf der Dresdner bei seinem Länderspieldebüt zur zwischenzeitlichen 2:0-Führung. Die Freude darüber wurde bei den Auswahlverantwortlichen getrübt, weil Dieter Erler wenig später vom Platz flog. „Erle" hatte sich von Gegenspieler Kvasnak provozieren lassen, der südamerikanische Schiedsrichter zögerte nach dem Revanchefoul keinen Augenblick. Laut der damaligen Wettspielordnung zog das eine Sperre für die restlichen Begegnungen mit sich. Pech für den „Fußballer des Jahres 1967", der wegen einiger „besonderer Vorkommnisse" ohnehin nur auf „Bewährung" mit nach Chile gekommen war. Dem ersten Frust konnte beim abendlichen Bankett Abhilfe geschaffen werden. Als Erler genug Zielwasser getrunken hatte, ließ er sich etwas einfallen. Höhepunkt war der Test seiner Schussgenauigkeit, allerdings mit den Galoschen seiner Mannschaftskameraden, die jeweils vor dem Zimmer zum Putzen abgestellt waren. Jeder einzelne Schuh landete mit lautem Knall in der Hotelhalle. Der am Geländer des sechsten Stockwerks stehende Erler war von seiner Trefferquote begeistert. Die Funktionäre weniger, kurze Zeit später wurde der begnadete Techniker wegen „unsozialistischer Lebensweise" für immer aus dem Auswahlkreis verbannt.

Wales hieß der Gegner im zweiten WM-Qualifikationsspiel und Hansi Kreische war froh, in seiner Heimatstadt dabei zu sein. Das Heinz-Steyer-Stadion lag im dichten Schneetreiben und das Mitte April. Doch der Leipziger Wolfram Löwe zeigte den richtigen Durchblick und den nötigen Biss. Kurz nach der Pause glich Wales durch England aus und Harald Seeger wurde ebenso wie die 45.000 langsam nervös. Er fragte Jürgen Nöldner: „Traust du Dir das zu?" Doch „Kuppe" winkte nur ab: „Trainer, Sie wissen doch ich bin kein Schnellstarter, bringen Sie lieber einen anderen!" Als die Trainer zu den anderen Wechselspielern winkten, um Jürgen Sparwasser an die Bank zu holen, reagierte Peter Rock am schnellsten und stand plötzlich an der Mittellinie. Anstelle eines Stürmers kam nun ein Verteidiger ins Spiel. Doch Seeger hatte Glück. Den letzten Angriff schloss ausgerechnet der wuchtige Jenenser erfolgreich ab. Nach dem 2:2 gegen die Azzurris war es für die DDR in der Dreiergruppe der erste Sieg.

Vor dem Italien-Spiel hatte Seeger den Ur-Berliner in seine Wohnung auf der Leninallee eingeladen und hatte ihn nochmals zu einem Einsatz überreden können. Nöldner war toll in Form und holte Wochen später mit Vorwärts Berlin überlegen die Meisterschaft. Dabei war das Kapitel „Auswahl" für den Linksfuß eigentlich seit einem Jahr abgehakt. Nach den beiden 1:0-Erfolgen in der Olympia-Qualifikation gegen Rumänien bereitete sich das DDR-Team im Frühjahr '68 auf die entscheidenden Duelle mit Bulgarien vor. In Kienbaum sagte Seeger zu Nöldner: „Du bist nicht in Form, Du fährst nicht mit nach Mexiko!" Der Angesprochene überlegte kurz und antwortete: „O.k., aber dann ist auch in der Nationalmannschaft Schluss!" Keiner konnte zu diesem Zeitpunkt wissen, dass die Mexiko-Tickets schon eine Woche später nach dem Hinspiel in Stara Zagora storniert werden konnten. Beim 1:4 hatte Torhüter Blochwitz einen rabenschwarzen Tag erwischt. Eine Katastrophe vor allem der erste Gegentreffer, als er vor einem heranstürmenden Bulgaren den Ball aufnehmen wollte, aber ausrutschte und so die Kugel vor die Füße des Angreifers schob. Der bedankte sich postwendend. Kurz vor Schluss machte Schekow mit einem Hattrick innerhalb von sechs Minuten den Alptraum perfekt. 14 Tage später durfte Seegers Truppe doch noch einmal hoffen. In Leipzig führte sie mit 3:1, als der einschussbereite Sparwasser elfmeterreif zu Fall gebracht wurde. Schiedsrichter Huber ließ weiterspielen. Wenig später beendete Michailow auf der Gegenseite mit dem Anschlusstreffer endgültig den Mexiko-Traum der DDR-Kicker.

Chefkapitän Peter Sachse erntete nach dem Jungfernflug den Beifall der Passagiere, als er die TU 134 auf der Landebahn in Neapel aufsetzte. Er revanchierte sich mit den besten Wünschen für das bevorstehende Spiel. Gut gelaunt bezog die DDR-Auswahl ihr Hotel. Man wähnte sich bestens auf den Europameister eingestimmt und hatte in der Vorbereitung an alles gedacht. Nach einem Tipp, dass die Italiener auch beim Essen mit allen Tricks arbeiten würden, gingen sogar eigene Speisen mit auf die Reise. Dazu war in Kienbaum sogar mit maximaler Lautstärke südländische Stadionatmosphäre im Vorlesungsraum eingespielt worden, um die mit „Oropax" geschützten Fußballer an die zu erwartende Stimmung der 100.000 in Neapel zu gewöhnen. Vier Stunden vor dem Anpfiff kam plötzlich das Kommando: „Es geht los!" Irgend jemand von der Mannschaftsleitung hatte einen heißen Tipp bekommen, dass man um diese Uhrzeit runde zwei Stunden bis zum Stadion einplanen müsse. Als der Mannschaftsbus aber schon nach zehn Minuten Fahrt die Stadiontore passierte, war jedem klar, dass man einem faulen Trick zum Opfer gefallen war. In den Katakomben hieß es nun mehr als eine Stunde bis zum Aufwärmen warten, der Minutenzeiger schien wie festgeklemmt. Im Gegensatz zur DDR-Kabine war die Stimmung im Stadion phantastisch und verfehlte auch ihre angestrebte Wirkung auf die Wartegemeinschaft nicht. Die Fräßdorf, Irmscher und Löwe gingen kreidebleich auf den Platz. Sogar Delegationsleiter Günter Schneider musste noch in den Katakomben erst einmal ein paar Beruhigungspillen schlucken. Nutzen konnte das alles nichts mehr. Die Italiener hatten nicht nur mit ihren Psychotricks die Nase vorn, sie spielten auch mit ihrem Gegner auf dem Platz Katz und Maus. Immer wieder griffen sie über die rechte Seite an. Linksverteidiger Helmut Stein zuckte nur hilflos mit der Schulter in Richtung Trainerbank. Eberhard Vogel musste bei jedem Schritt die Zähne zusammen beißen. Er hatte einen geschwollenen Zeh und konnte nur mit einem Spezialschuh spielen. Zu sehen war von ihm nichts. Zum Glück behielt wenigstens Torhüter Croy die Nerven, so blieb es nach 45 Minuten bei den Treffern von Mazzola, Domenghini und Riva.

In der Halbzeit bekam Peter Ducke von Harald Seeger das Kommando: „Mach dich warm, Du kommst jetzt rein!" Als der „Schwarze" seinen Trainingsanzug ablegen wollte, nahm ihn Georg Buschner zur Seite: „Peter, Du spielst nur mit, verstehst Du? Das Spiel ist entschieden! Du weichst jedem Zweikampf aus, denke dran, wir haben am Mittwoch ein schweres Spiel, hier kannst du sowieso nichts mehr ausrichten!" Hintergrund war die Tatsache, dass der FC Carl Zeiss im Messecup bei US Calgliari anzutreten hatte und sich nach einem 2:0 in Jena gute Chancen auf ein Weiterkommen ausrechnete. Die Nationalspieler der Thüringer sollten deshalb gleich in Italien bleiben und ihr Klubtrainer durfte sogar neben Harald Seeger auf der Auswahlbank Platz nehmen. Georg Buschner galt damals als designierter Nachfolger auf dem DDR-Cheftrainerposten, hatte in Neapel jedoch nur sein Jenenser Team im Kopf. Da kam ihm die katastrophale Vorstellung der Nationalmannschaft gerade recht. Zum einen wollten sich seine Auswahlspieler rehabilitieren, zum anderen wähnte man sich in Calgliari in Sicherheit. Jena gewann das Rückspiel mit 1:0 und scheiterte erst im Viertelfinale an Ajax Amsterdam.

Harald Seeger blieb auch in der Stunde des Abschieds seiner Linie treu. Der ruhige und gutmütige Trainer setzte konsequent auf den Nachwuchs. 1965 hatte er sich als Coach der beim UEFA-Juniorenturnier in der BRD sieggreichen Mannschaft einen Namen gemacht. Bei seiner letzten Reise als Auswahlchef hatte er gleich drei Neulinge im Gepäck. Frank Ganzera, Erhard Mosert und Joachim Streich kam bei den Spielen gegen den Irak und Ägypten auch zu ihren ersten Einsätzen. Viel wichtiger als das sportliche Abschneiden aber war die Frage nach den richtigen Weihnachtsgeschenken, den die Reise fiel in die Adventszeit des Jahres ‘69. Eberhard Vogel war darüber überhaupt nicht glücklich. Auf dem Hotelbett sitzend, sorgte er sich um seinen Weihnachtsstollen und dachte an den heimatlichen Schwippbogen. Übertroffen wurde sein Heimweh nur von einem. Werner Linß hatte es Anfang der 60er die Auswahlkarriere gekostet. Der Mann aus Steinach gehörte zu den spielbegabtesten Oberligaspielern. Doch wehe dem, er war länger als zwei, drei Tage von seiner Thüringer Heimat getrennt. Zu seinem Pech durfte er ausgerechnet auf einer Länderspielreise nach Mali und Guinea sein Debüt im Auswahldress geben. Für ihn wurden die 14 Tage zur Tortour und auch Karoly Soos musste einsehen, dass Linß bestenfalls für Heimspiele im Großraum Thüringen zu gebrauchen war. Eberhard Vogel aber biss sich auch ohne Weihnachtsstollen in Bagdad durch. Da ging die Nachricht wie ein Blitz durch die Reihen der Kicker aus dem Osten. „Auf dem Markt gibt es Kassettenrecorder, für nur 500 Mark!" hallte es durch die von der DDR-Auswahl belegten Zimmer des Hotels, die nur Fenster auf der Flurseite hatten. Sofort stürzten die Youngster los und rannten auf den Markt. Der Händler strahlte. Gleich fünf Recorder hatte er am Stück verkauft. Kaum zurück, testeten Ganzera, Kreische, Sparwasser und Co. ihren Hit auf dem vorweihnachtlichen Gabentisch.

Am nächsten Morgen war die festliche Stimmung dahin. Der Händler stand in der Hotelhalle und gestikulierte wild um sich. Ein Fachmann hatte ihn darauf hingewiesen, dass das Geld der Deutschen zwar echt, aber nicht viel Wert sei. Sofort musste die komplette Truppe zum Rapport: „Ich will nicht wissen, wer auf dem Markt dabei war, sondern verlange nur eins. Gebt die Dinger zurück, sonst bekommt Ihr ein Verfahren wegen Devisenschmuggels an den Hals!" Dieser Nachdruck verfehlte seine Wirkung nicht. Mit einer Träne im Knopfloch schlichen die Helden nach oben und trennten sich stillschweigend von ihrem schönsten Weihnachtsgeschenk des Jahres '69.

Abschiedsstimmung kam auch bei Klaus Urbanczyk auf. Doch die wurde dem 29jährigen gründlich verdorben. Der Hallenser fluchte vor dem Spiel in Kairo wie ein Bierkutscher und das aus gutem Grund. Ägyptische Flöhe peinigten ihn nach allen Regeln der Kunst. Hauptquartier der kleinen Bestien war die Fußmatte an „Bannes" Bett. Immer und immer wieder schlug er wild um sich, ohne auch nur annähernd seine Peiniger zu beeindrucken. Am nächsten Morgen hatte die absolute Respektsperson in der Mannschaft einen Flatschen neben dem anderen am Bauch und Zimmergenosse Hans-Jürgen Kreische konnte nicht mehr vor Lachen. Seine Fußmatte war nach einer Kurzkontrolle sicherheitshalber rausgeflogen.

Auf dem Weg ins Nationalstadion staunten die DDR-Kicker links und rechts aus den Busfenstern heraus. Der Straßenverkehr in Kairo war ein heilloses Durcheinander, ohne zu blinken fuhren die Verkehrsteilnehmer kreuz und quer durch die Millionenstadt. Ein kurzes Handzeichen vor dem Abbiegen, weitere Hinweise bekam der Nebenmann nicht. Doch das organisierte Chaos wurde durch keinen einzigen Unfall gestört. Ohne größeren Betriebsunfall, wie beim 1:1 in Bagdad, überstanden die Gäste auch die 90 Minuten gegen Ägypten. Zwar musste die Abwehr um den in der Nationalmannschaft zum 34. und letzten Mal eingesetzten Urbanczyk den zwischenzeitlichen Ausgleich hinnehmen. Doch Hansi Kreische hatte das Zwerchfelltraining offensichtlich so gut getan, dass er das Spiel mit zwei Treffern ganz allein entschied.

Kabinengeflüster

Nach luftigen Höhen begann der Verfall

Mit Georg Buschner zu großen Triumphen

1969 - 1981

Wer Jena besucht, kommt an Carl Zeiss nicht vorbei. Der Feinmechaniker prägt seit dem vergangenen Jahrhundert das beschauliche Städtchen unterhalb der Kernberge. Er gab „der Optik" seinen Namen und
dominiert auch rein optisch die Silhouette. Sogar die Fußballer kommen seit der Klubgründung 1966 nicht mehr ohne ihn aus. Gleich nach
Carl Zeiss kommt ein Mann, der auf dem Fußballplatz alles andere als
ein Feinmechaniker war. Ein echter Wadenbeißer, antrittsschnell und
unbequem, der sich selbst als „Verteidiger" und nicht als „Fußballspieler" sah. Mit dem Wechsel auf die Trainerbank sollte sich das Leben
des Georg Buschner 1958 schlagartig ändern. Hier führte „Schorsch"
23 Jahre lang Regie. Eine Zeit, die Spuren hinterlassen hat, ob in einer
Jenenser Regelschule oder im Klubvorstand, im VIP-Raum bei einem
Länderspiel oder auf einer Trainerbank im Holländischen. Ganz egal,
ob seine „Nachfahren" Ducke, Kurbjuweit, Meyer oder Stange heißen.
Jeder verkörpert ein Stück Buschner, der eine mehr, der andere etwas
weniger.

Die Dienstzeit von Georg Buschner als Auswahltrainer war die erfolgreichste Zeit des DDR-Fußballs: Olympiabronze '72, WM-Endrunde '74
(6. Platz), Olympiasieg '76, stolze 65 Siege in 115 Spielen. An diesen
Fakten kommt niemand vorbei. Trotzdem wurde dem gebürtigen Geraer
und Wahl-Jenenser nie ein Denkmal errichtet. Der „Graf" gehörte nicht
zu den beliebtesten Trainern in der Republik. Er war die unumstrittene
Respektsperson, die ganz allein Entscheidungen traf. „Ich habe mir nie
in meine Arbeit reinreden lassen. Es hat sich überhaupt gar keiner
getraut!" Buschner - ein Alleinherrscher mit fast diktatorischen Zügen,
der gnadenlos seine Linie durchsetzen konnte. Freunde hatte er nur
wenige. Sein Feindbild bestand aus vier Buchstaben: DTSB. Dazu
Buschner: „Ohne die ‚Kraft der Straße' hätten die Strolche mit dem
Fußball das gleiche wie mit dem Eishockey gemacht!" Der hochintelli-
gente Mensch litt unter den kranken Strukturen im DDR-Fußball. „Die
Anreize waren viel zu gering, die Nationalmannschaft war unbeliebt!"
Buschner verstand es aber, mit den Gegebenheiten ganz gut fertig zu
werden. Der privat als sparsam oder gar geizig beschriebene Coach
bekam beim Bau seines Hauses auf den Kernbergen tatkräftige Unter-
stützung von Studenten. Dabei verdiente er als Nationaltrainer für DDR-
Verhältnisse sehr gut, nach internationalen Maßstäben ein Trinkgeld.
Buschner - ein erfolgsbesessener Sportfanatiker, der angesichts der ihm
zur Verfügung stehenden Fußballer zuallererst auf eine sichere Abwehr

baute. Aber nur so konnte Georg Buschner Anfang der 80er Jahre zum dienstältesten Nationaltrainer in Europa werden. Wäre es nach ihm gegangen, hätte er schon Ende '72 wieder „seinen" FC Carl Zeiss Jena übernommen. Doch der Reihe nach.

Im November '70 ging für viele Auswahlspieler ein Traum in Erfüllung. Nach dem Doppelpack zum EM-Qualifikationsauftakt, mit einem kräftezehrenden 1:0 gegen Holland in Dresden und einem lockeren 5:0 vier Tage später in Luxemburg, ging es nach England zum Länderspiel im Wembley-Stadion! Das Rückspiel von der Erstauflage des Jahres 1963 war fällig. Die Briten hatten es nicht vergessen. Die Presse auf der Insel hatte vor dem Spiel ein großes Problem. Im Tor der DDR sollte Jürgen Croy stehen. Für sie völlig unverständlich. „Was muss Croy für ein Teufelskerl sein, wenn Kallenbach nicht hält?" fragten die Gazetten. Hintergrund war der erst einen Monat zurückliegende Galaauftritt des Dynamo-Keepers beim Cup-Auftritt der Dresdner gegen Leeds United. Manfred Kallenbach hatte seinem Spitznamen „Katze" alle Ehre gemacht und nur bei einem Handstrafstoß keine Chance. Eine gute halbe Stunde vor dem Spiel ging die Buschner-Elf zum Aufwärmen raus. An der Rasenkante begrüßte sie der Engländer Peters im Mantel und mit einer Zigarette in der Hand. Unglaublich! Noch viel unglaublicher war die Tatsache, dass der Weltmeister von 1966 keine Stunde später nach der Führung von Lee zum 2:0 für England traf. Ganze 20 Minuten waren gespielt. Mehr als der Ehrentreffer von „Matz" Vogel war vor 100.000 Zuschauern im Wembley-Stadion trotzdem drin, aber da spielte Schiedsrichter Scheurer nicht mit. Der Schweizer legte sein ganzes diplomatisches Geschick an den Tag, als Kreische gefoult wurde und bei einem Stand von 1:2 der Ausgleich fällig schien. Doch der Pfiff blieb aus und Clarke bedankte sich wenig später im Namen des Gastgebers mit dem 3:1.

Viele DDR-Sportler hatten ab 1972 keine Chance mehr auf Olympia. Der DTSB hatte per Beschluss entschieden, nur noch medaillenträchtige Sportarten zu fördern. So blieben materialintensive Mannschaftssportarten wie Basketball, Eishockey, Hockey, Moderner Fünfkampf oder Wasserball auf der Strecke. Wäre es nach dem Willen von DTSB-Boss Manfred Ewald gegangen, hätte sich der Fußball ohne Weiteres einreihen können. Aus seiner Antipathie gegenüber den Kickern machte er nie ein Hehl, auch vor der Abreise nach München nicht. Die Olympiaelf hatte sich gegen Italien und Jugoslawien qualifiziert, in der wochenlangen Vorbereitung aber zum Teil katastrophale Spiele abgeliefert. „Zuviel trainiert", meinten die Experten und relativierten: „völlig normal". Ewald aber sprach von einer „Frechheit" und wollte sich so etwas nicht mehr bieten lassen. Bei Nichterreichen der Zielvorgabe, einer Medaille, drohte er Konsequenzen an.

Die hatten auch Sünder der anderen Art zu befürchten. Georg Buschner war selbst ein gut ausgebildeter Sportler und pflegte dazu einen entsprechenden Lebensstil. Er rauchte nicht, er trank ein Glas Rotwein und achtete natürlich auf eine gesunde Ernährung. Ralf Schulenberg war aus ganz anderem Holz geschnitzt. Der Stürmer war nach dem Erreichen des Halbfinales im Cup der Pokalsieger mit seinem BFC Dynamo gerade noch auf den Olympiazug gesprun-

gen. Allerdings langte er beim Essen, ganz egal ob warme oder kalte Speisen, stets herzhaft zu. Die Quittung folgte auf der Waage. In dieser Beziehung war Buschner ein Fetischist. Schulenberg musste sich also etwas einfallen lassen. Da er aber nicht auf das Essen verzichten wollte, ließ er nach der Nahrungsaufnahme Badewasser ein. Wenn die Temperaturmesser in der Wanne die „40"-Markierung längst hinter sich gelassen hatten, stieg er ein und schwitzte sich die genüsslich angefutterten Kalorien wieder mühsam runter. Mit ein bisschen Glück schaffte er so die Nominierung für die Spiele.

Die 80.000 Besucher im Münchner Olympiastadion pfiffen sich ihren ganzen Frust von der Seele. Eine Festlegung des Internationalen Olympischen Komitees (IOC) erwies sich in jenen Minuten als äußerst un glücklich oder zumindest zuschauerfeindlich. Das „Kleine Finale" des olympischen Fußballturniers zwischen der DDR-Auswahl und der Sowjetunion befand sich in der Verlängerung. Blochin und Churzilawa hatten die Sowjets früh mit 2:0 in Führung geschossen. „Hansi" Kreische verkürzte in der 35. Minute per Handstrafstoß auf 1:2. Zwölf Minuten vor Ultimo zog der Jenenser Eberhard Vogel aus gut und gern dreißig Metern ab und jagte das Streitobjekt zum Ausgleich ins russische Netz. 2:2 nach 90 Minuten. Das IOC hatte zuvor entschieden, dass im Falle eines Unentschiedens nach gespielter Verlängerung beiden Teams die Bronzemedaille auszuhändigen sei. Für die Besucher wurden diese dreißig Minuten zur Farce. Bei gnadenloser Mittagshitze, der erste Anstoß war früh um 10 Uhr, hatten die Akteure auf dem Rasen offensichtlich kein Interesse und nach einem langen Turnier auch keine Kraft mehr, den Gegner zu bezwingen. Der Spielstand reichte ohnehin beiden zur begehrten olympischen Edelplakette. Fünfundzwanzig Jahre später bestreitet der Magdeburger Pommerenke energisch „offene Manipulation" von damals. „Das Spiel fand bei vielleicht 45 bis 50 Grad Celsius in der brütenden Mittagsglut statt. Wir Spieler waren ganz einfach restlos platt und erschöpft. So kam es zu einer Art „Waffenstillstand" und beide erhielten Bronze. Achim Streich liefert eine zweite Begründung, „weil von uns Spielern gar niemand in der Lage war, das Spiel zu manipulieren, denn so gut konnte von uns keiner russisch. Es war also ein „stilles Stillhalteabkommen". Auch bei der abendlichen Siegerehrung kannte das Publikum keine Gnade und pfiff die vermeintlichen „Falschmünzer" aus. Den DDR-Funktionären war diese Medaille 5.000 Mark pro Spieler wert. Genauso viel war in der entsprechenden „Auszeichnungsverordnung des DTSB" für Bronze bei der Olympiade vorgesehen, egal, ob Fußballer oder Wildwasserkanute. Einen Orden gab's obendrein. Die Stammspieler wurden „Verdiente Meister des Sports", das Mannschaftskollektiv erhielt die „Artur-Becker-Medaille". Richtig gefetet wurde nach der Partie gegen die UdSSR bereits in der bayrischen Metropole. Standesgemäß, im Münchner Hofbräuhaus „ohne Funktionäre und Trainer", weiß Torschütze Kreische zu berichten. „Ein Maß hatte uns allen schon gereicht. Wir waren noch dermaßen groggy vom Spiel, dass schon das erste Bier genügt hatte, wir nur noch Blödsinn erzählten und uns beizeiten im Olympischen Dorf wiederfanden. Dort wurde beim offiziellen Empfang von Ewald noch eine Flasche „Rotkäppchen"-Sekt spendiert. Noch heute schwärmen die damaligen

Aktiven vom „Endkampfmenü". Die Speisekarte versprach einen lukullische Höhepunkt. Schinkenpastete als Vorspeise, zum Hauptgang wurde Rumpsteak mit Zwiebeln, Kartoffelbrei und Prinzessbohnen serviert, dazu gab's Salat und als krönenden Abschluss ein Dessert - die Aktiven, speziell Sportfreund Schulenberg waren begeistert. Für den DTSB war die Operation „Medaille" im Falle der Fußballspieler erfolgreich zu Ende gegangen. Angefangen hatte alles mit einem 4:0-Vorrundenerfolg über Ghana. Mit den Gegnern aus Afrika hatte man ohnehin noch eine Rechnung aus dem Jahre '64 offen. Die Revanche für das blamable 0:3 in Accra gelang überzeugend. Mit ähnlicher Leichtigkeit wurden zwei Tage später die Kolumbianer vom Passauer Rasen gefegt. Mit dem 1:6 waren die Südamerikaner noch gut bedient. Weniger überzeugend verlief der Auftritt der kickenden DDR-Olympioniken am 1. September gegen Polen. Trotz eines klaren Chancenvorteils und dem Eckballverhältnis von 14:2 für die DDR, verlor die Buschner-Truppe mit 1:2. Trotzdem kein Beinbruch, denn die Tickets für die zweite Finalrunde hatte man bereits vorher gelöst. Ausführlich berichtete die Fußball-Fachzeitung „fuwo" vom olympischen Turnier. Zur Halbzeit der Veranstaltung wusste diese zu vermelden, dass „...viele Schreiben die DDR-Mannschaft täglich erreichen. Unter ihnen sind jede Menge Briefmarkensammler, die ihre nicht gerade bescheidenen Wünsche an die Mannschaft bitte unterlassen sollen!" In der ersten Partie der nächsten Runde wartete Ungarn als nächster Gegner. Die Magyaren dominierten im Passauer „Drei-Flüsse-Stadion" nach Belieben und gewannen verdient mit 2:0. Besonders das Mittelfeld und der Angriff der Ostdeutschen enttäuschten den Trainer. Dieser urteilte über seinen „Dresdner Spezi": „Kreische muss lernen, sich auch gegen starke Gegenwehr durchzusetzen!" Beim folgenden Match gegen Mexiko tat er dies. 7:0 hieß der Spielstand nach den neunzig Minuten und auch der Sachse hatte wieder sein Tor erzielt.

Als die Fußballer aus Ingolstadt wieder ins „Olympischen Dorf" per Eisenbahn zurückgekehrt waren, ging's nach einem ausgiebigen Abendmahl sofort zu Bett. Es sollte eine kürzere Nacht als gewohnt werden. Gegen 4.40 Uhr dringen fünf Männer ins „Olympische Dorf" ein. Monteure der bundesdeutschen Post glaubten, es seien heimkehrende Sportler. Gegen 5 Uhr hörte der Jenenser Peter Ducke ein „schussähnliches Geräusch". Danach legte ich mich wieder schlafen." Zwei Stunden später wurden die Aktiven von Funktionären vorzeitig geweckt. Als diese an die Türen klopften, öffnete zunächst niemand. Energischeres Pochen brachte schließlich den gewünschten Erfolg. Den verdutzten Spielern wurde die aktuelle Lage geschildert. Die Situation war todernst, im wahrsten Sinne des Wortes, denn mittlerweile hatten die palästinensischen Terroristen im gegenüberliegenden Haus Stellung bezogen.

Harald Irmscher nutzte die Gunst der Stunde. Todesmutig öffnete er die Balkontür und fotografierte die 20, 30 Meter Luftlinie entfernte Szenerie bäuchlings durch den Balkonspalt. Ein Terrorist rief ihm zu: „Du nicht fotografieren!" Der Jenenser hatte seine Bilder bereits geschossen. Richtig geschossen wurde in diesem Moment zum Glück nicht. Die Zimmer der DDR-Kicker wurden binnen weniger Minuten von einer Meute Journalisten gestürmt. Deren Lage, Auge in Auge mit den Gangstern, war optimal. Das Ultimatum der Geiselnehmer lautete: Freilassung von 200 gefangenen Palästinensern und freier Abzug mit den israelischen Geiseln. Auf dem Flugplatz in Fürstenfeldbruck kommt es um Mitternacht zum Showdown zwischen den Gangstern und der Eingreiftruppe. Die tödliche Bilanz: Fünf Terroristen und neun Geiseln starben im Kugelhagel. Am nächsten Morgen hielt der amtierende IOC-Vorsitzende, Avery Brundage, eine flammende Rede und verkündete der Weltöffentlichkeit die Entscheidung des Komitees. „The games must go on!", rief er aus, doch auf den „heiteren Spielen der XX. Olympiade" lastete ein blutiger Schatten. Am Tage nach der Tragödie ging es für die DDR-Elf um die Wurst, sprich um den Einzug ins „Kleine Finale". Gegner war die Mannschaft des Gastgeberlandes, die Bundesrepublik Deutschland. Gespickt mit Bundesliga-Jungstars wurde es ein Kampf auf Biegen und Brechen. Pommerenke brachte den Osten früh in Führung, der Westen hielt dagegen. Kurze Zeit später glich Uli Hoeneß aus. Das Olympiastadion raste. Bis zu 500 DM wurden wenige Minuten vor Anpfiff des „Ost-West-Gipfels" für ein Billett auf dem Schwarzmarkt verlangt und auch gezahlt. Dem damals für Hansa Rostock stürmenden Achim Streich gelang acht Minuten nach dem Seitenwechsel die neuerliche DDR-Führung. Eine Viertelstunde hatte diese Bestand, ehe der heutige Sportdirektor von Borussia Dortmund, Ottmar Hitzfeld, zum 2:2 ausglich. „Matz" Vogel wurde sieben Minuten vor Abpfiff zum Helden des Abends. Sein 3:2 war die Entscheidung. Für die Spieler ein sportlicher Erfolg, für die Funktionäre die Bestätigung ihrer Theorie „von der Überlegenheit des Sozialismus über den Kapitalismus". Das

Ende ist bekannt, mit Bronze in der Tasche und vielen neuen Eindrücken kehrten die DDR-Kicker zurück in den Osten Deutschlands.

Berlin-Schönefeld, Flughafengebäude. Dem unbeteiligten Fluggast fällt am Donnerstag, dem 25. Januar 1973 eine Gruppe müder Krieger ins Auge. Rein optisch kann er keinesfalls erahnen, dass es sich um durchtrainierte, eigentlich stets hellwache Leistungssportler handelt. Die 25köpfige Delegation des Deutschen-Fußball-Verbandes war startklar für ihre 4-wöchige Reise nach Südamerika. Bereits drei Uhr in der Früh' klingelte an diesem Tag der Wecker für die Weltreisenden. Trainer Buschner machte seinen Mannen das Anliegen der Tour nochmals klar. „Wir müssen diese Tour als intensive Vorbereitung für die WM-Qualifikationsvergleiche nutzen!", betonte er unmittelbar vor dem Abflug. Bis auf den kurzfristig grippeerkrankten Eberhard Vogel konnte Buschner auf seine Wunschformation zurückgreifen. Für den Stürmer bestieg der Jenenser Verteidiger Lothar Kurbjuweit die AN-24 der Interflug, welche zunächst Prag anflog. Über Paris, Madrid, Puerto Rico endete die weite Reise an der kolumbianischen Atlantikküste, in Barranquilla. „Is das hier eene Dämse (Hitze/d. A.)!", entfuhr es „Hansi" Kreische beim Betreten des fremden Bodens. Noch am Tag ihrer Ankunft tauschten die deutschen Fußballer den Studenten-Parka mit der Badehose und hopsten in den Hotelpool. Trainer Buschner, ein ausgewiesener Wasserspringspezialist, demonstrierte einen exakten Startsprung und bekam dafür donnernden Applaus. Er nahm's cool zur Kenntnis und verabschiedete sich auf sein Zimmer. Zwei Tage nach der Ankunft wartete mit dem kolumbianischen Meisterschaftsdritten Atletico Juniors Barranquilla der erste Testgegner. Die Kolumbianer hatten eigens für diese Partie drei brasilianische Akteure ausgeliehen. Kostenpunkt: 1.500 US-Dollar. Zumindest ein finanzieller Erfolg, denn statt der erwarteten zehntausend kamen fünfzehntausend Besucher. Sportlich nutzte es nichts. Streich und zweimal Peter Ducke trafen beim 3:1-Erfolg. Die Aktiven quälten sich über die Zeit. Klima- und Zeitunterschiede forderten ihren Tribut. Hundemüde kehrten die Spieler ins Nobelhotel „Majestic" zurück, zu k.o., um sich für den Abend Dummheiten einfallen zu lassen... Von der Atlantikküste ging es weiter nach Medellin. Das Drogenzentrum inmitten der Anden war Austragungsort des zweiten Vergleiches. Die einheimischen „Nacional"-Kicker wurden klar mit 3:0 bezwungen. In Medellin teilte man sich den scharf bewachten Trainingsplatz mit der polnischen Vertretung von Gornik Zabrze. Da das Mannschaftshotel „Europa Normandie" keinen Pool besaß, bat der Auswahltrainer seine Schäfchen ins benachbarte Schwimmbad zur „organisierten Freizeitgestaltung". Dort schlug die Stunde des Dresdners Frank Richter. Inspiriert vom Können seines Vorgesetzten bestieg er den Zehn-Meter-Turm. „Macht mir nichts aus. Bin früher schon oft mit einem ‚Köpper' vom Zehner gesprungen," teilte er den verwunderten Mannschaftskameraden vom Turm aus mit, bevor er sprang. Trainer Buschner belohnte so viel Mut mit einem Einsatz im Testspiel. Die kolumbianische Hauptstadt Bogota war das nächste Reiseziel der DDR-Elf. Nach dem 2:0-Sieg über Santa Fe Bogota bestritt man das erste von zwei offiziellen Länderspielen auf der Tour. Tausende unter den 35.000 Besuchern begrüßten das DDR-Team mit weißen Tüchern, was hohen Respekt bedeutet. Viele von ihnen hatten ihre Eintrittskarte auf Ratenzahlung erworben, eine von etlichen Erfahrungen, welche die Deutschen machten. In ihrem besten Spiel der gesamten Tournee gewannen die Buschner-Schützlinge verdient mit 2:0. Trotz der immensen Höhenlage von rund 2.500 Metern war die DDR-Elf in jeder Hinsicht dominierend. Streich per Abstauber, nachdem der kolumbianische Schlussmann eine Seguin-Rakete nur abprallen lassen konnte und Kurbjuweit nach genauem Zuspiel von Sparwasser waren die Torschützen. Als die Spieler das Stadion wieder verließen, wunderten sie sich über einen Protestzug hunderter in weißen Mänteln gekleideter Menschen. Sie wurden Augenzeuge einer Demonstration von Imbissverkäufern der Stadt, welche gegen die allgegenwärtigen Schutzgelderpresser aufbegehrte. Eine gesellschaftliche Krankheit, die heute leider auch im Osten Deutschlands nicht unbekannt ist. Den Tag nach dem Länderspielsieg verbrachten „Bademeister" Buschner und seine Crew im städtischen Freibad von Bogota. Alle Teilnehmer dieser Veranstaltung erinnern sich heute noch an das dortige Spektakel. Buschner rief einen Schwimmstaffel-Wettbewerb ins Leben. Drei Teams gingen beim 6x50 Meter-Rennen an den Start. Leicht favorisiert war die Staffel Dresden/ Jena gegenüber bunt gemischten Formationen. In der Besetzung: Ducke, Kurbjuweit, Dörner, Richter, Häfner und Kreische startend, sollte man den Gegnern überlegen sein. Schlussschwimmer Kreische hatte jedoch einen fünf Meter Rückstand auf Jürgen Croy aufzuholen. Im orthodoxen Bruststil schwimmend, konnte Kreische den Zwickauer Keeper noch abfangen und als erster anschlagen. Nach kurzer Überlegung entschied Kampfrichter Buschner: beide Staffeln belegen den ersten Platz! Buschner monierte, dass Kreische, Hans nicht mit einem Kopfsprung gestartet war, sondern im Tiefstart loslegte - ein klarer Reglementverstoß. Kreische noch verstimmt, ob dieser Entscheidung murmelte unterdessen: „Wenn ich sehe, wie sich einige dieser angehenden Herren Sportlehrer so im Wasser bewegen..." Amüsantes geschah auch am Beckenrand. Nichtschwimmer Wätzlich aus Rammenau, in der Heimat des Gastronoms hatte es nie ein Schwimmbad gegeben, wurde von Buschner dazu verdonnert, die Wettkampfstrecke am Beckenrand zu Fuß zurückzulegen. Buschner war eben Buschner. Mit diesem Erlebnis im Gepäck verließ man am nächsten Morgen Kolumbien, im Flieger nach Ekuador. Quito, im Landesinneren Ekuadors hieß das Reiseziel. Die Spieler fielen beim Verlassen der Maschine fast in Ohnmacht. Das Thermometer zeigte weit über 30 Grad Celsius. Dazu kam die Höhenlage der Stadt - 2.900 Meter! Einige, wie der Rostocker Dieter Schneider wünschten sich sogar in das mitteleuropäische Schmuddelwetter zurück. Von der landschaftlichen Schönheit waren sie jedoch alle beeindruckt. Sieben Bergriesen von 5.000 bis 6.000 Meter Höhe umgeben die Stadt. Einen ihrer Vulkane, den „Cotopaxi", zählt man zu den schönsten Vulkankegeln des Planeten. Am Tage nach der Ankunft unternahm die DDR-Mannschaft einen Ausflug zum 25 Kilometer nördlich von Quito verlaufenden Äquator. Einige der Spieler ließen es sich nicht nehmen, ein Diplom zu erwerben, welches beweist, dass man am nullten Breitengrad gewesen sei. „Bürger des Äquators", mit diesem Ehrentitel dürfen sich die Käufer nun lebenslang brüsten. Das zweite offizielle Länderspiel der Tournee fand am 18. Februar gegen Ekuador statt. Der DDR-Elf gelang es in Quito nicht, an die glänzende Leistung von Bogota anzuknüpfen. Gegen die erheblich schwächere Mannschaft des Gastgebers gelang nur ein dürftiges 1:1. Kreische brachte die DDR zwar nach 180 Sekunden in Führung, danach war es aber vorbei mit der Herrlichkeit. „Wenigstens nicht verloren", lautete das Resümee vom Magdeburger Jürgen Pommerenke. Die letzten Tage nutzten die Akteure verstärkt zum „Sightseeing" und zum Abarbeiten der Wunschzettel der Angehörigen daheim. Staunend wurden Eigenarten des ekuadorianischen Alltagslebens zur Kenntnis genommen. So beispielsweise den für „Marlboro"-Zigaretten werbenden Verkehrspolizisten. Sein Verdienst von umgerechnet 50 US-Dollar macht dies erforderlich, wollen er samt Familie überleben. Ganz ähnlich erging es sicherlich der Indianerfrau am Straßenrand. Diese präsentierte sich den Touristen mit barbusigem Oberkörper. Somit diente der Ausflug in eine andere Welt nicht nur der fußballerischen, sondern auch der persönlichen Weiterbildung der gelernten DDR-Bürger. Mit hunderten neuen Eindrücken ging's zurück in die Heimat. Im Flugzeug von Prag nach Berlin stieß man in 12 500 Meter Flughöhe auf die wenige Stunden alte Claudia Croy an. Vater Croy orderte eine Runde „Pilsner Urquell" beim Personal. Die Heimatlandung konnte kommen. Am 26. September 1973 strömten die Zuschauer einmal nicht ins Zentralstadion, um vordergründig einem großen Gegner zu sehen. Mehr als 95.000 wussten, ein Sieg gegen Rumänien und die DDR hätte die WM-Tickets so gut wie sicher in der Tasche. Das unglückliche 0:1 von Bukarest wäre vergessen gewesen. Ein mißlungener Abwurf von Blochwitz fiel damals auf die Füße von Dumitrache und wurde von diesem aus 40 Metern postwendend und plaziert zum „Goldenen Treffer" verwandelt. Die Rumänen hatten sich dafür beim 1:1 in Helsinki einen möglicherweise folgenschweren Ausrutscher geleistet. Georg Buschner überraschte in seiner Aufstellung für das Rückspiel mit einem Neuling. Lok-Verteidiger Joachim Fritsche hatte ihn beim Europacup-Spiel der Leipziger in Turin so überzeugt, dass er ihm schon einen Tag vor dem Anpfiff in Leipzig mitteilte: „Du bist morgen dabei!" Vier Jahre später vollzog sich Fritsches Abschied nach 14 Länderspielen ebenso plötzlich, wie er zur Auswahl gekommen war. Nach einem 0:2 im offiziellen Länderspiel gegen WM-Gastgeber Argentinien handelte sich der Leipziger auf der Südamerika-Tournee im Juli '77 bei einem völlig bedeutungslosen Testspiel gegen Bolivien eine ebenso unnötige Rote Karte ein. In der Spielauswertung hatte Buschner nur ein Thema: „Da gibt es bei uns einen Dummkopf namens Fritsche. Der geht doch tatsächlich nach dem Platzverweis für einen Gegenspieler zum Schiedsrichter und sagt: ‚Herr Schiedsrichter, ich möchte bitte auch die Rote Karte!' Was bleibt dem Mann anderes übrig, als ihm diesen Wunsch zur erfüllen?" Der Leipziger wurde nie wieder berücksichtigt.

In Leipzig hielt es kurz vor der Pause niemand mehr auf seinem Sitz. Freistoß für die DDR, Ducke täuschte ein Ablegen des Balles an, spielte ihn aber plötzlich mit der Hacke zurück, wo Bransch nur darauf gelauert hatte und mit sattem Vollspannstoß vollendete er zum 1:0, Raducanu ohne Chance. Nach einer Stunde sprangen die Massen wieder in die Höhe. Hans-Jürgen Kreische, von Seguin und Lauck nach hinten bestens abgesichert, fühlte sich in seinem Element und war auf dem Weg zum 2:0. Da kam der rumänische Schlussmann auf einmal mit gestreckten Beinen angeflogen und traf den Dresdner mit voller Wucht am Knie. Die Zuschauer reagierten mit wütenden Protesten. Schließlich musste Kreische auf einer Trage vom Platz befördert werden. Ein gerissenes Seitenband machte ihm ein Aufstehen unmöglich. Sekunden später hörte er in der Kabine liegend den Torschrei der 95.000. „Da wusste ich, es reicht", war sich der Torjäger sicher und setzte die Bierflasche an. Zu seinem Glück war der Leipziger Dr. Theo Barth, ein Kniespezialist, im Zentralstadion. So wurde Kreische innerhalb der nächsten sechs Stunden im St. Georg-Krankenhaus operiert und kam danach in die Georg-Sacke-Klinik. Langweilig wurde es ihm nie, auch wenn sich seine Dresdner Dynamos erst nach geschlagenen 14 Tagen zum ersten Male meldeten. Kreische genoss die Fürsorge aller, wurde von Leipziger Oberligaspielern besucht, der „Astoria"-Chefkoch Manfred Weißbach kredenzte ihm ein Mittagsmenü und wenn wirklich einmal keiner vorbeischaute, wurde er in seinem Acht-Mann-Zimmer bestens

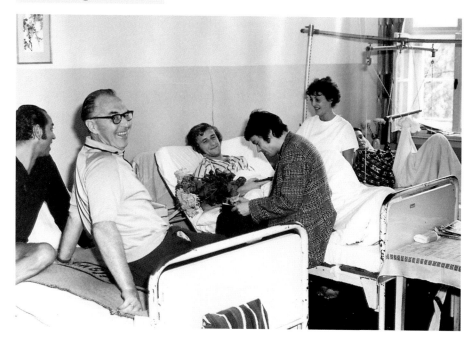

unterhalten. Stubenältester war ein 75jähriger Rentner, dem man im Westen ein künstliches Hüftgelenk eingesetzt hatte, was im Osten damals nur mit 15- bis 20-jähriger Wartezeit möglich war.

Peter Ducke wusste nicht mehr, wie oft er gegen diese Ungarn angetreten war. Eines wusste er aber ganz genau. Viermal hatte er in Budapest gespielt, viermal nur Komplimente geerntet. Die Spielweise der Magyaren lag ihm, da blühte der „Schwarze" auf, dribbelte, täuschte und trickste nach Herzenslust. Doch was nützte es, nie hatte es bei diesen Ungarn zu einem Sieg gelangt. Auch diesmal sah es nicht gut aus. Nach Croy und Löwe war nun plötzlich auch Joachim Streich ausgefallen. Damit hatte Georg Buschner mit Ducke und Sparwasser nur noch zwei Stürmer im Aufgebot. Der Trainer testete für die Weltmeisterschaft und beorderte deshalb Martin Hoffman von der „U 23" nach Kienbaum. Für den 18jährigen Linksaußen von Oberliga-Spitzenreiter Magdeburg ein Problem. Er wusste überhaupt nicht, wo Kienbaum liegt und hatte in der Aufregung auch vergessen, jemand zu fragen. So blieb ihm nichts anderes übrig, als sich mit dem Linienbus an die berühmte, aber weit abgelegene „Kaderschmiede" heranzutasten. Nach mehrfachem Umsteigen landete er schließlich kurz vor Einbruch der Dunkelheit im östlichen Niemandsland der Hauptstadt an Ort und Stelle. Unbekümmert, frech und flink gelang ihm Tage später ein bemerkenswerter Einstand an der Seite von Peter Ducke, der zum 60. Mal das DDR-Trikot trug und den Neuling nach dem Schlusspfiff freudestrahlend umarmte. Der erste Sieg in Budapest. Für den 18jährigen war es der Anfang einer großen Saison. Meisterschaft, Europapokalsieg und WM-Teilnahme nie hätte er sich das träumen lassen, als er sechs Jahre zuvor von Aktivist Gommern zum Klub nach Magdeburg delegiert wurde.

Dort etablierte sich in den 70er Jahren einer der erfolgreichsten Oberligavereine. Unter dem erfahrenen Ex-Auswahltrainer Heinz Krügel war aus dem vormals durchschnittlichen Provinzverein ein nationaler Spitzenklub geworden. „Zähe Arbeit, das war mein Erfolgsrezept", erklärt der rüstige Rentner sein Erfolgsgeheimnis heute. „Die Zügel hatte ich immer fest in der Hand. Ab und an lockerte ich sie etwas. Das wichtigste jedoch war, dass die Spieler selbstbewusster wurden. Wenn man hart an einem Ziel arbeitet und immer an sich selbst glaubt, gelingen manchmal Wunder." Ein solches geschah im Mai 1974. Im Finale des Europapokals der Pokalsieger schlugen die Börde-Kicker den hochfavorisierten AC Mailand in Rotterdam mit 2:0. Den Lira-Millardären, die nie zuvor von einer Mannschaft namens 1.FC Magdeburg gehört hatten, verging „Hören und Sehen". Von einer Bezirksauswahl vorgeführt zu werden, war nicht nur für sie unvorstellbar. Niemals wieder gelang einer DDR-Klubmannschaft ein solcher Triumph. Für Heinz Krügel ist deshalb heute klar: „Ich war der beste DDR-Klubtrainer!" Noch immer vor Energie sprühend, berichtet der 76jährige aus seiner Trainerlaufbahn.

„Talent um Talent, alle aus dem Bezirk Magdeburg, schaffte den Sprung in meine erste Männermannschaft. Pommerenke aus Wegeleben, Sparwasser aus Halberstadt, Seguin aus Burg oder der Gommerner Martin Hoffmann - alle gingen sie durch meine Schule. Zu vielen habe ich noch jetzt ein herzliches Verhältnis." Martin Hoffmann beispielsweise beliefert den Ex-Trainer mit aktuellen Fußballzeitschriften in der „Krügelschen Sommerresidenz", einer kleinen Datsche im idyllischen Wäldchen um Gommern. Voller Respekt siezt er noch immer den „Chef" von damals. Die Sparwasser, Hoffmann, Pommerenke und Co. haben Krügel viel zu verdanken. Er formte sie zu Auswahlspielern. „Heinz Krügel erklärte uns immer wieder, dass die eigenen Ziele nicht hoch genug sein könnten", erinnert sich Jürgen Pommerenke, damals einer der herausragenden Fußballer, heute Trainer beim NFV (Norddeutscher Fußball-Verband). „Einiges von damals versuche ich dem heutigen Nachwuchs weiterzugeben, auch wenn die Zeiten überhaupt nicht miteinander zu vergleichen sind", so der einstige „Mittelfeldmotor" des FCM.

Martin Hoffmann, seit einigen Monaten Nachwuchstrainer beim einstigen EC-Gewinner, erinnert sich an Krügels Abgang und wird plötzlich bitterernst. „Vor einem Sommertoto-Spiel gegen den FC Rot-Weiß-Erfurt traf sich unser Team im „Haus des Handwerks". Dort wurde der Mannschaft mitgeteilt, dass Heinz Krügel nicht mehr unser Trainer sei. Wir dachten anfangs an einen schlechten Scherz, doch die Lage war ernst. Vielen standen die Tränen in den Augen, denn Krügel war für uns wie ein zweiter Vater. Zum Spiel wollte zunächst keiner antreten. Doch dies war unmöglich, wollten wir unsere Laufbahn nicht abrupt beenden." Die Magdeburger Spieler hatten schon seit Wochen gespürt, dass ein Gewitter in der Luft lag und deshalb ihren Coach nach den letztem Heimauftritt demonstrativ hochleben lassen. Es nützte nichts. Krügel, von den Funktionären ob seiner direkten und kritischen Art nie gemocht, wurde von einem Tag auf den anderen abgesetzt. In der entsprechenden DFV-Mitteilung heißt es: „ ... , dass der Sportfreund Krügel als Cheftrainer die Aufgaben des 1.FC Magdeburg bei der Entwicklung von Olympiakadern nicht in vollem Umfang erfüllt hat." Der erfolgreiche Fußballehrer erzählt, dass „ich denen schon immer ein Dorn im Auge war. Ost-West-Versöhner nannten die Spinner mich! Dabei diente ich nur der Sache Fußball." Zornig flackern Krügels stets hellwache Augen als er über die Ehrungen zum EC-Sieg spricht. „Vom

Verband gab's pro Spieler 5.000 Mark, im Trägerbetrieb ging der BGL-Vorsitzende sammeln! Da habe ich erklärt; über Nizza lacht die Sonne, über uns die ganze Welt." An die persönliche Beleidigung Krügels erinnert sich auch der damalige Auswahltrainer. „Vom Verband erhielt Heinz Krügel den Titel „Banner der Arbeit, III. Klasse", ich wiederhole, dritter Klasse, die niedrigste aller in der Auszeichnungsordnung vorgesehenen Ehrungen. Das muss man sich einmal vorstellen, wozu diese Strolche fähig waren", erregt sich Buschner noch heute.

Für den DDR-Fußball im allgemeinen und den Magdeburger Klub im besonderen war der Cupsieg von enormem Wert. Urplötzlich wusste Rest-Europa, dass auch in Ostdeutschland guter Fußballsport geboten wurde. Der 1.FCM wurde sofort auch für Spieler interessant, die das fußballerische Einmaleins außerhalb des Bördelandes erlernt hatten. Der erste kam von der Waterkant. Achim Streich versprach sich außer dem sportlichen Vorankommen natürlich auch finanzielle Vorteile. Da der FCM aber nicht zu den sogenannten „Schwerpunktklubs" zählte, gab es keine Siegprämien vom Verband. Auch für Europacuperfolge nicht. Unangenehm überrascht musste Streich diese Tatsache nach dem Sieg über die Italiener vom AC Cesena feststellen. Sportlich lohnte sich der Wechsel für Streich allemal. In kurzer Zeit wurde er Stammspieler in der DDR-Elf. Ebenso die Cup-Helden Pommerenke und Hoffmann. Über die damaligen Sitten in der Auswahl müssen die Spieler heute eher schmunzeln. Pommerenke lehnt sich dabei gemütlich zurück und reflektiert diverse Begebenheiten. „Wir qualifizierten uns für die WM '74, wurden in Rummelsburg schick eingekleidet. Wenn du denkst, dies geschah auf Verbandskosten, dann täuschst du dich aber gewaltig", beginnt „Pomme" seine Ausführungen. „Der 1. FC Magdeburg hatte kein Geld. Wir Spieler zahlten aus eigener Tasche, 180 Mark kam uns der Spaß." Dafür zeigten sich die Verbandsgewaltigen bei den Erfolgsprämien für die WM-Endrundenspiele spendabler. Für einen Sieg gab 's zweitausend und für ein Remis immerhin eintausend Mark - West! Ausgezahlt wurde sofort in der Bundesrepublik. Die Funktionäre sahen ihre Kicker jedoch höchst ungern mit soviel harter Währung in der Tasche. Nach der Rückkehr in den Arbeiter- und Bauern-Staat wurden sie schnurstracks in das Regierungsviertel Berlins umgeleitet. Im dortigen „Intershop" sollte das Geld sofort wieder in Ware getauscht werden. Die Spieler, wochenlang von Frau und heimischem Bett getrennt, hatten logischerweise anderes im Sinn. Die ob der Zurückhaltung der

Spieler leicht frustrierten Funktionäre reagierten energisch. „Alle Spieler sollten zunächst ihre Märker zurückgeben. Wir erklärten, dass dies nicht möglich sei, wir hätten fast alles schon ausgegeben. Dann griffen sie zum letzten Mittel und gaben uns Neckermann-Kataloge, aus denen wir unverzüglich eine Bestellliste anfertigen sollten", weiß Pommerenke noch genau. Auch bei dem damals wie heute üblichen Trikottausch mussten die Spieler löhnen. Für ein Trikot aus heimischer Produktion waren immerhin 60 Mark fällig. Für ein Dress mit den berühmten drei Streifen das Doppelte. „Außerdem gab 's damals die klare Anweisung, dass ein solcher Trikottausch nach Spielen gegen Westmannschaften nicht vor laufender Kamera stattzufinden hatte.", fügt Martin Hoffmann hinzu. Befragt nach Unterschieden zwischen dem Auswahltrainer Buschner und Klubcoach Krügel, wiegt Hoffmann bedächtig das Haupt. „Die beiden hatten eine Menge Gemeinsamkeiten", beginnt er dann langsam. „Sie sind aus einer Generation und das merkte man auch an ihren Methoden und der Art und Weise mit uns Spielern umzugehen. Hart aber gerecht ist vielleicht die beste Kennzeichnung, auch wenn Buschner eher als Krügel ein ‚Trainingsschleifer' war. Beide hatten die volle Kontrolle über ihre jeweilige Mannschaft." „Wenn ich die nicht gehabt hätte, wäre doch nichts geworden!", bemerkt Krügel. „Was für die Spieler an Vorzügen möglich war, habe ich selbst gemacht. So gab es in der Stadt eine Institution, die für die Vergabe von Wohnraum, Autos,... zuständig war. Die haben sich beim Trainer rückversichert, ob der betreffende Spieler dieser Bevorzugung auch würdig war. Auch mit den Autos ging 's für unsere Verhältnis ziemlich schnell. Alle drei Jahre konnte gewechselt werden, wenn die Spieler gespurt hatten! Ich erinnere mich, als der Paule Seguin seinen Skoda erhielt. Einen Tag hat der den gefahren. Dann haben die Russen ihn am Bahnübergang vorm Grube-Stadion zu Schrott gefahren. Kannste dir das Theater vorstellen?" Jeder DDR-Bürger kann. „Unser Trainer, Heinz Krügel, war schon ein Unikum!", spricht's und erzählt „Pomme" die nächste Story. „Wir fuhren mit dem Klub nach Schweden. Jeder hatte sein Fläschchen Schnaps dabei. Am Zoll in Trelleborg wurde der Trainer kontrolliert und kurzzeitig „hops genommen". Krügel ließ sich das doch nicht gefallen. Ich beschwere mich beim König, brüllte er die Zöllner an. „Das hier", zeigte der vermeintliche Schnapsschmuggler auf die Flasche, „ist meine Medizin", verteidigte er sich und die Sache war im Handumdrehen vergessen. Einem guten Tropfen waren sie nie abgeneigt, weder die Aktiven, noch die Trainer. Als Georg Buschner bei einer Auswärtspartie Pommerenke und Schnuphase in sein Hotelzimmer bestellt hatte, staunten die beiden Kicker nicht schlecht. Auf dem Tisch stand eine Flasche Schnaps, angetrunken. „Das müsst ihr doch von euren Trainern zu Hause kennen?", wunderte sich Buschner und die Spieler fragten sich, ob der Coach sie nur testen wollte. „Ja, ja, der Schorsch hatte so seine Marotten. Eine davon war, uns im Trainingslager am Chemnitzer Rabenberg im Schnee durch die Kante zu jagen. Auf Skiern im Rahmen einer Sprintstaffel über einhundert Meter!"

Weniger lustig fand Jürgen Pommerenke seinen Abschied aus der Nationalmannschaft. Seinen letzten Auswahlauftritt hatte er im heimischen Ernst-Grube-Stadion. Der Gegner an jenem 16. März hieß Finnland. Die DDR-Mannschaft gewann mit 3:1.

Als Andenken an elf Jahre und 57 Länderspiele gab 's vom Verband etwas sehr Schönes. Ein Bierglas mit Ehrenaufschrift. „Siehste", hält ihm Hoffmann entgegen. „Ich war doch der bessere von uns beiden, denn ich erhielt sechs Zinnbecher und einen zugehörigen Teller!" Unter schallendem Gelächter prosten sich die einstigen Magdeburger Idole zu.

Rudi Hellmann und Manfred Ewald konnten es kaum erwarten. Auf dem Zentralflughafen Berlin-Schönefeld freuten sich die beiden Spitzenfunktionäre des DDR-Sports auf die Ankunft der Interflug-Chartermaschine aus Tirana. Die Genossen der Offiziershochschule „Franz Mehring" in Kamenz schmetterten aus voller Kehle ihren „4:1-WM-Song" in Richtung Gangway, als die TU 134 endlich auf der Rollbahn aufgesetzt hatte. Kaum war das Team um Auswahltrainer Georg Buschner und Kapitän Bernd Bransch dem Silbervogel entstiegen, stimmte die Hundertschaft der Händeschüttler auch schon ein dreifaches „7, 8, 9, 10 - Klasse!" an und ließ die Kicker hochleben.

Zu Recht, denn im 125. Länderspiel hatte sich die DDR-Auswahl zum ersten Mal für eine Weltmeisterschaft qualifiziert. Doch selbst in der Stunde des Triumphes konnten einige der ranghöchsten Schulterklopfer ihre Abneigung gegen den Fußball nicht verbergen. „Den Ausgleich in Tirana mussten wir unbedingt verhindern", hatte Willi Boldt nach dem entscheidenden 4:1 gegen Albanien doziert. Der Stellvertreter von DFV-Generalsekretär Günter Schneider war Anfang der 70er Jahre als rechter Arm von DTSB-Boss Ewald in die Fußballzentrale gekommen und galt in Oberligakreisen als rücksichtsloser und trunksüchtiger Fußballhasser. Die Reise zur Weltmeisterschaft ließ er sich trotzdem nicht entgehen. Als Mannschaftsleiter fuhr er mit zum Klassenfeind.

Die Fans im Osten kamen in diesen Tagen gar nicht aus dem Feiern heraus. Im Europapokal stand schon drei Tage später in Dresden der Knüller gegen Bayern München an. Nach dem UEFA-Cup-Achtelfinale der Leipziger Lok-Fußballer mit Fortuna Düsseldorf sollte es auch bald zum deutsch-deutschen Gipfeltreff auf allerhöchster Ebene kommen. Schuld daran war ein Sängerknabe aus Berlin (West). Der 12jährige Detlef Lange fischte zur WM-Gruppenauslosung am 5. Januar 1974 im Frankfurter Airport-Hotel die 16 Lose aus dem Topf. Als er die DDR in die Gastgeber-Gruppe zugelost hatte, wurde der Akt vor 800 Millionen TV-Zuschauern durch anhaltenden Beifall unterbrochen. Zum Glück legte Fortuna als Austragungsort für das Länderspiel „Ost gegen West" das Volksparkstadion in Hamburg fest. Das ebenso mögliche Olympiastadion in (West-)Berlin hätte für einige „kalte Krieger" zum sicheren Herzinfarkt geführt.

Die Sportfreunde in den blauen Trainingsanzügen mit den drei Buch-

staben auf der Brust hatten in Hamburg-Quickborn ihr Quartier bezogen und in diesem Vorort der Hansestadt ein volles Programm. Neben einer Hafenrundfahrt, Autogrammstunden und dem abendlichen Treff am Billardtisch gehörte natürlich auch die Vorbereitung auf die Vor-

113

rundenbegegnungen dazu. Die WM-Premiere der Buschner-Elf begann mit einem Verbot. Der Trainer untersagte seinen Jungs, sich das Spiel der beiden nächsten Gegner am Fernseher anzuschauen. Ob er ahnte, dass die 90 Minuten zwischen dem Gastgeber und Chile außer dem Traumtor von Paul Breitner keine großen Höhepunkte zu bieten hatte? „Die Spieler sollten sich auf ihre Aufgabe konzentrieren", erklärte Buschner und schickte ein „Spionagetrio" nach Westberlin. Neben Werner Wolf, der aus fußballfachlicher Sicht einen detaillierten Bericht abzuliefern hatte, waren auch noch zwei wissenschaftliche Mitarbeiter mit der Analyse des nächsten Kontrahenten schwer beschäftigt. Für den aus Dresden stammenden Coach ging so der Wunschtraum „Weltmeisterschaft" in Erfüllung, wenn auch nicht auf der Trainerbank. Erlebt hatte er trotzdem schon einiges.

Werner Wolf war 1972 nach sechs Jahren als Co-Trainer von Soos, Seeger und Buschner zurück ins zweite Glied versetzt worden und bekam wieder die Betreuung der Nachwuchsauswahl übertragen. Beim Fußballturnier anläßlich der Weltfestspiele in Berlin sollten seine Jungs im Sommer '73 natürlich ganz vorn landen. Das Quartier der „U 21" war ein 35 Kilometer außerhalb von Berlin gelegenes Kinderferienlager. Die Kicker schliefen in Doppelstockbetten. Dabei musste der Untermann jede Nacht darauf hoffen, dass die knapp einhundert Jahre alten Bettfedern über ihm noch einmal bis zum nächsten Morgen halten würden. Das Auftaktspiel gegen Polen sah die Ehrentribüne des Walter-Ulbricht-Stadions in Bestbesetzung. Bis auf den Namensgeber der Arena, der 48 Stunden später starb, war nahezu die komplette Regierungsspitze anwesend. Zum Glück sollte die DDR gewinnen, Martin Hoffmann machte den Sieg mit seinem Treffer zum 3:1 perfekt. Doch das spielte schon bald keine Rolle mehr. Mannschaftskapitän Wolfgang Altmann (Lok Leipzig) war von seinem Gegenspieler mit ständigen Provokationen und versteckten Fouls zur Weißglut getrieben worden. Nach einer besonders rüden Attacke spuckte sich der Pole in die Hand und reichte sie dem „Alten" zur Entschuldigung. Auf der Ehrentribüne machte sich Empörung breit. Dort hatte man natürlich nur gesehen, wie der Nachwuchsauswahlspieler der Deutschen Demokratischen Republik die Hand des Spielers aus dem befreundeten Nachbarland ausschlug. Am nächsten Morgen war für den Trainer schon um 3 Uhr in der Früh die Doppelstocktortour beendet. Er musste sich anziehen und mitkommen. Ein Auto brachte ihn in die Werner-Seelenbinder-Halle, wo für 7 Uhr eine prozessartige Verhandlung angesetzt worden war. „Dieser Altmann verhindert die deutsch-polnische Freundschaft", warf man Werner Wolf vor, der sich wie in einem schlechten Krimi fühlte. Nervös schaute er mit fortschreitender Zeit immer wieder auf seine Uhr. Am Nachmittag sollte sein Team gegen Tansania antreten. „Wir haben heute noch ein Spiel", warf der Angeklagte kurz nach Mittag ein, als es höchste Eisenbahn wurde, zur Mannschaft aufzubrechen. „Die Spieler sind groß genug!" bekam er von DFV-Generalsekretär Günter Schneider zur Antwort und die hohen Herren zogen sich zur Beratung zurück. Schließlich verknackte man ihn wegen „Schädigung der deutsch-polnischen Freundschaft, Schädigung der Völkerfreundschaft und Schädigung der Atmosphäre der Weltfestspiele" zu einem längeren Entzug von „Prämien- und Zulagenzahlungen". Dann konnte der wie auf Kohlen sitzende Wolf gehen und düste zur Anlage von Grün-Weiß Baumschulenweg. Dabei schüttelte er immer wieder den Kopf, erstens war er überhaupt nicht in einem Prämiensystem eingebunden und zweitens musste er ernsthaft am Verstand dieser Leute zweifeln. „Wo warst Du denn?" fragte Assistent Otto Tschirner kurz vor Anpfiff den hereinstürzenden Trainer. Wolf winkte nur ab. Die DDR gewann gegen die Afrikaner mit 1:0. „Nachdem wir das Endspiel erreicht hatten, kam die Leitung zur mir und umarmte mich, weil wir die Zielstellung erfüllt hatten", erinnert sich Werner Wolf, der in diesem Moment überhaupt nicht mehr wusste, wie ihm geschah. Die „verrückten" Tage beim Festivalpokal waren damit aber noch lange nicht vorbei. Im Finale zog der DDR-Nachwuchs gegen die CSSR den Kürzeren. Einen Schnitzer von Udo Schmuck (Dynamo Dresden) hatte der Mittelstürmer der Tschechen zum entscheidenden Treffer genutzt. Rudi Hellmann regte sich danach auf: „Menschenskinder, haben wir denn keine besseren Spieler?"

Wolfs Arbeit als WM-Spion trug Früchte. Die DDR blieb sowohl gegen Chile als auch gegen den Gastgeber ungeschlagen und wurde Gruppensieger. Das 1:1 gegen die Südamerikaner hatten im Berliner Olympiastadion auch rund 3.000 sorgfältig ausgewählte DDR-Bürger verfolgt. Ihr Fähnchenschwenken und die Schlachtrufe: „DDR, DDR!" wurden in unmittelbarer Nähe zum „Eisernen Vorhang" mit einem ohrenbetäubenden Pfeifkonzert beantwortet. Einer blieb von alledem unbeeindruckt, der 19jährige Martin Hoffmann. Der Magdeburger hatte die Blau-Weißen nach einen Freistoß von Peter Ducke per Kopf in

Führung gebracht. Spätestens da wurde die komplett versammelte Fußballwelt auf den Youngster aufmerksam. Vor dem deutsch-deutschen Duell bekam Hoffmann große Augen. „Uns Uwe" aus Hamburg besuchte am Vormittag das Quartier der DDR-Mannschaft. Zum Abschied wünschte Seeler alles Gute. Dieser Wunsch sollte schon Stunden später in Erfüllung gehen. Durch das torlose Remis zwischen Australien und Chile waren beide deutsche Teams bereits vor ihrem Gipfeltreff für die zweite Finalrunde qualifiziert. Mit dem Anpfiff im Volksparkstadion ging es „nur" noch ums Prestige. Überraschenderweise waren Buschners Kicker cleverer, gewitzter und abgebrühter. Exakt um 21.04 Uhr schlug d i e Stunde im DDR-Fußball. Der Magdeburger Jürgen Sparwasser schlug erst einen Haken, dann einen Purzelbaum. Dazwischen traf er zum legendären „1:0". Jenes Tor, das Vogts, Höttges und Beckenbauer im Kollektiv „alt" aussehen ließ, Helmut Schön beim Abgang nach dem Spiel die Sprache verschlug, die 2.000 ausgesuchten Fans im Stadion zu einem zwölfminütigen „Wo bleibt denn das 2:0?" animierte, im DDR-Fernsehen 14 Jahre lang bei jeder Gelegenheit gezeigt wurde, den Torschützen selbst Anfang '88 nach einer Besuchsreise mit dazu trieb, im Westen zu bleiben, und für die Funktionäre fortan eine hinreichende Begründung war, warum der Sozialismus eines Tages endgültig über den Kapitalismus triumphieren würde. Im Osten wurde das Tor eher mit zwiespältigen Gefühlen aufgenommen. „Unsere haben gegen die DDR verloren", lautete der Kommentar aus dem Volk. Die Nationalmannschaft hatte auch in ihrer erfolgreichsten Stunde nicht nur Freunde.

Nach ihrem zweiten Sieg mussten die DDR-Kicker ihr Quartier in Quickborn räumen. Nicht wegen der Bombendrohungen, die eingegangen waren, sondern für die Spiele der zweiten Finalrunde. Als Austragungsorte waren Hannover und Gelsenkirchen vorgesehen, deshalb flog die Mannschaft mit einer Linienmaschine von Hamburg nach Düsseldorf. Kurz nach dem Start wurde Hans-Jürgen Kreische von seinem Nebenmann angesprochen. Der musste keine Fußballfachmann sein, um den Dresdner an seinem schmucken Delegationsanzug zuordnen zu können. So entspann sich folgender Dialog: „Was halten Sie denn vom Abschneiden der bundesdeutschen Elf? Ich bin bitter enttäuscht!" wurde Kreische gefragt und antwortete ehrlich: „Für mich gehört die BRD immer noch zu den großen Favoriten!" Der Gesprächspartner trank einen Schluck und sagte: „Ich wette, dass Deutschland nicht Weltmeister wird!" Kreische strich verlegen über seine Schlaghose und gab zu Bedenken, dass er nicht mitwetten könne, weil er keinen entsprechenden Wetteinsatz zu bieten hätte. „Kein Problem, wenn Deutschland Weltmeister wird, bekommen sie von mir fünf Flaschen Whisky!" bot ihm der Nebenmann die Hand und fragte im gleichen Atemzug nach der Adresse. „Kreische, aus Dresden, das reicht" erwiderte der Sachse und schlug etwas zögernd ein.

Wochen später, die Vorbereitung auf die neue Saison lief auf Hochtouren, wurde Kreische in Dresden zur Leitung zitiert. Als er das Zimmer von Horst Rohne betrat, entdeckte er auf dem Schreibtisch des Klubvorsitzenden fünf Flaschen Whisky „Blue & White" und ihm fiel alles wieder ein. Jetzt erfuhr er auch, dass im Flugzeug nach Düsseldorf der damalige Finanzminister Dr. Hans Apel (SPD) neben ihm gesessen hatte. Der Wetteinsatz war durch den Leiter der Ständigen Vertretung der DDR in Bonn, Dr. Michael Kohl, an die richtige Adresse gekommen. Im Begleitschreiben gratulierte Apel, übrigens ein begeisterter Anhänger des FC St. Pauli, Herrn Kreische zum Gewinn der Wette und wünschte „Ihnen und Ihren Freunden einen guten Durst". Allein der Schlusssatz: „Hoffentlich sehen wir uns bald einmal wieder" rechtfertigte aus der Sicht von Rohne die Frage: „Kannst du mir bitte mal erklären, was das soll?" Kreische zuckte nur mit den Schultern und hatte Glück. Er durfte seinen Wettgewinn mitnehmen und bekam beim nächsten Einkaufsbummel einen Schock. Eine Flasche „Black & White" stand in den Auslagen des „delikat" für stolze 80 Mark.

Als Gruppensieger hatte die DDR in der zweiten Finalrunde ein ganz schweres Los. Titelverteidiger Brasilien, Top-Favorit Holland und Argentinien hießen die Gegner. Buschner war das egal. Seit der „historischen Stunde" in Hamburg konnte ihm nichts mehr passieren. Auch an den Pressekonferenzen fand er zunehmend Gefallen. Auf die Frage nach dem Unterschied zwischen ihm und Bundestrainer Helmut Schön hatte er geantwortet: „Helmut Schön war ein Fußballspieler. Ich war ein Verteidiger." Das 1:0 gegen die BRD kommentierte er vor der Weltpresse so: „Sie können auch weiterhin zu uns ins Quartier kommen, weltoffen wie wir nun einmal sind!" Vor dem Spiel gegen Peles Erben verordnete der Defensivfetischist Buschner seinen Mannen den totalen Catenaccio. Rivelino, Jairzinho und Co. fanden dann auch 90 Minuten lang keine Lücke in der Betonabwehr. Trotzdem gingen die „Brazils" als Sieger vom Platz, denn bei einem Freistoß hatten sie alle Register gezogen. Als sich Rivelino den Ball zurechtlegte, schmuggelte sich Jairzinho in die Mauer der DDR. In dem Moment, wo der schnauzbärtige Freistoßschütze anlief, ließ sich der Weltmeister von 1970 fallen und sorgte so für eine kleine Lücke im Beton. Croy war völlig überrascht, das Spiel entschieden. Dass die Brasilianer nur noch ein

Schatten ihrer überragenden Mexiko-Elf waren, spielte in der DDR-Taktik keine Rolle. Man wollte von vornherein nicht mehr als ein achtbares Resultat.

Gegen Holland zeigte sich Konrad Weise erneut in bestechender Verfassung und trieb „König Johan" zur Verzweiflung. Cruyff sah keinen Stich. Doch bis auf den Jenenser, der nach der Endrunde von Journalisten und Endrundentrainern gleich mehrfach zur „Weltauswahl" nominiert wird, enttäuscht die Mannschaft erneut auf der ganzen Linie. „Irgend etwas musste doch nach dem Gruppensieg in der Vorrunde passieren, sonst wären wir am Ende bis ins Finale gekommen", witzelten die mitgereisten Fachjournalisten. Das 0:2 wurde trotzdem als „Achtungserfolg" verkauft. Die DDR-Elle als Trostpflaster für die Angst vor der eigenen Courage.

Im sechsten und für immer letzten WM-Endrundenspiel kam DFF-Reporter Uwe Grandel gehörig ins Schwitzen. Mitten im Spiel gegen Argentinien kamen zwei Jugendliche mit einer brennenden DDR-Fahne auf den Rasen des Parkstadions in Gelsenkirchen gerannt. Natürlich hatte der Deutsche Fernsehfunk seine Mitarbeiter für Ernstfälle dieser Art vorbereitet, schließlich ging das WM-Debüt beim Klassenfeind über die Bühne. „Klar als Provokation herausstellen, aber am Spiel bleiben", erinnerte sich der heute beim „MDR-SachsenSpiegel" tätige Grandel sofort an die Vorgabe. Klang in der Theorie einfach, war es aber nicht. Schiedsrichter Taylor, der Engländer sollte wenige Tage später auch das Endspiel pfeifen, unterbrach die Begegnung für zwei oder auch drei Minuten und der Reporter wartete schon nach dem ersten „Protokoll-Satz": „Das sind keine Sportfreunde, sondern Störenfriede. Wir hoffen, es geht gleich weiter" sehnsüchtig auf den Wiederbeginn. Ihre WM-Abschiedsvorstellung geriet der Buschner Elf schon wieder wesentlich besser. Das 1:1 bedeutete in der Endabrechnung den sechsten Platz.

Im Herbst '74 waren die Auswahlspieler mehr mit der Nationalmannschaft, als mit ihren Klubteams unterwegs. Sieben Länderspiele und für alle Beteiligten wurde es ein ständiges Wechselbad der Gefühle. Dem 3:1-Sieg beim WM-Dritten Polen folgte eine 1:3-Pleite bei den Tschechen. Dem 2:0 gegen Kanada vor 2.000 Zahlenden in Frankfurt/ Oder folgte drei Tage später in Magdeburg ein enttäuschendes 1:1 zum Auftakt der EM-Qualifikation gegen Island. Im Tor der DDR stand Ulrich Schulze, zum ersten und gleichzeitig auch letzten Mal. Der aus dem Harz stammende Keeper hatte zwar mit Magdeburg den Europacup gewonnen, seinen größten Auftritt aber vor einem Nachwuchsländerspiel gegen Polen. Das Team bereitete sich im September '66 auf die Begegnung in Schmalkalden vor. Nach dem Abschlusstraining kamen die ersten Spieler frisch geduscht aus dem Kabinentrakt. Ihre Aufmerksamkeit richtete sich auf zwei Stabhochspringer, die sich zwar redliche Mühe gaben, aber immer und immer wieder an ihrem selbst gesteckten Ziel scheiterten. Zuletzt kam Torhüter Schulze, bekleidet mit einem Trainingsanzug, darüber eine Kunstlederjacke. Als er den Pulk in der Nähe der Sprunggrube sah, ging er sofort zu den beiden Leichtathleten und verhandelte mit ihnen. Gejohle tönte über den Platz, als die Mitspieler verfolgten, wie ihr 19jähriger Keeper einen Stab bekam und fachmännisch daran ging, den Anlauf auszumessen. Natürlich witterte das Team einen Riesengag. Schulze nahm mit wehender Lederjacke Anlauf, sprang und die ganze Truppe traute ihren Augen nicht. Er hatte die Höhe gemeistert. Kein Zufall. Der vermeintliche „Held" war bis zu seiner Delegierung zum 1. FC Lok Leipzig in Halberstadt auch bei den Leichtathleten aktiv gewesen, und hatte an der Sprunggrube, im Gegensatz zur Fußballnationalmannschaft, nicht bloß einmal Staub gewischt.

Nach der Island-Pleite im Ernst-Grube-Stadion warteten die Spielerfrauen der Magdeburger Auswahlkicker vergeblich auf ihre Männer. Buschner hatte sofort das nächste Trainingslager angesetzt und wollte seinen „Schäfchen" in Jena zeigen, was er vom 1:1 gegen die Nordlichter hielt. Dazu stand schon das nächste Länderspiel vor der Tür. Zwei Wochen später ging es in den gefürchteten Hampden-Park nach Glasgow. Georg Buschner wollte seine Jungs vor dem Spiel in Frankreich auf einen brodelnden Kessel einstellen und hatte vor den heimstarken Schotten ausdrücklich gewarnt und selbstbewusstes Auftreten gefordert. Alle Ratschläge und Tipps waren jedoch für die Katz, als unmittelbar vor dem Aufwärmen die Kabinentür aufgerissen wurde und ein zahnloser

Schotte vom Typ „Kleiderschrank" auf der Schwelle brüllte: „Who's Hoffman?" Der Angesprochene war als 19jähriger der Überflieger der Saison. Mit Magdeburg Meister und Europacupsieger, dazu bei der WM in allen sechs Endrundenspielen eingesetzt. In diesem Moment wurde er immer kleiner und sah auch auf dem Rasen keinen Stich. Doch nicht nur er. Am Ende war die DDR mit drei Gegentreffern bestens bedient. Niemand konnte ahnen, dass diesem Katastrophenspiel ein glanzvoller Auftritt im Pariser Prinzenpark folgen sollte. Hauptdarsteller war weder der Libero der Tricolore, Marius Tresor, auch nicht der Regisseur und spätere Nationaltrainer Henry Michel. Den Taktstock schwang ein überragender Reinhard Häfner und die 50.000 kamen aus dem Staunen nicht heraus. Ihre Mannschaft wurde regelrecht auseinandergenommen und war hoffnungslos verloren im verwirrenden Kombinationsspiel der DDR-Auswahl.

Für den Dresdner Mittelfeldflitzer sollte dieser Abend zum Wendepunkt werden. Drei Jahre hatte er gebraucht, um Georg Buschner von seinen Qualitäten zu überzeugen. Sommer '71. Der gebürtige Sonneberger war mit den Erfurtern gerade abgestiegen und wollte schweren Herzens nach Jena wechseln. Auch der Verband hatte so entschieden und Georg Buschner dem zugestimmt. Doch einigen Funktionären war die Zeiss-Elf nach den Zugängen von Blochwitz (Magdeburg), Stein (HFC Chemie), Irmscher (Zwickau), Vogel (Karl-Marx-Stadt) und Kurbjuweit (Riesa) zu stark geworden. Der Wechsel des 19jährigen Talents wurde zum sportpolitischen Präzedenzfall. Auf der Tribüne in Dresden verfolgte Häfner den Saisonauftakt der Schwarz-Gelben gegen Magdeburg. Neben ihm DFV-Generalsekretär Günter Schneider, Dynamo-Klubchef Wolfgang Hähnel und Georg Buschner. Mit Engelszungen redeten sie auf den 19jährigen ein. Doch der

blieb stur, wenn schon wechseln, dann innerhalb von Thüringen. In der Halbzeitpause nahm ihn Schneider zur Seite und setzte ihm die Pistole auf die Brust: „Du kannst natürlich auch Deinen Einberufungsbefehl erhalten, kommst nach Eggessin und landest vielleicht irgendwann bei Vorwärts!" Häfner hatte verstanden und auf der Rückfahrt den Trost von Georg Buschner und dessen Frau Sonja bitter nötig. „Ich wollte Fußball spielen", begründet er heute. Ein Woche später musste Dynamo bei Lok Leipzig antreten. Nach dem 0:1 stieg Häfner in den Dresdner Bus.

Zwei Wochen später überraschte ihn Buschner mit einer Einladung zum Länderspiel nach Leipzig. Gegen Mexiko sollte Häfner seine erste „Kappe" bekommen. Sofort musste er an seinen ersten Auswahleinsatz denken, mit gemischten Gefühlen. Vier Wochen lag die Mexikoreise mit der Nationalmannschaft zurück. Der Youngster war gleich im ersten Testspiel zum Einsatz gekommen. Nach seiner Einwechselung legte er mit Feuereifer los und fegte den Platz rauf und wieder runter. Doch die ungewohnte Höhenlage ließ ihn ganz schnell den Schongang einlegen, er hatte sich völlig verausgabt.

Nach 20 Minuten beendete Buschner das Experiment und nahm ihn dann in der Spielauswertung gnadenlos ins Visier: „Ich bin schon ein paar Jahre Trainer. Habe aber noch nie einen jungen Spieler erlebt, der konditionell so schwach ist. Er hat die Reise über den Ozean ja gar nicht verdient!" Bei der Prämie für die Wettkampfreise musste Häfner noch einmal schlucken. Während die Stammspieler für die sechs Spiele in 14 Tagen Mexiko 150 Dollar kassierten, fand er einen einzigen 5-Dollar-Schein in seinem Kuvert.

An Abzüge dieser Art sollte er sich auch bald bei Walter Fritzsch in Dresden gewöhnen. Einmal waren es die langen Haare, dann das nach Meinung des Trainers unstete Junggesellenleben. Erst ein Jahr später gehörte Häfner wieder zum Auswahlkreis. Von der Südamerika-Tournee '73 brachte er sich eine chronische Bronchitis mit. Deren Folgen vermasselten ihm sogar die Teilnahme an der Weltmeisterschaft. So wurde er erst durch seinen Auftritt in Paris zum Stammgast in der Nationalmannschaft. Einziger Beigeschmack in Frankreich waren die zwei Gegentore kurz vor Schluss, mit denen die Gastgeber noch zum schmeichelhaften Ausgleich kamen.

Im September '75 hatte Oberliga-Spitzenreiter Dynamo Dresden den BFC gerade mit einer 5:1-Packung zurück in die Hauptstadt geschickt.

Zusammen mit Reinhard Häfner, Udo Schmuck und einem gewissen Tietze, der ganze 57 Pokalminuten in Cottbus auf seiner Dynamo-Kladde stehen hatte, bereitete sich Gerd Weber auf einen Einsatz in der „U 23" vor. Der 19jährige Schüler freute sich riesig. Nicht etwa, weil der Gegner im Dresdner „Stadion der Deutsch-Sowjetischen Freundschaft" das Nachwuchsteam des „großen Bruders" war, sondern weil er sich einmal vor seiner Haustür präsentieren konnte. 1973 war er als 17jähriger von FSV Lok zu den Schwarz-Gelben gekommen. Sein Respekt kannte keine Grenzen. Auswahlgrößen wie Kreische, Wätzlich oder Sammer wurden von ihm spontan gesiezt. Die Hackordnung war nicht nur in Dresden ungeschriebenes Gesetz. Ob beim Essen, in der Kabine oder auf dem Rasen: Jeder und alles hatte seinen Platz. Nur der „Hüpf" musste warten, bis er an der Reihe war. Seinen Spind bekam er zugeteilt. An der Mittagstafel wartete er einfach, bis sich alle anderen niedergelassen hatten und das Ballnetz war zum ständigen Begleiter des 51fachen Junioren-Auswahlspielers geworden. In der Nationalmannschaft wurde Weber zum Senkrechtstarter, denn aus dem geplanten Heimspiel in der „U23" wurde nichts. Zwei Tage vor dem Anpfiff wurde er abkommandiert und musste sofort nach Berlin. Dort wartete die Nationalmannschaft auf den Abflug nach Moskau. Reinhard Lauck war kurzfristig ausgefallen und Georg Buschner hatte den universell einsetzbaren Dynamo-Youngster nachnominiert. „Zeit, mir Gedanken zu machen, hatte ich glücklicherweise nicht", sagt Gerd Weber heute. Unbekümmert und respektlos nutzte er nach seiner Einwechslung im Leninstadion die Chance. Auf Anhieb wurde er zum Stammspieler und dank des glücklichen Händchens vom Auswahlcoach ein Mann für Montreal. In allerletzter Minute schien der Olympiatraum aber doch noch zu platzen. Beim Abschlusstraining vor dem Flug über den großen Teich holte sich der Abwehrspieler eine Zerrung im Oberschenkel. Erneut war das Glück auf seiner Seite, denn die Zeit, für einen Nachfolgekandidaten die nötigen Reiseunterlagen zu besorgen, reichte nicht mehr aus. Weber spielte gegen Brasilien und Spanien, fit war er aber nicht. Das hatte auch Georg Buschner erkannt und nahm ihn aus der Mannschaft. Der Freude über den Olympiasieg sollte das keinen Abbruch tun. Fünf Jahre später sollte er ebenso plötzlich aus der Nationalmannschaft verschwinden, wie er in sie gekommen war. Doch dazu später. Die Bronzemedaille von München'72 und der Einzug in das Fußball-Weltturnier '74 - das war die vorläufige Erfolgsbilanz des DDR-

Trainers Georg Buschner. Das Meisterstück lieferte er mit seiner Mannschaft bei der Olympiade 1976 in Montreal ab. Bereits die Qualifikation für das olympische Turnier hatte es in sich. Es galt die Vertretung des Nachbarlandes, die Tschechoslowakei aus dem Weg zu räumen. Beim Hinspiel in Brünn, im Herbst 1975, brachte Konrad Weise die DDR-Fußballer in der 82. Minute in Führung. Bicovsky schaffte für die Gastgeber in letzter Minute den Ausgleichstreffer. Besonders der Dresdner Gerd Heidler ärgerte sich darüber bei seinem Debüt. Der kleine Flügelflitzer war auf Empfehlung von „fuwo"-Chefredakteur Klaus Schlegel in die Auswahl gekommen, der Buschner von den Qualitäten des immerhin schon 27jährigen überzeugt hatte. Auf dem Heimweg hatte es Heidler besonders eilig. Sohn Peter, im Frühjahr 1997 zum Karlsruher SC gewechselt, erblickte das Licht der Welt.

Das Rückspiel am 7. April 1976 im Leipziger Zentralstadion wurde zum Thriller, welcher torlos endete. Dank der Auswärtstorregel reichte das der DFV-Elf. Die 45.000 Zuschauer murrten zwar, auch die Presse zeigte sich mit diesem Kick nicht ganz einverstanden. Auswahlcoach Buschner resümierte Wochen später, Schlitzohr Panenka hatte im 76er EM-Finale gerade Sepp Maier verladen: „Leute, wir haben den aktuellen Europameister bezwungen, was wollt ihr eigentlich mehr?" Weise gesprochen, Herr Trainer! Schon damals heiligte der Zweck, sprich der sportliche Erfolg, alle Mittel. Die direkte Vorbereitung auf das Olympiaturnier begann nach einer Schweden-Tournee Ende Juni in Kienbaum. Die Eröffnungsfeier verfolgten die DDR-Spieler noch daheim, vorm Farbfernsehgerät der heimischen Staßfurter Marke „Color". Mit siebzehn Spielern trat das Team schließlich die Reise nach Übersee an. Peter Kotte und Rüdiger Schnuphase mussten zu Hause bleiben. Der Hallenser Bernd Bransch rückte in die Formation nach. Sicherlich auch eine Geste der Anerkennung von Buschner, dem Abwehrstrategen von der Saale gegenüber. Unvergessen dessen zwei Treffer in Leipzig vom September 1973 gegen Rumänien. Diese Tore bedeuteten den Einzug in die WM-Endrunde. Eine weitere Meisterleistung Branschs blieb der Öffentlichkeit bis heute weitgehend verborgen. Dem Hallenser gelang es 1968, im Rahmen der Aktion „Sportfestlose" innerhalb von nur einer Woche 2.500 Lose eigenhändig an den Mann zu bringen! Buschner setzte bis 1975 auf Branschs fußballerische Qualitäten als Libero. Weshalb der Trainer zunächst Bransch den Vorzug vor Dixi Dörner gab, begründete der Chef mit folgenden Worten: „Dörner war damals keine Persönlichkeit. Ich sagte ihm; das bisschen Herumdirigieren reicht sicherlich in Dresden. Bei mir in der Auswahl reicht das nicht!" Auch für den von der Presse kritisierten Einsatz von Hans-Jürgen Riediger anstelle der „Torfabrik" Streich hat Buschner eine Erklärung parat. „Der Streich war für dieses Turnier viel zu faul, viel zu langsam. Der hätte dort nicht einen Stich gesehen. Ich benötigte einen, der rennt, rennt und nochmals rennt. Riediger war demzufolge genau der richtige Mann am richtigen Ort." Der Trainer behielt recht. Für Buschner war dieses Turnier auch persönlich enorm wichtig. Seine Privatfehden mit DTSB-Boss Ewald hatten ihn mächtig unter Erfolgszwang gesetzt. Das Misstrauen der ostdeutschen Sport-

führer ging sogar so weit, dass aus Berlin eigens Leute nach Kanada eingeflogen wurden, die per Stoppuhr jedes Training vor Ort verfolgten und im Ernstfall Meldung an Ewald und Co. machen konnten. Am 18. Juli ging's endlich zur Sache. Der erste Gegner war Brasilien. In den Reihen der Südamerikaner standen damals Spieler, die kurze Zeit später zu Weltklasseakteuren reiften, wie Edinho oder Junior. Die Auftaktpartie endete torlos. Für die „Experten" des DTSB eindeutig zu wenig! Den Spielern und Verantwortlichen wurde nach der Partie mitgeteilt: „Sofort alle hoch zum Ewald!" Dort bekamen sie folgendes zu hören. „Das Auftreten und die Art und Weise eueres Spiels war eine Schande und Beleidigung für die DDR-Olympioniken!", tobten die Genossen Ewald und Roeder unisono, sie hatten das vom kanadischen Fernsehen live übertragene Eröffnungsspiel des olympischen Fußballturniers in ihrem Quartier verfolgt. Nach dieser Kopfwäsche bat Buschner seine Schäfchen im Quartier noch einmal zu sich und teilte ihnen dort mit: „Lasst diese Lattenhorcher bloß quatschen. Damit wir uns richtig verstehen, es gilt natürlich, was ich gesagt habe! Und ich sage es noch einmal - dieses 0:0 ist für uns ein gutes Ergebnis!" Von Spiel zu Spiel legte sich die Nervosität der DDR-Mannschaft und das physisch im Top-Zustand befindliche Team wirkte immer weniger verkrampft. Zweifellos ein Verdienst Buschners und seiner Kollegen. Vier Tage nach dem ersten Auftritt war Spanien der zweite Gegner. Das „Goldene Tor" gelang dem in Bestform spielenden Dresdner Dörner wenige Sekunden nach Beginn der zweiten Halbzeit. Im folgenden Achtelfinale warteten die Franzosen. Die Gallier besaßen an diesem Nachmittag nicht den Hauch einer Chance gegen eine entfesselt aufspielende ostdeutsche Elf. Den Platini, Fernandez und Battiston verging „Hören und Sehen". Löwe, Riediger und zweimal Dörner vom Strafstoßpunkt stellten den überzeugenden 4:0-Sieg sicher. Dass die Franzosen die Partie mit neun Spielern beendeten, belegt die Frustration der entzauberten Ballkünstler. Von Ottawa, dem Spielort gegen Frankreich, ging's sofort zurück nach Montreal. Dem Ziel „Medaillengewinn" war man jetzt ganz nah. Im

Halbfinale wartete der „große Bruder", die Sowjetunion. Dieses Mal musste eine Vertretung das Feld als Sieger verlassen, im Gegensatz zur Situation vor vier Jahren. In einer hochklassigen Auseinandersetzung hatte die DDR das nötige Quentchen Glück. Der kostbare 2:1-Vorsprung wurde mit Mann und Maus über die Spielzeit gerettet. Als der Mexikaner Dorantes endlich abgepfiffen hatte, lagen sich Spieler und Trainer in den Armen. Von nun an war alles kinderleicht! Der nervliche Druck, wie weggeblasen. Silber auf jeden Fall im Kasten und der Endspielpartner aus Polen trug die Favoritenbürde. Der Gegner, Titelverteidiger und WM-Dritter'74, galt als erklärter Turnierfavorit. Drei Tage blieben den verantwortlichen Trainern, das Team auf's Finale vorzubereiten. Auch die DTSB-Oberen glaubten, ihre kompetente Stimme nochmals erheben zu müssen. In streng vertraulicher Runde erklärte Ewald dem Trainer, dass er den Spielern höchstpersönlich kurz vor dem Endspiel ins Gewissen reden werde. Buschner platzte, ob dieser Unverschämtheit vor Wut. „Ich habe mir nie zuvor von diesen Lumpen reinreden lassen und akzeptierte dies selbstverständlich auch in jener Situation nicht!", redet sich der ergraute Ex-Trainer immer noch in Rage. „Manfred, wir haben viele Verletzte, lass uns am besten machen!", fertigte er den DTSB-Boss damals höflichst ab.

Der letzte Wettkampftag, der 31. Juli, wurde zum größten Tag des DDR-Fußballs. Stundenlange Regenfälle vor der Partie hatten den olympischen Rasen zu einem Kleinod für Wassersportler werden lassen. Ein Vorteil für die unbändigen Kämpfer aus der DDR. Das Spiel war ganze sieben Minuten alt, als der Dresdner Hartmut Schade seine Farben mit 1:0 in Führung brachte. Nach einer Bilderbuchkombination baute Martin Hoffmann diese in der 14. Minute gar auf 2:0 aus. Eine Auftaktviertelstunde nach Maß! Was sollte da noch schiefgehen? Die polnischen Star-Stürmer Szarmach und Lato, waren bei Weise und Kische bestens aufgehoben, auch wenn dem Torschützenkönig der WM '74, Grzegorz Lato ein Treffer glückte. Nach einer Stunde brachte der Mann mit dem lichten Haupt die Polen noch einmal heran. Dann kam der Auftritt von Reinhard Häfner. „Ich hatte einen Schlag gegen den Oberschenkel bekommen und wollte ausgewechselt werden", erinnert sich Häfner noch ganz genau. An der Seitenlinie wurde Buschner fuchsteufelswild und schickte ihn wieder ins Spiel. „Ich hätte die ganze Mannschaft auswechseln können, pausenlos bekam ich die Zeichen", sagt Buschner dazu und erklärt: „Schuld war der schwere Boden". Häfner ist bis heute doppelt froh, sich damals durchgebissen zu haben. „Irgendwann muss man als Fußballer auch mal die Schmerzgrenze überwinden, bei mir war das damals der Fall". Unvergessen sein Solospurt nach einem Pressschlag von Schade über den aufgeweichten Boden und die Jubelarie, als er an der Eckfahne vor Freude einfach auf den Rasen fiel. Das Finale war gewonnen! Der Jubel grenzenlos. Vor allen auch beim Leipziger Gröbner und Bernd Bransch. Die Medaillenregelung der Olympiade hatte festgelegt, dass nur die Spieler eine Plakette erhalten, die im Finale auch eingesetzt wurden. Buschner tauschte daraufhin in der Schlussphase Gröbner gegen Löwe und für Bransch verließ Riediger, Momente vor dem Triumph, den Rasen. Die obligatorische Dopingprobe nach dem Spiel wurde für das DFV-Team zur Geduldsprobe. Einige Drinks brachten schließlich den gewünschten Erfolg beim Probanten, der Häfner hieß. Die Uhrzeit war mittlerweile derart fortgeschritten, dass alle Transportfahrzeuge ins „Olympische Dorf" bereits abgefahren waren. Was tun? Die gelernten DDR-Bürger wussten natürlich einen Ausweg. Sie schnappten sich herumstehende E-Karren und begannen mit der Verlegung. Im Quartier angekommen, führte sie der erste Weg in die oberste Chefetage. Manfred Ewald nahm persönlich die Ehrung der Olympiasieger vor! Mit leidenschaftlichen Worten würdigte er „die hervorragende Leistung der Sportler". Die Angesprochenen nahmen es gelassen zur Kenntnis und blieben äußerlich, dem Anlass angemessen ernst. Ein vom Stress der letzten Wochen gezeichneter DTSB-Chef überreichte den Kickern neben der obligatorischen „Rotkäppchen-Runde" auch geschlossene Kuverts mit Dollar-Inhalt. Die Goldmedaillengewinner hatten keine Probleme damit, ihren kleinen Obolus anzulegen. Es wurden zwei feuchtfröhliche Tage und Nächte, ehe das Flugzeug die Heimat ansteuerte. Dort folgten weitere Ehrungen. Stolz präsentierten Klubvorsitzende und Bürgermeister dem jubelnden Volk ihre Olympiahelden. Eine Auszeichnung der besonderen Art erfuhren sie von den Dresdner Mitbewohnern auf der Budapester und Michelangelostraße. Die Hausgemeinschaftsleitungen ließ ihre Mieter Dörner, Schade und Häfner hochleben - girlandengeschmückt!

Im Herbst '76 schwebte der DDR-Fußball auf Wolke Sieben. Ein 4:0 des Olympiasiegers (mit sieben Dresdnern) in Bulgarien hatte dafür ebenso gesorgt, wie das begeisternde 4:0 der Dresdner im Europapokal der Landesmeister gegen Ferencvaros Budapest. Buschner setzte auf die erfolgreiche Dynamo-Achse, was sollte da zum Auftakt der WM-Qualifikation schon schiefgehen? Ausgerechnet gegen die Türkei und noch dazu, wo das Spiel extra nach Dresden vergeben worden war, um das Stimmungshoch zu nutzen und an den Auftakt der erfolgreichen 74er Qualifikation (5:0 gegen Finnland in Dresden) zu erinnern. Zehn Tage vor dem Termin gewannen die Schwarz-Gelben das Oberligaderby gegen Stahl Riesa, natürlich mit 4:0. Dörner war nach langer Verletzungspause und frenetisch bejubeltem Kurzeinsatz gegen Budapest erstmals über 90 Minuten dabeigewesen. Jetzt kannte der Optimismus keine Grenzen. Diskutiert wurde lediglich über die Höhe des Erfolgs. Eine Woche vor dem Spiel hatte von den Dresdner Nationalspielern besonders Udo Schmuck einen Hänger. Der Vorstopper, der sich während Dörners Abwesenheit bis in die Auswahl gespielt hatte, wirkte am Barren längst nicht so souverän wie beim Tackling oder Luftduell mit gegnerischen Angriffsspielern. Dabei ging es lediglich um eine respektable Vorgabe

im republikweiten Fernwettampf „Stärkster Lehrling". Peter Kotte glänzte mit 42 Beugestützen und legte innerhalb von 60 Sekunden noch sagenhafte 63 Kniebeugen mit einem 25kg-Sandsack auf dem Buckel nach. Dieter Riedel glänzte im Schlussdreisprung und wurde mit 8,10 Meter der „Hüpferkönig". Auch Klaus Müller wurde von seinem Auswahldebüt in Bulgarien beflügelt und hatte als vielseitigster Akteur im Vierkampf die Nase vorn.

Zwei Tage vor dem Anpfiff ließ sich Georg Buschner löchern. Im Kulturraum des VEB Elbnaturstein wiederholte er bereitwillig all das, was er in der Spielvorbereitung gepredigt hatte. Dass die Türken nämlich niemals dem konzentrierten Druck seiner Mannen standhalten würden. Die sozialistische Brigade wollte auch von Dixie Dörner, „Mäcki" Lauck und Lothar Kurbjuweit alles wissen. Nur eines verriet Dörner nicht. Das bekam Georg Buschner erst am nächsten Tag serviert. „Trainer, es geht nicht", sagte Dörner und brach das Abschlusstraining ab. Sein Muskelfaserriss stammte vom Saisonauftakt (4:0 gegen den HFC Chemie) und hatte ihm seitdem immer wieder zu schaffen gemacht. „Dann setz' Dich auf die Bank!" hatte Buschner die Entscheidung seines Liberos kommentiert. „Trainer, es geht wirklich nicht!" versuchte Dörner verzweifelt, den Coach umzustimmen.

Am nächsten Nachmittag drückte er neben Kurbjuweit und Schnuphase die Auswechselbank. Im Dynamo-Stadion verloren sich 18.000 Zuschauer. Genau viermal waren es in der Oberliga seit dem Meisterstreich 70/71 weniger gewesen (u.a. gegen Vorwärts Stralsund, Stahl Riesa). Für die acht Dresdner im Aufgebot eine Katastrophe. Sie hatten sich an den 12. Mann im Rücken gewöhnt. Peter Kotte freute sich trotzdem. Nach seinem Länderspieldebüt im April gegen Algerien hatte er sich Hoffnungen auf Montreal gemacht. Doch sein olympischer Traum endete mit dem offiziellen Fototermin. Kurz vor der Abreise flog der aus Lampertswalde (bei Riesa) stammende Kotte noch aus der Mannschaft. Das Finale erlebte er nach einem Diskobesuch früh um drei Uhr vor dem Fernsehapparat. Jetzt gehörte der bullige Angreifer dazu und war sogar als Strafstoßschütze vorgesehen, sollte es einen Elfmeter geben. Das war ihm alles durch den Kopf gegangen, als er das letzte „Radeberger" vor dem Spiel öffnete. Verdammt! Kotte zuckte, doch es war schon zu spät. Er hatte sich in den Finger geschnitten, die Flasche musste am Hals schon einen Sprung gehabt haben. Sollte das etwa ein schlechtes Omen sein? Um 17.34 Uhr fiel dem seit vier Minuten vierfachen Nationalspieler ein Stein vom Herzen. Schiedsrichter Partridge hatte ohne mit der Wimper zu zucken auf den Punkt gezeigt, der gefoulte Kotte ebenso so sicher verwandelt. 1:0 - besser konnte es nicht losgehen. Doch zur Halbzeit stand es plötzlich 1:1. Der Türke Cemil hatte ebenfalls vom Punkt getroffen, wenn auch erst im Nachschuss. Mit Wiederbeginn wich die Totenstille massiven „Dörner, Dörner!"-Rufen. Buschner reagierte. „Äh, Schnuppi, hörst Du, dass die Deinen Namen rufen?" fragte er den neben ihm sitzenden Schnuphase gereizt. Als dieser mit dem Kopf schüttelte, fragte Buschner weiter: „Lothar, hörst du, dass die hier Deinen Namen rufen?" Der angesprochene Kurbjuweit tat so, als hätte er nicht verstanden. „Dann sollen sie ihren Dörner eben haben", seufzte der Trainer und dreht sich zurück: „Dixie, kannst Du spielen?" Dörner war völlig perplex: „Trainer, ähm, ich hatte Ihnen doch..." Buschner fuchtelte mit der Hand durch die Luft: „Kannst Du spielen oder nicht?" Augenblicke später stand der Libero auf dem Platz und hatte bei jedem Antritt Höllenschmerzen. Zehn Wochen Trainingspause taten ihr übriges. Am Ende blieb es beim 1:1 und ein Pfeifkonzert verabschiedete die DDR-Spieler einschließlich deren WM-Hoffnungen.

Zum verlorenen Punkt sollten noch zwei verlorene Spieler kommen. Vom Nachwuchsländerspiel in der Türkei, das ebenfalls 1:1 ausgegangen war, kehrten Norbert Nachtweih und Jürgen Pahl nicht wieder zurück. Als sich die Mannschaft am Tag nach dem Spiel um 12 Uhr traf, trudelten Jürgen Pommerenke und Gert Brauer von einem Bummel über den Basar als letzte ein. Zur geforderten Sollstärke blieb eine Differenz. Als die ersten Kamerateams auftauchten war jedem die Ursache klar. Für Norbert Pingel gab es gleich nach der Landung einen eher unfreundlichen Empfang durch die Genossen von der Staatssicherheit. Seine beiden Klubkameraden spielten nach einem Jahr Sperre für Eintracht Frankfurt in der Bundesliga.

Im Sommer '77 später reiste die Auswahl ins Gastgeberland der 78er Weltmeisterschaft. Die Einladung der Argentinier ersparte dem DFV, wie immer in solchen Fällen, die Ausgabe ohnehin nicht vorhandener Devisen. Anderenfalls hätte man diesen Abstecher der Südamerikatour schon aus politischen Gründen nicht genehmigt. In Buenos Aires hatte das Militär die Macht in der Hand. Sichtbares Zeichen für die DDR-Nationalmannschaft, in der Tür ihres Hotels stand ein Doppelposten mit MPi. Flankiert wurde er von unzähligen Fans, die auf Autogrammjagd gegangen waren. Allerdings gehörten nur Croy und Sparwasser zu den Objekten ihrer Begierde. Die anderen Spieler kamen unerkannt ins Foyer. Der Magdeburger WM-Torschütze war nach seinem legendären Treffer in Hamburg weltberühmt geworden. Nur zu Hause schlug ihm mitunter der blanke Hass entgegen. „Haus und Auto habe ich als Extraprämie nie gesehen", erinnert er sich. Georg Buschner war bester Laune , er hatte gerade wieder einmal im Skat gewonnen. Auch wenn Co-Trainer Werner Walther und Zeugwart Wolfgang Franz als damalige Mitspieler den Kickern steckten, dass sie den Coach lieber gewinnen ließen, als ihn dann wieder aufmuntern zu müssen. Die in Reih' und

Glied sitzende Kickerriege saß im Klubraum. Da wurde die von ihr verfolgte Boxübertragung des argentinischen Fernsehens abrupt unterbrochen. Buschner, in der letzten Reihe sitzend, hatte die Vorteile einer Fernbedienung entdeckt und kurzerhand das Testbild als Programm gewählt. „Da, der eine ist ein Rechtsausleger", frotzelte der Trainer und nippte an seinem Rotweinglas, als das Bild nur noch aus Grieß bestand. „Ihr müsst bloß genau hingucken!", riet er den genervten Spielern und amüsierte sich köstlich. So wurde der Fernsehabend für Buschner zu einem unerwarteten Höhepunkt. Sportlich hatte die Reise eher mäßigen Erfolg. Die „Gauchos" bereiteten sich seit dem Abpfiff der 74er Titelkämpfe akribisch auf ihren großen Auftritt vor. Das 2:0 gegen die DDR bereitet ihnen wenig Mühe.

Nach jeder Reise bekam Georg Buschner bei seiner Ankunft in Jena einen überwältigenden Empfang. Die Nationalspieler wurden stets von ihren Klubs zur Auswahl gefahren und auch wieder abgeholt. Der FC Carl Zeiss setzte dafür je nach Bedarf einen Pkw oder einen Barkas ein. Unanhängig davon saß Buschner in dem Fahrzeug immer vorn. Erste Adresse war natürlich das Anwesen des Auswahltrainers. Kaum hatte „Schorsch" das eigene Grundstück betreten, flog auch schon die Haustür auf und „Anja" kam angesaust. Das Pudelfräulein hatte seit der Ankunft der Koffer, die meistens von einem zweiten Fahrer gebracht wurden, auf Herrchens Reisegepäck gesessen und sehnsüchtig auf diesen Moment gewartet. Während „Anja" mit dem Chef des Hauses schmuste, begrüßte Buschners Frau Sonja die Mitreisenden und holte das Handgepäck ihres Gatten. Mit einem „Ach, Grüß' Dich Sonja" beendete der Coach dann auch offiziell seine Dienstreise zur Nationalmannschaft.

„Genosse Buschner, da gibt es ein Problem. Die Parteigruppe ‚IX. Parteitag' im Erfurter ‚Optima-Werk' will geschlossen austreten, wenn es zum Wechsel von Sportfreund Lindemann kommt!" Der Auswahltrainer reagierte auf den Anruf leicht gereizt. „Die können mich alle mal bei Mondschein besuchen!" Hintergrund war die Tatsache, dass Mittelfeldspieler Lutz Lindemann im Sommer '77 sein rot-weißes Trikot gegen ein Zeiss-Dress eintauschen wollte und es trotz der massiven Drohungen der Optima-Werker auch tat. Von Buschner bekam der temperamentvolle Neuzugang an den Kernbergen auch gleich einen gezielten Warnschuss vor den Bug: „Vergiss' nicht, der Wechsel nach Jena ist nicht gleichbedeutend mit einem Auswahlplatz. Nach Südamerika fährt Jochen Müller mit, ganz klar!" Lindemann, gerade 28 geworden, hatte in seiner Laufbahn schon zuviel erlebt, als das ihn noch irgend etwas schocken konnte. Der gebürtige Halberstädter war 1965 zum Klub nach Magdeburg gekommen, ein Jahr später wurde Heinz Krügel Trainer der Oberligaelf. Vor einer Bulgarienreise wurde das 18jährige Talent vor die Mannschaft gestellt und sollte über das sozialistische Gastgeberland referieren. Die FCM-Kicker bogen sich vor Lachen. Der einzige, der dann auf der Reise fehlte, war Lindemann. Für ihn Grund genug, nicht nur über einen Wechsel nachzudenken. Von Stahl Eisenhüttenstadt bekam er ein tolles Angebot. Neben 600 Mark im Monat und einer Wohnung versprachen ihm die Verantwortlichen auch den baldigen Sprung ins Oberhaus. Mit dem „Eisenhüttenkombinat Ost" im Rücken schien Geld der geringste Anlass zur Sorge beim Liga-Spitzenteam. „Ehrlich währt am längsten", dachte sich Linde-

mann und plauderte in Magdeburg seine Pläne aus. Selbstverständlich wurde er sofort aus dem Verkehr gezogen und „durfte" seinen Ehrendienst antreten. Die Genossen vom Wachregiment „Felix Dzierzynski" hatten fortan einen talentierten Fußballer mehr in der Regimentsauswahl. Die Freude währte jedoch nicht lange. Eine schwere Verletzung fesselte den verbannten Kicker ans Krankenbett. Längst hatte er mit dem „großen Fußball" abgeschlossen. Er zog mit seiner Frau nach Nordhausen und kick-

te in der Motor-Elf. Die Saison 70/71 verlief für die Fußballer aus der „Stadt des Doppelkorn" sensationell. Hinter dem FC Karl-Marx-Stadt und Vorwärts Meiningen wurde man in der letztmalig zweigeteilten Liga Dritter. Das Ende erlebte Lindemann schon als „Rot-Weißer". Der Klub aus Erfurt schwebte im Frühjahr '71 nach einem 1:6 in Halle in größten Abstiegsnöten und delegierte den 21jährigen wenige Spieltage vor Saisonausklang in die Bezirkshauptstadt. Den Gang in die 2. Liga konnte aber auch Lindemann nicht verhindern, der mit 17 Toren kräftig beim sofortigen Wiederaufstieg half. Sechs Jahre später wurde er ein Fall für Georg Buschner. Nach der obligaten und bereits beschriebenen „Spezialbehandlung" bestritt „Linde" im besten Fußballalter von 28 Jahren gegen Schottland sein erstes Länderspiel. Dem „Test für den Ernstfall" und guten Kritiken für den Debütanten folgte gut zwei Wochen später die Nagelprobe. „Die Österreicher sind bestenfalls internationales Mittelmaß", hatte Buschner seine Mannen auf das Spiel im Praterstadion eingestimmt. Ob Absicht oder nicht, die DDR-Kicker mussten glauben, einen Spaziergang vor sich zu haben. Doch schon in der Kabine wurden die Weltmeisterschaftsträume von der Realität verdrängt. Die tosende Stimmung aber ließ sich in diesem Moment wirklich nur erahnen. Von der Atmosphäre im ausverkauften Hexenkessel bekamen die Gäste erst einen umfassenden Eindruck, als sie zum Aufwärmen gefahren wurden. Das geschah nicht aus Nächstenliebe, sondern aus Berechnung. Die kleinen Wagen drehten nämlich eine ganze Ehrenrunde, auf der sich beim Hartgesottensten die Nackenhaare aufstellen mussten. Der blanke Hass einer aufgepeitschten Masse schlug den Spielern entgegen. Lutz Lindemann bekam da schon eine Ahnung, dass zwischen seinem bisher Erlebten und dem „großen Fußball" ein gewaltiger Unterschied lag. Mit dem Anpfiff wurde diese Ahnung Gewissheit. Die „Austria" brannte ein Feuerwerk ab, dass es nur eine Frage der Zeit schien, wann die sichtlich beeindruckten DDR-Kicker mit ihren flatternden Nerven zusammenbrechen würden. Schon nach neun Minuten ließ es Kreuz zum ersten Mal klingeln. Da kam unerwarteter Beistand. Nicht von oben, aber der „Helfer" trug ebenfalls Schwarz. Schiedsrichter Reynolds zog sich gleich mehrfach den Zorn der 72.000 zu. Vor dem Ausgleich durch Hoffmann hatte er ein „zu langes Ballhalten" von Koncilia gesehen und gepfiffen. Den indirekten Freistoß versenkte der Magdeburger nach Ablage von Häfner zum 1:1. Als Krankl kurz vor Schluss nach Faustabwehr von Croy das 2:1 erzielte, winkte der Waliser nur ab. Er hatte längst gepfiffen und zeigte auf seinen Linienrichter. Der wedelte immer noch mit der erhobenen Fahne - also Abseits und kein Tor! Daraufhin brannten erst beim vermeintlichen Schützen, dann beim Publikum die letzten Sicherungen durch. Dem Platzverweis für Krankl folgte der Sturm auf den Platz einiger Fans. Wie die DDR-Spieler letztlich zu diesem 1:1 gekommen waren, wussten sie am Ende selbst nicht so genau. Zumindest hatten sie in der Kabine geschlagene zwei Stunden Zeit, darüber nachzudenken. Erst danach war die Luft wieder sauber. Mister Reynolds stand auch nach dem Abpfiff über den Dingen. Völlig unbehelligt hatte der kahlköpfige Referee das Praterstadion längst verlassen, mit einer Perücke auf dem Kopf. Dass er nicht zum „DDR-Ehrenbürger" ernannt wurde, lag am Rückspiel. In Leipzig gab es das gleiche Resultat. Diesmal hatten die DDR-Kicker vor 95.000 das Spiel und den Gegner klar dominiert. Mehr als ein Treffer durch Lok-Stoßstürmer Wolfram Löwe gelang nicht. Ein Kopfball von Riediger sprang vom Innenpfosten ins Feld zurück. Hoffentlich haben seine jetzigen Kicker in Fredersdorf mehr Glück beim Abschluss. So nützte auch die verzweifelte Torejagd gegen Malta nichts mehr. Einen Tag nach dem 9:0-Kantersieg gegen den Fußballzwerg in Babelsberg machte das Team „Austria" mit einem 1:0 in der Türkei seine Endrundenteilnahme perfekt. Was sich seit dem Auftakt in Dresden angedeutet hatte, wurde für den Olympiasieger nun bittere Gewissheit. Der Gegentreffer kostete das WM-Ticket, der DDR-Fußball war wieder auf dem Boden der Realität gelandet.

Es war ein nasskalter und trüber Dezembernachmittag. Georg Buschner begleitete Hansi Kreische auf seinem letzten Gang. Im ausverkauften Dynamo-Stadion nahm das Dresdner Idol Abschied von seinen Fans. Der 29jährige merkte nicht, dass seine Turnschuhe fast bis zu den Schnürsenkeln im Schlamm der Aschenbahn versunken waren. Traumhafte Jahre waren es gewesen. Er selbst hatte traumhaften Fußball gespielt und traumhafte Tore geschossen. Jetzt war Schluss. Für immer. Viele konnten es nicht begreifen, aber die Sturköpfe Kreische und Fritzsch ließen keine Alternative zu. „Kreische, Du bist hier nicht der König!" hatte ihm Walter Fritzsch eines Tages an den Kopf geworfen, „und Du nicht der Kaiser" der Torjäger im gleichen Tonfall zurückgepflaumt. Der entscheidende Streit begann wie viele tausend andere Auseinandersetzungen zwischen den beiden auch begonnen hatten. Nach dem Europacup-Spiel in Liverpool sah der Trainer in ihm den Hauptschuldigen am 1:5. Kreische hätte nicht gedeckt und wäre nicht mitgerannt. Deshalb ließ Fritzsch ihn beim folgenden Punktspiel gegen Magdeburg erst auf der Bank schmoren und dann in der Kurve aufwärmen, die Höchststrafe für den Star. „Kreische, Kreische!" hallte es durch die Arena und wirklich gab der Trainer das Zeichen zum Wechseln. Doch er brachte den 19jährigen Petersohn. Kreische knallte Fritzsch wutschnaubend seine Töppen vor die Füße: „Da ist eben Schluss!" und dabei blieb es. Jahrelang waren sie aneinandergeraten. Jahrelang gab es für den Auswahltrainer das gleiche Ritual, wenn er Kreische vor einem Länderspiel mit den Worten begrüßte: „Hans, ich muss mit dir sprechen" und der ihm antwortete: „Ich weiß schon, wegen dem Bier neulich." Buschner pflegte die „Aussprache" mit dem nächsten Satz zu beenden: „Alles klar, sag' dem Walter Fritzsch, dass ich mit Dir gesprochen habe!" Ab und an strich der Dynamo-Regisseur die Aussprache auf seine ganz persönliche Art und Weise. Zusammen mit Siegmar Wätzlich und Reinhard Häfner hatte Kreische im Barkas Platz genommen, der das Dresdner Trio zum Auswahltreff nach Kienbaum bringen sollte. Der Kleinbus hatte kaum die holprige Berliner Autobahn unter den Rädern, als sich der „Fritzsch-Freund" den Brief des Trainers geben ließ. Darin stand stets geschrieben, wie der Übungsleiter den letzten Oberligaauftritt der Auswahlspieler gesehen hatte. „Wätzlich gut, Kreische lauffaul, Häfner und Kreische außer Form", las Kreische vor, nachdem er das Kuvert aufgefetzt hatte. Häfner wurde blass, doch der Torjäger ließ sich jetzt nicht mehr bremsen. „Das wäre schön", brummte er grimmig, zerkleinerte den Brief in kleinste Schnipsel und beförderte alles zum Fenster hinaus. Häfner blieb der Mund offen stehen, dabei war er von Kreische einiges gewohnt. Vor Punktspielen belegten sie zusammen ein Zimmer. Bevor der Mannschaftsleiter zur Kontrolle der Nachtruhe reinschaute, bot sich dem Mittelfeldflitzer stets das gleiche Bild. Hansi hatte sich das Trikot mit dem Bundesadler auf der Brust und der Nummer „8" auf dem Rücken übergestreift. Das hatte er nach dem 1:0 in Hamburg mit Bernd Cullmann getauscht. Dann nahm er sich einen Wildwestroman zur Hand, stellte sich eine Flasche „Radeberger" ans Bett und ging in die Falle. Wenig später steckte Wolfgang Oeser auf seinem Kontrollgang den Kopf zur Tür herein und winkte nur müde ab.

Nach verpassten WM-Qualifikationen war die DDR ein gern gesehener Gast. Endrundenteilnehmer nutzten die Vergleiche mit dem „Weltmeister in Freundschaftsspielen", um taktisch-technische Varianten zu testen, den einen oder anderen Wackelkandidaten zu überprüfen und so den Saisonhöhepunkt unter Wettkampfbedingungen vorzubereiten. Die DDR griff die Angebote ausnahmslos auf, ob sie in die Terminplanung der Klubmannschaften passten, spielten dabei selten eine Rolle. Der DFV lebte nun einmal von „Bilanzen und Ergebnissen". Im April '78 kamen die für Argentinien qualifizierten Schweden nach Leipzig. Nach dem 0:1 gab es eine der berühmten Spielauswertungen von Buschner, die sich vor allem wegen des hohen Unterhaltungswertes im Gedächtnis der Spieler eingruben. „Opfer" des Trainers war in diesem Fall Lutz Lindemann. Kurz vor der Halbzeit wollte er ein überragendes Tor machen, scheiterte aber mit einem „Riesen" an Ronnie Hellström und hatte dabei gleich zwei völlig freistehende Mitspieler „übersehen". „Jeder Spieler der Welt spielt einen Rückpass", begann Buschner und wandte sich an „Linde": „Du nicht, aber das muss mit Deinem Charakter zusammenhängen. Ich kenne Dich erst kurze Zeit. Wo hast Du früher eigentlich gespielt?" Lindemann räusperte sich, bevor er antwortete: „Ich war im Knast, Herr Buschner!" und hatte die Lacher auf seiner Seite. Ein Vierteljahr später blieb der Coach in diesem Duell der Sieger. Bei einem Trainingslager in Schweden traf die DDR in Ronneby auf eine Bezirksauswahl. Trotz des ungefährdeten 11:0-Erfolges konnten sich die Gäste nicht des Eindrucks erwehren, gegen Eishockeyspieler angetreten zu sein. Auf der linken Seite sollte Lutz Lindemann den Magdeburger Martin Hoffmann „füttern". Dafür hatte er sich einen ganz besonderen Trick ausgedacht, ein verdecktes Anspiel mit der Hacke. „Linde" ließ sich auch nicht beunruhigen, als sein Gegenspieler schon beim ersten Mal den Braten rochen und versuchte es immer wieder auf's Neue. In der Halbzeitpause kam der Kommentar von Buschner: „Äh Linde, das ist ein internationales Fußballspiel. Deinen Arschwackelfußball kannst Du in Jena vor Deinem Stammtischpublikum zelebrieren."

Unmittelbar vor der Abreise zum EM-Qualifiaktionsspiel nach Rotterdam bekamen die Auswahlkicker in Kienbaum noch ein paar Hinweise für das Verhalten in der ungewohnten Umgebung. Kein Geringerer als Karl-Eduard Schnitzler referierte über den Kapitalismus, mahnte Vorsicht und Aufmerksamkeit an. Doch er witzelte auch über die Partei- und Staatsführung, damit der Unterricht nicht gar zu trocken geriet. Höhepunkt der Veranstaltung war aber die Reisebeschreibung des „Kanalarbeiters". Er habe gerade einen wunderschönen Urlaub auf einem Handelsschiff nach Kolumbien verbracht. Die Ladung hätte ausschließlich aus Bananen bestanden. Auf seine Nachfrage, wieviel Tonnen denn an Bord wären, hatte er ausgerechnet, dass es für jeden DDR-Bürger eine sein musste. Die Spieler verkniffen sich einen Kommentar. Sie hatten jeder einen Zettel in der Tasche, was von den 10,- DM Tagegeld der Hollandreise alles mitzubringen war.

„Schorsch, das darf doch nicht wahr sein, was hier passiert!". Mit diesen Worten maßregelte „fuwo"-Chefredakteur und ständiger Auswahlbegleiter, Klaus Schlegel, den verantwortlichen Trainer während der Busfahrt von St. Gallen nach Zürich. Im beschaulichen Städtchen St. Gallen spielte die DDR-Mannschaft am 5. Mai 1979 um EM-Qualifikationspunkte gegen die Eidgenossen. Während sich die DDR berechtigte Hoffnungen auf eine Endrundenqualifikation machen konnte, bildeten die Schweizer das Schlusslicht der Tabelle. Gemeinsam mit den Isländern standen 0:6 Punkte als bisherige Ausbeute zu Buche. Ein Schweizer Statistiker brachte die damalige Ausgangslage auf den Punkt. 39:6 Begegnungen pro Spieler und ein Altersschnitt von 27:23,5 verdeutlichten die Favoritenstellung der DDR-Mannen. Sollte der Anschluss an die Gruppengegner Polen und Holland gehalten werden, waren zwei Punkte im „Fränkli-Land" Pflicht. Nach mäßiger Leistung gelang dies auch. Lindemann, Sekunden vor dem Halbzeitpfiff und Streich in der Schlussminute stellten den 2:0 Erfolg sicher. Erleichtert resümierte Buschner auf der Pressekonferenz: „Wenn man auswärts gewinnt, darf man zunächst einmal zufrieden sein." Auch die Spieler waren froh. Diesmal mussten sie sich nicht den ständigen Vorwurf des Delegationsleiters gefallen lassen, der ihnen von Werner Lempert, einem ehemaligen Kanuten, nach Niederlagen im Ausland jedes Mal serviert wurde: Wir haben früher unsere Zelte selbst mitgebracht und am Wasser geschlafen!" So stand einer „dritten Halbzeit" im Hotel „Hecht" nichts entgegen. Für die Sieger wurde es eine echte Hochleistungsschicht.

Nach dem köstlichen Abendbrot verspürten die Fußballer einen unbändigen Bierdurst. Schnurstracks ging's auf die Pirsch. An der Hotelbar angelangt, lautete die erste Frage: „Was kostet ein Bier?" Der Barkeeper wusste um die finanziellen Zwänge der „Staatsfußballer aus der Zone", wie er bemerkte. „Jungs, alles, was ihr bei mir bestellt, geht auf die entsprechende Zimmernummer!" Es dauerte keine fünf Minuten, bis sich die komplette Reisegruppe ein Stelldichein an der Bar gab. Es war schließlich ein wichtiger Auswärtssieg zu feiern, ein würdiger, wenn auch recht seltener Anlass. Es wurde ein sehr langer Abend... Am nächsten Morgen ging's nach einem Abstecher zu den Rheinfällen bei Schaffhausen heimwärts. Der Bus brachte das Team zum Zürcher Airport. Das schlechte Gewissen, welches einige beim Aufwachen verspürten, war schnell verflogen. Der „Graf", so der Spitzname Buschners, nahm die Ereignisse der Nacht gelassen auf. Die Busfahrt wurde sogar zur Fortsetzung des Abends! Man scherzte ausgelassen, jugendfreie Witze machten die Runde, sogar Bierflaschen kullerten durch das Fahrzeug... „fuwo"-Chef Schlegel, der den Spielern in der Kabine mit den Worten: „Das war ja heute nicht viel wert" zum Sieg gratuliert hatte, und Reporter Heinz-Florian Oertel wähnten sich im falschen Film, doch der Trainer zuckte nicht einmal mit der Wimper. Von Zürich flogen die lustigen Gesellen weiter nach Prag. Drei Stunden Aufenthalt in der „Goldenen Stadt" bis zum Weiterflug nach Berlin. Genug Zeit für den Coach seine Spieler in einen geschlossenen Raum zu beordern. Es knisterte in der Luft. Ängstlich vernahmen die Fußballer das Trainerkommando „Nur die Spieler treffen sich in diesem Raum!" Dann glaubten sie ihren Ohren nicht zu trauen. „Was ihr gestern gemacht habt, war genau richtig!", begann Buschner vor versammelter Mannschaft. „Egal, was diese Lattenhorcher von uns denken. Doch vergesst eins nicht. Das Abenteuer in der großen, bunten Welt ist jetzt zu Ende. Ab jetzt geht es zurück in den grauen Alltag, der Auslandsausflug ist vorbei" Die Kicker atmeten auf. Sie hatten trotz ihrer respektablen Blutalkoholwerte verstanden.

Das neue Zeitalter im DDR-Fußball ging an der Nationalmannschaft völlig spurlos vorüber. Als der BFC Dynamo im Frühjahr '79 seine Thronbesteigung feierte, durfte sich nur Hans-Jürgen Riediger zum Auswahlkader zählen. Ob Netz, Noack, Terletzki, Troppa oder Rudwaleit - sie alle hatten es bei Georg Buschner schwer. Er war kein Freund der Weinroten. Mit Ausnahme des in der Republik äußerst unbeliebten Riediger, der vom Coach oft geschützt werden musste. Der Blondschopf hatte zwar weder besonders viele Tore geschossen, noch für besonders wichtige Treffer gesorgt, dafür aber drei Vorzüge, die Buschner unheimlich schätzte. Er war schnell, kopfballstark und pflegeleicht. Die zweite Ausnahme hieß Lutz Eigendorf. Doch im Unterschied zu seinen Mitspielern beendete er seine Auswahlkarriere selbst. Der Mittelfeldspieler nutzte einen BFC-Auftritt in der Pfalz, um sich abzusetzen. Jahre später kam er unter nie ganz geklärten Umständen bei einem Autounfall ums Leben. Die Stasi soll ihre Finger dabei im Spiel gehabt haben. Apropos, Erich Mielke und Genossen verfolgten natürlich äußerst mißtrauisch, wie ihre BFCer vergeblich versuchten, in der Auswahl Fuß zu fassen. Doch „Schorsch" hatte sich im Laufe der Jahre ein Umfeld gestaltet, dass ihn in schlechten Zeiten absicherte. Das wussten die Spieler, das wussten aber auch die Funktionäre.

„Hopp und hopp und noch einmal!" Auswahltrainer Georg Buschner zeigte sich unerbittlich. Der Urlaubsspeck verschwand bis auf das allerletzte Gramm. Beim Trainingslager im Juli 1970 begann der akribisch arbeitende DFV-Verantwortliche mit der direkten Vorbereitung seiner Mannschaft auf das EM-Qualifikationsspiel im November gegen Holland. Mittenmang unter den schniefenden und keuchenden Akteuren ein noch 18jähriger Abwehrspieler vom ortsansässigen FC Carl-Zeiss-Jena. Den Namen des hoffnungsvollen Talentes kannten damals, außer Buschner, nur die Nachwuchstrainer - Konrad Weise. Der gebürtige Greizer war einer von elf Zeiss-Akteuren, die Buschner zum Lehrgang der DFV-Auswahl berufen hatte. Voller Tatkraft, Einsatz und Härte absolvierte der Neuling, der noch nicht ein Oberligaspiel bestritten hatte, seine Trainingseinheiten - Tugenden, die Buschner mit Zufriedenheit registrierte. Kurzerhand nahm er den jungen „Konni" mit ins Aufgebot für das Länderspiel gegen den Irak, welches den Abschluss des Lehrgangs bildete. Beim Testvergleich gingen die Irakis knüppelhart zur Sache. Buschner, um die Gesundheit seiner Spieler fürchtend, wechselte einen Stammspieler nach dem anderen aus. Nach knapp dreißig Minuten befragte er Konrad Weise kurz und bündig: „Haste dein Zeug mit, es geht los!" Weise, noch ganz fassungslos, fand sich urplötzlich auf dem Rasen des Abbe-Sportfeldes wieder. Nachdem er die erste Nervosität abgelegt hatte, bot er den harten Gegnern gnadenlos Paroli. Als ihm in der Schlussminute gar noch der Treffer zum 5:0-Endstand gelang, schwebte der „Jungspund" auf einer Woge der Glückseligkeit. Buschner, der insgesamt 11 Jenenser eingesetzt hatte, teilte ihm nach der Partie mit: „Du bekommst eine weitere Chance, wenn ich denke, dass du soweit bist!" Dies war beim Trainer ein Zeichen höchster Anerkennung für junge Spieler. Weise wartete. Weder in der 1.Mannschaft des FC Carl-Zeiss, noch in der Auswahl gehörte er in den nächsten Wochen zum Kader. Der Abwehrspieler hängte sich trotzdem bei jedem Training einhundertprozentig rein. Dieser Ehrgeiz musste von Erfolg gekrönt sein! Buschner, gleichzeitig noch Klubtrainer in Jena, nominierte Weise daraufhin immer häufiger für seine Oberligavertretung. „Er hat mir eisernen Willen anerzogen.", erzählt Konrad Weise heute, wenn er auf diese Zeit zurückblickt. Fast ein Jahr verging, bis Weise zu seinem zweiten Auswahleinsatz kam. Ausgerechnet gegen die favorisierten Jugoslawen im EM-Qualifikationsspiel. Vor 100.000 Zuschauern im Leipziger Zentralstadion spielte ihn sein Widerpart schwindlig.

Kein geringerer, als der geniale Jugo-Kapitän Dragan Dzajic war sein Gegenspieler. Mit 1:2 ging die Begegnung verloren. Der „Konni" hatte gehörig Lehrgeld zahlen müssen. Doch der Coach hielt zu ihm. „So eine Leistung darf nur ein einziges Mal passieren, Du bekommst die Gelegenheit zur Wiedergutmachung!", beschwor ihn „Schorsch" Buschner. Der Trainer wusste, dass sein Team für das Erreichen der EM-Endrunde noch viel zu grün war, aber gerade die schweren

Qualifikationsspiele zum Reifen brauchte. Gegen den Willen vieler Fans und der Presse aufgestellt, rechtfertigte Weise das Trainervertrauen vierzehn Tage später beim Spiel der Olympia-Auswahl in Italien. Auf dem Weg nach München zur Olympiade wurden die „Azzuris" klar eliminiert.

Weniger erfolgreich verlief für den Thüringer die Reise im Winter 1973 nach Südamerika. Beim Länderspiel gegen Kolumbien (2:0) in Bogota kam er in der zweiten Halbzeit neu ins Team. Ganze vier Minuten nach seiner Einwechslung signalisierte der Trainer vom Spielfeldrand aus einen weiteren Spielertausch. Er brachte Weises Klubkollegen Lothar Kurbjuweit. Aus dem Spiel nahm er - Konrad Weise. „Ich war völlig vor den Kopf gestoßen, begriff zunächst überhaupt nicht, dass ich gemeint war. Ich hatte in der Zeit einen einzigen Ballkontakt", versteht es der heute 46jährige noch immer nicht. Bei der Reiseauswertung bekam er seinen Kopf gewaschen. „Eine derartige Leistung reicht einfach nicht für die Auswahl!", stellte Buschner knallhart fest. Widerspruch war zwecklos. Der junge Auswahlspieler ging durch das berüchtigte „Stahlbad" des Trainers. Sein persönlicher Kampf zahlte sich jedoch aus. Bei der Weltmeisterschaft ein Jahr später wurde Weise in das „All-Star-Team" der Fußballjournalisten gewählt. Sein größter Erfolg als Einzelspieler. Der

Olympiasieg 1976 in Montreal wurde der glanzvolle Höhepunkt der Buschner-Ära, ja des DDR-Fußballs überhaupt. Weise erinnert sich gern an die Tage in Montreal: „Zusammen mit Reinhard Häfner traf ich bei einem Stadtbummel einen Poträtzeichner auf der Straße. Neben ein paar Kostproben seiner Arbeit stand ein Schild: „Für Olympiasieger frei!" „Das wär's", waren sich beide einig und gingen einen Tag nach dem Endspiel zum Porträttermin. Doch der Meister war nicht mehr da. Er hatte sein Geld offensichtlich verdient und nicht bis zur letzten Entscheidung gewartet. Weise war aus der DDR-Elf nicht mehr wegzudenken. Ging die Mannschaft auf Tour, war der „Konni" mit an Bord. So auch im August 1977. Schweden war das aktuelle Reiseziel. Die DDR war zum Freundschaftsspiel eingeladen. Im Gepäck der Kicker befanden sich, wie immer bei Reisen in den „hohen Norden", einige Flaschen einheimischer, hochprozentiger Getränke. Der schwedische Betreuer war als dankbarer Abnehmer bekannt und zahlte ordentlich - in Westgeld. Der Tag des Sieges über die Gastgeber war zugleich Weises 26. Geburtstag. Beim Bankett nach dem Spiel in der DDR-Botschaft bekam der Jubilar eine Flasche Cognac überreicht. Diese reichte beim Umtrunk im Hotelzimmer höchstens als Aperitif. Auf leisen Sohlen schlich das beschwipste Geburtstagskind zum Zimmer des schwedischen Abnehmers. Verlegen kramte der Deutsche in der Hosentasche und tauschte die eben erhandelte „harte" Mark schweren Herzens wieder um. Doch diesmal erhielt Weise die Ware. Mit den Spirituosen kehrte er zu den wartenden Kumpels zurück. Die Geburtstagsparty war gerettet!

Nach elf Jahren und 86 Einsätzen in der DDR-Elf nahm Konrad Weise Abschied von der internationalen Fußballbühne. Beim 2:3 gegen Polen wurde er am 10. Oktober 1981 im Zentralstadion in unangenehmer Art und Weise an seine bitterste Stunde erinnert. November '79, Leipzig wird von Fußballfans erstürmt. Über alle Einfallstraßen strömten Anhänger aus der ganzen Republik in die Messestadt. Im umgebauten und nun mit Schalensitzen für die Ehrengäste versehenen Zentralstadion sollte an diesem Abend Vizeweltmeister Holland gestürzt und der erstmalige Einzug einer DDR-Mannschaft in eine Europameisterschaftsendrunde gefeiert werden. Nach 33 Minuten schien die Sensation perfekt. Streich hatte nach dem Führungstreffer von Schnuphase die offiziell 92.000 mit dem 2:0 in Ekstase versetzt. Alle waren angesichts der überragenden Laufleistung aller DDR-Spieler überzeugt: Wir packen es, der Außenseiter hatte die „Oranjes" sicher im Griff. Kurz vor der Halbzeit gab es ein Duell zwischen Weise und La Ling mit einem Allerweltsfoul des Jenensers, der den Holländer unsanft in den Rücken stieß. La Ling revanchierte sich mit einem Schlag ins Gesicht, Weise stürzte zu Boden und musste behandelt werden. Kaum zu sich gekommen, bekam er den nächsten Schlag. Der Schiedsrichter, der die Aktion von La Ling mit einem Feldverweis honorierte, fuchtelte auch ihm mit der Roten Karte vor dem Kopf herum. Weise, der wenig später einen Turban verpasst bekam, begriff nicht und wollte wieder auf das Spielfeld. Erst als man den Verteidiger daran hinderte, dämmerte es ihm. Der Portugiese Garrido hatte beide Spieler vom Platz gestellt. Ehe die Abwehr der DDR die Lücke schließen konnte, hatten die Holländer schon zugeschlagen. Flanke Tahamata, Thijssen war zur Stelle, der Anschlusstreffer mit dem Pausenpfiff. Nach dem Seitenwechsel setzten die Gäste alles auf eine Karte. Sie brachten Kist, Europas erfolgreichster Torjäger, und ließen für den Stürmer Abwehrspieler Hovenkamp draußen. Buschner registrierte den Wechsel, aber reagierte nicht. Da stand es schon 2:2. Dörner reklamierte Abseits und blieb stehen. Die Holländer hatten den Punkt, den sie brauchten. Buschner räumt heute die fehlende Zuordnung als seinen Fehler ein. Spielentscheidend sieht er aber einen ganz anderen Fakt. „Mit Elf gegen Elf gelang es uns, die Räume zu verengen und so zu verdichten, dass der Gegner nicht zum Zuge kam. Nach den Platzverweisen bekamen die Holländer größere Freiräume und nutzten diese, um ihr Spiel aufzuziehen. Da sie individuell besser besetzt waren, hatten wir zu zehnt kaum eine Chance." Konrad Weise musste, zutiefst deprimiert, mitansehen, wie nach dem Ausgleich sogar noch der Siegtreffer fiel. Im Nachhinein bekam er einen Zeitungsartikel aus Holland zugespielt, in dem La Ling als „Retter der Nation" gefeiert wurde und freimütig zu gab: „Ich musste mir doch etwas einfallen lassen!" Der Rotsünder hatte seinen Anteil an der EM-Qualifikation professionell vermarktet. Im Vergleich dazu waren die DDR-Fußballer in der Öffentlichkeitsarbeit lausige Amateure. Gegen ausgebuffte Berufsfußballer, denen im Notfall auch ein paar Taschenspielertricks einfielen, hatten die stets auf ihre sportliche Ritterlichkeit getrimmten Ostkicker kaum eine Chance. So bitter diese Erkenntnis auch klang, neu war sie in keinem Fall! Während die Holländer am Abend mit dicken Zigarren und lautem Gesang im Hotel „Astoria" ihren Einzug in die EM-Endrunde feierten, ging es eine Etage

darunter wesentlich ruhiger zu. Dort stocherten die DDR-Kicker lustlos in ihrem Essen herum, bevor sie von ihrem Klubs abgeholt wurden.

Spaniens Himmel breitete seine Sterne gerade über den DDR-Fußballern aus. Die Männer um Kapitän Dixie Dörner waren happy. Mit dem 1:0 von Malaga konnten sie sich zu Hause sehen lassen. Achim Streich hatte mit seinem „Goldenen Tor" den überraschenden Sieg gegen die eitlen Spanier perfekt gemacht. „Morgen früh um 9 Uhr ist Frühstück", wurde das Team nach dem Abendessen verabschiedet. Zunächst ging es an die Hotelbar, wo die zahlungsunfähigen Gäste schnell erkannt und freigehalten wurden. Der vom spanischen Verband gestellte Betreuer ließ sich ebenso wenig lumpen und so wurde der Erfolg gebührend begossen. Am späten Abend traf sich fast die komplette Mannschaft in der Disco, nur die Neulinge fehlten. Artur Ullrich (BFC) und Holger Krostitz (HFC Chemie) lagen längst im Bett. Als sich Jürgen Croy und Hans-Ulrich Grapenthin auf der Tanzfläche zum Lockerungstraining trafen, betrat plötzlich Georg Buschner das Lokal. Der Chef war beim Spiel sehr zufrieden gewesen und hatte keinen Grund, die Zügel anzuziehen. Er stellte sich an die Tanzfläche und kommentierte amüsiert die Bewegungen der beiden langen Kerle: „He, schaut' mal, wie sie tanzen können!" Am nächsten Morgen überflogen die Kicker zwar übernächtigt, aber völlig zufrieden die „Weichgeldlinie". Acht Wochen später sah es nicht nach einem erneuten Auswärtstriumph aus. Nach einer Stunde lag die DDR im Bukarester Stadion des „23. August" mit 0:1 hinten, als Joachim Streich auf der Auswechselbank das 0:2 verfolgte. Das sensationelle Eigentor von Dörner nach einem „Rückpass" von der Strafraumgrenze kommentierte er mit den Worten: „Wenn er mich nicht bald bringt, ist es zu spät!" Buschner, der äußerst ungern die einmal aufgestellten elf Spieler wieder „auseinanderriss", brachte den Magdeburger und wurde von ihm nicht enttäuscht. Zwölf Minuten vor dem Ende besorgte er den Anschlusstreffer. Sekunden vor Ultimo bereitete er den Ausgleich vor, den Schmuck im Nachschuss vollendete. „Strich" hatte Wort gehalten.

Rüdiger Schnuphase war alles andere als begeistert. Zwar reiste man mit der DDR-Nationalmannnschaft nicht alle Tage nach Argentinien, doch die Abreise ins Land des Weltmeisters musste natürlich genau auf seinen 27. Geburtstag fallen. Treffpunkt war das Flughafenhotel in Berlin-Schönefeld. Auf Einladung des argentinischen Verbandes sollte die DDR-Nationalmannschaft am Turnier um den „Juan de Garay"-Pokal teilnehmen und sich mit weiteren Testspielen auf die im Frühjahr anstehenden WM-Qualifikationsspiele auf Malta und in Polen vorbereiten.

Schnuphase und Zimmerkollege Achim Streich machten das Beste daraus und tranken auf das Wohl des Zeiss-Liberos einen Schluck. Bevor sie auch noch auf das gute Gelingen der WM-Qualifikation anstoßen konnten, musste erst einmal Nachschub geholt werden. Schnuphase ging in die Spur, kam aber schon nach wenigen Minuten mit leeren Händen wieder. „Mensch Achim, an der Rezeption ist eine Unruhe. Ein Auflauf, der Trainer ist auch dabei, das ist zu riskant!"

Sie konnten in diesem Moment nicht wissen, dass die Reise vor der Absage stand und die ganze Nacht nur darüber diskutiert wurde, ob das Team fahren sollte oder nicht. Schließlich hatte sich Georg Buschner durchsetzen können. Auch wenn er am nächsten Morgen kurz vor 6 Uhr Peter Kotte, Gerd Weber und Matthias Müller zwischen Frühstück und Einchecken sagen musste: „Ihr sollt zurück nach Dresden!" Das Trio wendete sich mit fragenden Blicken an die etwas abseits stehenden Hugo Hermann und Dr. Herbert Gasch, doch die Berliner Dynamo-Bosse zuckten nur mit den Schulter und wiederholten: „Stimmt, Ihr sollt zum Rohne nach Dresden!" Was könnte der Klubvorsitzende nur für Gründe haben, sie zurückzuholen? Auch auf dem Weg nach Dresden bekamen sie darauf keine Antwort. Im „B 1000" fiel nicht ein einziges Wort. Vor dem Neustädter Bahnhof wurde der Barkas schon von zwei Pkws erwartet. Am Großen Garten, in unmittelbarer Nähe der Freilichtbühne „Junge Garde" war Endstation und jeder wurde auf ein Zimmer gebracht. Tag für Tag, ein Woche lang, wiederholte sich das gleiche Ritual. Früh Verhör, dann Mittagessen und am Nachmittag wieder Verhör. Den wahren Grund erfuhren die drei Nationalspieler erst nach und nach, als die Genossen vom Ministerium für Staatssicherheit

plötzlich die Katze aus dem Sack ließen: „Ihr wolltet abhauen!" Dann bekamen sie ein Schreiben gezeigt, unterzeichnet von General Nyffenegger. Den kannten sie von Feierlichkeiten wie dem „Tag der Deutschen Volkspolizei" oder Meisterschaftsempfängen. Nyffenegger teilte ihnen mit, dass ihre Wohnungen durchsucht worden seien und sie als VP-Angehörige unter Hausarrest stünden.

Die Fußballer der Nationalmannschaft hatten zur gleichen Zeit die ersten Spiele in Südamerika absolviert. Der Schock von Schönefeld saß ihnen immer noch in den Gliedern. Von DFV-Präsident Lempert hatten die restlichen 16 Spieler erfahren, dass es „Verdachtsmomente einer

Kabinengeflüster

Republikflucht aus Dresden gebe und die drei Sportfreunde nicht mitreisen würden". Dixie Dörner und Reinhard Häfner standen die Tränen in den Augen. Während der mehrwöchigen Reise verloren sie über ihre Mannschaftskameraden kein Wort. Auch Georg Buschner ließ sich nichts anmerken.

In der DDR war in der Öffentlichkeit kein Wort darüber gefallen. Eine Dresdner Regionalzeitung porträtierte Matthias Müller sogar kurz nach der Abreise in einem größeren Artikel unter dem Titel „Ein heimlicher Traum ging in Erfüllung". Müller saß da schon längst hinter Schloss und Riegel. Nur den ganz aufmerksamen Fußballfans war nicht entgangen, dass in den knapp gehaltenen Spielberichten von der Argentinienreise urplötzlich die Namen von Gert Brauer (Jena) und Wolfgang Steinbach (Magdeburg) auftauchten, die gar nicht im zuvor veröffentlichten DFV-Aufgebot gestanden hatten. Brauer und Steinbach waren mit „fuwo"-Chefredakteur Klaus Schlegel als Aufpasser nachgereist, um die Lücken zu schließen.

Nach einer Woche „Hausarrest" wurden Peter Kotte und Matthias Müller mit der Bemerkung „Sie melden sich beim Klubvorsitzenden"! nach Hause gefahren. Von Gerd Weber hatten sie weder etwas gesehen, noch etwas gehört. Als Peter Kotte in Dresden-Zschertnitz aus dem Auto stieg, stand Eva Dörner rein zufällig am Briefkasten der Michelangelostraße und holte die Zeitung aus dem Kasten. Die Gattin des Auswahlliberos guckte den vermeintlichen Argentinienfahrer erstaunt an und fragte wo ihr Mann sei. Doch Peter Kotte murmelte nur ein kurzes „Hallo" und verschwand im

amtliches

des DFV der DDR

Mitteilung der Rechtskommission des DFV der DDR

Im Ergebnis der Beratung der Rechtskommission des DFV der DDR wird mitgeteilt:

Wegen grober Verletzung des Statuts des DTSB der DDR und der Satzung des DFV der DDR wurde Gerd W e b e r aus dem DTSB der DDR ausgeschlossen.
Peter K o t t e und Matthias M ü l l e r wurden durch den Vorstand der Sportgemeinschaft Dynamo Dresden in Übereinstimmung mit der Spielordnung des DFV der DDR für die Oberliga-Mannschaft gesperrt.

Spiel- und Schiedsrichteransetzungen für Sonnabend, den 21. Februar 1981,
14.30 Uhr,
NW-OL 12.45 Uhr
Oberliga

Spiel 92 Wismut Aue—Dynamo Dresden

148

Hausflur. Beim Klub wurden Kotte und Müller mit der Bemerkung empfangen: „Wir können nichts dafür, Ihr habt ja nichts gemeldet!" Rohne teilte beiden mit, dass sie fristlos und in Unehren aus der VP entlassen seien und sich bis zur nächsten Woche einen neuen Verein suchen könnten. Oberliga und Liga wäre tabu, auch dürften sie nicht zusammen in einer Mannschaft spielen. Eine Woche später wusste es die ganze Republik. In einer der berühmt-berüchtigten 10-Zeilen-Meldungen wurde mitgeteilt, dass Weber wegen „grober Verletzung des Statuts aus dem DTSB ausgeschlossen sei und Kotte und Müller durch den Dynamovorstand für die Oberligamannschaft gesperrt seien".

Für Matthias Müller platzte damit der Traum von der Weltmeisterschaft 1982, er musste sofort zur Armee und kam in ein Sonderbataillon für „Querulanten". Danach begann er als Spielertrainer bei der TSG Meißen. Als Chemie Leipzig dem Ausgestoßenen im Frühjahr '86 ein Angebot machte, bekam Müller keine Spielgenehmigung vom DFV. Nach einem Abstecher bei der TSG Elsterwerda beendete er seine verpfuschte Karriere 1990 bei Tennis Borussia in Berlin. Peter Kotte bekam das Angebot, bei Dynamo Meißen oder drei anderen unterklassigen Dynamo-Teams zu spielen. Er lehnte dankend ab und ging zu Drittligist Neustadt. Joachim Kern, Mitglied der 71er Meistermannschaft, war Fortschritt-Trainer und eine sozialistische Schlosserbrigade sollte dem Ex-Auswahlspieler bei der Wiedereingliederung helfen. Fortan stand Kotte früh um sieben an der Werkbank und fragte sich, warum das Schicksal so erbarmungslos zugeschlagen hatte. Immer wieder erinnerte er sich an die letzten Cup-Spiele mit Dynamo. In Enschede hatten Späher des 1. FC Köln dem Dresdner Trio ihr Interesse signalisiert. Ein Handgeld von je 100.000 Mark, dazu 200.000 DM-Jahresgehalt pro Kopf, doch die Dresdner erbaten sich Bedenkzeit. Dynamo kam nach dem 1:1 in Holland und einem 0:0 im Rückspiel weiter, der nächste Gegner hieß

Standard Lüttich. Vor dem Spiel in Lüttich kam Weber auf Kotte und Müller zu: „Habt Ihr Interesse? Es könnte gleich losgehen. Der Mercedes steht um die Ecke!" Keiner sagte „ja" und keiner sagte „nein". Am nächsten Morgen kam Peter Kotte etwas neugieriger als sonst in den Frühstücksraum. Nach einem kurzen Kontrollblick stellte er fest, alle noch da.

Weber hatte in Belgien aber zugesagt und Fluchthilfe für sich und seine Freundin Steffi zugesagt bekommen. Die Aktion sollte Anfang März '81 beim Länderspiel gegen Italien in Udine über die Bühne gehen. Die Stasi wusste längst Bescheid. Im Frühjahr '80 hatte sie nach der Flucht von drei Dresdnern in deren Umfeld zwei Männer ausfindig gemacht, von denen einer als zuverlässiger Genosse unter dem Decknamen „Klaus Ihle" den anderen, seinen Kumpel „Wolle", aushorchen sollte und dazu in den Freundeskreis der Fußballer eingeschleust wurde. Während die Flüchtlinge im Westen Kontakt zu Spielervermittlern aufnahmen, um sich schneller eine Existenz aufbauen zu können, kam es im Herbst '80 zur beschriebenen Kontaktaufnahme. Dank der Schnüffeldienste von „Klaus Ihle" war die Stasi immer auf Ballhöhe und hatte alles unter Kontrolle. Briefe wurden abgefangen, Gespräche belauscht, Treffs mit Kontakpersonen beobachtet. Zwei Tage vor dem Auswahltreff zum Südamerikatrip erzählte „Wolle" bei einer Zechtour durch Dresden seinem vermeintlichem Kumpel „Klaus Ihle", dass das Fußballer-Trio bei der nächsten Gelegenheit eine Flucht plane. Die Stasi wartete nicht mehr länger ab und schlug zu. Parallel zur Aktion in Berlin-Schönfeld wurden sieben weitere Personen, darunter Webers Freundin verhaftet. Tragischer Höhepunkt: Gerd Weber war selbst beim MfS seit 1975 als Inoffizieller Mitarbeiter unter dem Decknamen „Wiehland" (R.-Nr.: XII/270/75) registriert und wollte mit einer Flucht sein angekündigtes Ende der Zusammenarbeit besiegeln. Gerade bei Abtrünnigen dieser Kategorie kannte Stasi-Boss Mielke keine Gnade und nutzte zudem die einmalige Chance, den größten Rivalen seines BFC Dynamo entscheidend zu schwächen. Kotte und Müller waren für ihre Verfehlung von der DFV-Rechtskomission für zwei Jahre aus dem Verkehr gezogen worden. Von Mielke kam die Anweisung „lebenslänglich". Weber landete für ein Jahr im Gefängnis. Anträge wieder Leistungssport betreiben zu dürfen, wurden immer wieder abgeschmettert. Dieses finstere Kapitel in seinem Leben hat der heute 41jährige abgehakt. „Mir bringt es gar nichts, nur Belastung. Der Mensch interes-

siert doch dabei überhaupt nicht und die Zeit kann niemand zurück-
drehen. Was soll's, ich muss zusehen, wie ich meine Familie ernähre."
Im Sommer '89 flüchtete er mit Frau und Tochter über Ungarn nach
Süddeutschland. Aktiv am Ball ist er nicht mehr zu erleben, ein Kompromiss an den Trainingsalltag vor 20 Jahren. Dafür radelt und wan-
dert der Schadensachbearbeiter einer Freiburger Versicherung in seiner Freizeit gern durch den Schwarzwald, der 300 Meter von seiner
Haustür entfernt beginnt. Heimweh nach Sachsen kommt höchstens
im Getränkemarkt auf, wo seit einem Jahr das „Radeberger" im Regal
steht. Doch es hält sich in Grenzen. Gerd Weber, der inzwischen fast
akzentfrei schwäbelt, ist längst auf badischen Wein umgestiegen.

Gut 15 Jahre nach Berlin-Schönefeld gab es für das Trio ein Wieder-
sehen. Peter Kotte, Matthias Müller und Gerd Weber standen im Mai
'96 bei der Dynamo-Gala mit feuchten Augen auf dem Rasen des Ru-
dolf-Harbig-Stadions. Gut sechs Jahre nach ihrer Rehabillitierung vor
dem DFV genossen sie diesen Augenblick. Das Oldie-Team der Dresdner spielte in der Neuauflage der Europacupduelle von 1976 gegen
Benfica Lissabon.

Für Georg Buschner sollte es im Frühjahr '81 noch schlimmer kommen. Nach dem Ausfall des Dresdner Trios kam eine Sperre für Gerd
Kische hinzu. Der Rostocker, als wieselflinker, kompromissloser und
offensivstarker Rechtsverteidiger in der Auswahl eine Bank, hatte zu
Hause mit seiner Frau das Zweikampfverhalten geübt. Zum Leidwesen
der Gattin sehr realitätsgetreu und mit unübersehbaren Folgen. Kische
bekam eine Denkpause und sollte nie wieder in die Nationalmannschaft zurückkehren. Buschner musste auch das zähneknirschend schluk-
ken, ausgerechnet vor dem wichtigen Spiel gegen Polen. Die Vorbereitung auf die vorentscheidende Begegnung in Chorzow, sowohl Polen als
auch die DDR hatten die Pflichtaufgabe Malta siegreich gelöst, begann
in Udine. Beim zweifachen Weltmeister probte der Coach die zu erwartende Abwehrschlacht und hatte Erfolg, seine Männern hielten ein 0:0.
Strozniak, Schmuck und Kurbjuweit bekamen damit auch in Chorzow
das Vertrauen.

Zu Buschners Ritualen gehörten auch sogenannte Positionsgespräche
mit den verschiedenen Mannschaftsteilen. Einen Tag vor dem Italien-
Spiel hatte er sich das Mittelfeld zusammengeholt. Vom Quartett Häfner, Lindemann, Schnuphase und Steinbach würde ein Trio auflaufen,
das war klar. Wer den sauren Apfel serviert bekommen sollte, verriet

Buschner nicht. Er ging vielmehr verschiedene Spielsituationen durch und vergewisserte sich durch Blickkontakt oder ständige Nachfragen, wie „Linde, hast Du verstanden?" oder „Schnupi, ist das klar?", ob seine Anweisungen auf fruchtbaren Boden gefallen waren. Nach einer Dreiviertelstunde bildete sich darüber hinaus jeder ein, Bescheid zu wissen, ob er von Anfang an spielen würde oder nicht. Lutz Lindemann war sich 100prozentig sicher. Permanent hatte ihn Buschner angesprochen und immer wieder zugenickt. Als das Mittelfeld den Besprechungsraum räumte, vernahm Lindemann nach einem kurzen Räuspern Buschners Stimme: „Linde, äh, das wollte ich Dir noch sagen, Du spielst morgen natürlich nicht!"

Im Gegensatz zu Lindemann war Joachim Streich nach einem Spiel Pause in Polen wieder mit dabei. Nach einer guten Viertelstunde hatte er sein Soll erfüllt und nach Flanke von Hoffmann zum 0:1 getroffen. Doch der Jubel wurde jäh beendet. Der ungarische Linienrichter wedelte kräftig mit der Abseitsfahne, das Tor zählte nicht. Mehr gelang nicht. Auf der Gegenseite entschied Grzegorz Lato das Spiel. Dabei hatte sich der Routinier von seinem belgischen Verein SC Lokeren erst freigeben lassen, als er erfuhr, dass Gerd Kische nicht mit nach Chorzow kommen würde. Ohne seinen unerbittlichen Dauerschatten bereitete der Mann mit dem breiten Scheitel das Goldene Tor vor. Einen Eckball von Smolarek lenkte er vom kurzen Pfosten in die Mitte und der kleine Buncol vollendete per Kopf. Hans-Jürgen Riediger war Lato 90 Minuten nicht von der Seite gewichen, doch im entscheidenden Moment hatte der gelernte Stoßstürmer als Kische-Ersatz das Nachsehen. Dazu hatte sich Buschner seiner schärfsten Konterwaffe beraubt.

Der 19. Mai 1981 war im Senftenberger Braunkohlerevier ein Feiertag. Im „Stadion der Bauarbeiter" hatte der Fußballverband ein Länderspiel angesetzt. Der Gegner hieß Kuba und war nicht einmal drittklassig. Bei Fidel wurde geboxt oder Baseball gespielt, mit Fußball jedoch hatte man nicht viel am Zuckerhut. Jürgen Croy nahm das Spiel trotzdem sehr ernst. Er wusste, es würde sein letztes sein. Fast auf den Tag genau 14 Jahre zuvor hatte er in Schweden erstmals zwischen den Auswahlpfosten gestanden. „Ein idealer Einstieg für einen Neuling, fernab der Heimat und ohne Druck", blickt Zwickaus heutiger Bürgermeister für Kultur und Sport zurück. So wie ihm erging es damals auch dem Hallenser Bernd Bransch und Lok-Stoßstürmer Wolfram Löwe. Am Ende durfte sich das Trio in Hälsingborg über einen

1:0-Erfolg freuen. Nicht ganz so euphorisch war an diesem Abend Manfred Ewald gestimmt. Der DTSB-Präsident feierte mit Rudi Hellmann und anderen Funktionären in feuchtfröhlicher Runde seinen 41. Geburtstag, ließ sich das Länderspiel aber nicht entgehen. Danach war ihm die bierselige Stimmung vergangen. Der Kommentar hatte ihm überhaupt nicht gepasst. Wolfgang Hempel sei viel zu kritisch, viel zu nüchtern mit diesem Auswärtssieg der Nationalmannschaft umgegangen. „Der muss doch spinnen!" war Ewald außer sich und leitete erste

Maßnahmen ein. Ein Anruf bei der „fuwo" hatte in der Länderspielausgabe einen Kasten mit öffenlicher Schelte des Reporters zur Folge. Auch im Deutschen Fernsehfunk ließ Ewald Frust ab und forderte eine Stellungnahme von Hempel.

Croy bekam nach seinem Debüt Bestnoten und keine drei Wochen später seine zweite Chance. Wieder sah es nach einem 1:0-Sieg aus, doch diesmal spielte der Schiedsrichter nicht mit. Monsieur Hannet aus Belgien revanchierte sich bei den Dänen für die Gastfreundschaft mit einem Elfmeterpfiff. Bestätigt wurde das in der abendlichen TV-Zusammenfassung, die die DDR-Spieler beim Bankett verfolgten. Als sie den Unparteiischen noch einmal darauf ansprechen wollten, hatte der längst das Weite gesucht. Auf dem Flughafen in Berlin-Schönefeld wurden die Kicker mit Blumen begrüßt. Hans Willborn, die treue Seele vom Verband, hatte es sich nicht nehmen lassen und bekam es prompt mit „Empfangschef" Rudi Hellmann zu tun. „Jetzt werden wohl schon Unentschieden als Siege gefeiert?", schnauzte ihn der Abteilungsleiter „Kultur und Sport" im Zentralkomitee an.

Auch Jürgen Croy hatte es bei den Genossen nicht einfach. Im Gegensatz zu seinen Mitstreitern sollte der Sachsenring-Schlussmann

schnell mitbekommen, dass er als Spieler einer Betriebssportgemeinschaft nicht in die Auswahl gehörte. Von der ganz normalen
Prämie wurden ihm, selbst wenn er mit Klasseparaden den Sieg gerettet hatte, stets 50 Prozent abgezogen, mitunter wurde sie auch auch
ganz „vergessen". Aus dem anfangs noch gutgemeinten Rat, zu einer
Klubmannschaft zu wechseln, wurde bald sanfter Druck und mehr.
Croy aber war und blieb seiner Heimatstadt treu und seine Argumente
waren sogar für manchen Funktionär zu verstehen: „Bei Sachsenring,
einer Mannschaft die stets gegen den Abstieg spielt, werde ich viel
mehr gefordert als in Dresden, wo ich mitunter nur ein- oder zweimal
pro Spiel ernsthaft eingreifen muss." Trotzdem gab es Abwerbungs-
versuche, Dynamo Dresden jagte den Weltklassekeeper jahrelang. „Die
Leute standen nicht nur mit Blumensträußen bei mir in der Tür",
schmunzelt der Kommunalpolitiker und schulte schon damals sein diplomatisches Geschick. Als man in Berlin merkte, dass Croy selbst mit
der „Ehrendienstmasche" nicht so einfach weichzuklopfen war, musste
Auswahltrainer Buschner dran glauben. „Schorsch" explodiert noch
heute, wenn er daran denkt. „Die verlangten doch ernsthaft von mir,
den Croy nicht aufzustellen. Über jeden anderen hätte man diskutieren
können, aber nicht über Croy. Die Leute hätten mich doch als Mario-
nette verlacht!" Buschner stellt den Zwickauer vom Können her sogar
über Sepp Maier, den Keeperkollegen aus München. „Wenn der Jürgen
in München aufgewachsen wäre, wäre Maier bei jedem Trainer nur
Keeper der „Zweiten" von Bayern geworden." Als der Coach mitbe-
kam, dass Croy wegen seiner BSG-Treue in der Prämienordnung äußerst schlecht abschnitt, versuchte er das irgendwie zu regulieren, „unter Lebensgefahr", wie er heute ergänzt.

Zwischen 1972 und 76 lag für Croy die erfolgreichste Zeit:
Olympiabronze mit „dem wunderbaren Gefühl, die Stars anderer Sportarten am Frühstückstisch neben sich sitzen zu haben", die 74er Weltmeisterschaft mit seinem 50. Länderspiel ausgerechnet in Hamburg
gegen die BRD, der sensationelle Pokalsieg mit Zwickau nach seinem
verwandelten Elfmeter gegen Claus Boden und den folgenden EC-Hits
am laufenden Band (Panathinaikos Athen, AC Florenz, Celtic Glasgow,
RSC Anderlecht), dazu als Krönung der Olympiasieg in Montreal.
Danach spürte Croy in sich eine gewisse Gelassenheit, die es ihm einfacher machte, auf seinen Karriereknick zu reagieren. Bei der Weltmeisterschaft 1978 wurde der Klassekeeper Ronnie Hellström nach den

weltbesten Torhütern gefragt. „Er ist zwar nicht hier, aber ich denke auch an Croy", hatte der Schwede geantwortet. Ein größere Verbeugung konnte es für den dreifachen „Fußballer des Jahres" gar nicht geben. Wenig später hatte er mit einem Mittelfußbruch zu kämpfen. Nichts anderes, als der Tribut an ein dutzend Wettkampfjahre auf höchstem Niveau. In dieser Zeit wurde der langjährige „Croy-Schatten" Hans-Ulrich Grapenthin der neue Mann. „Sprotte war zu dieser Zeit wirklich der Bessere", gibt Croy ehrlich zu und hatte nach zwölf Jahren als Nummer Eins kein Problem mit der neuen Rolle im zweiten Glied. Neun Ehrenmedaillen lagen bis dahin in der Vitrine, für jedes 10. Länderspiel eine. Einziger Unterschied der Blech-Souvenire aus dem „Traditionskabinett" des DFV war die Zehnerstelle. Von Georg Buschner bekam Croy das Angebot, die „100" vollzumachen. Doch der Zwickauer Ehrenbürger lehnte ab. „Ich wollte keine Proforma-Einsätze, das hätte mich nicht befriedigt", begründete er damals wie heute. Als alle Versuche, die Zeit noch einmal zurückzudrehen, gescheitert waren, verließ er nach dem 94. Einsatz in Senftenberg für immer den Auswahlkasten, so wie ihn die Fußballwelt kennen und schätzen gelernt hatten, als fairer Sportsmann. Zum Rückrundenauftakt der Oberligasaison 81/82 bebte die Halde zum vorerst letzten Mal. „Croyer" wurde bei seinem Abschied mit Blumen überschüttet und ging mit feuchten Augen vom Platz. Ein Jahr später musste er noch einmal schlucken. Sachsenring war nach 33 Jahren in der Oberliga erstmals abgestiegen.

Für Buschner war eines klar, das Jahr 1981 sollte sein letztes als Auswahlcoach sein. Aller zwei Jahre hatte er um Auflösung seines Arbeitsvertrages gebeten, aller zwei Jahre hatte man ihm diesen Wunsch verwehrt. Im Sommer '81 setzte der Arzt ein Stopzeichen: „Herr Buschner, wenn Ihr Herz noch ein bisschen mitmachen soll, dann müssen Sie die Trainerbank schleunigst räumen!" und schlug außerdem eine Herzoperation vor. „Ausgerechnet am 11.11.81 sollte mein letztes Spiel als verantwortlicher Auswahltrainer steigen. In meinem Ernst-Abbe-Sportfeld beim WM-Qualifikationsspiel gegen Malta. Doch die haben es nicht zugelassen!" Wenn Georg Buschner heute von „diesen" oder „denen" spricht, weiß der informierte Zuhörer, wer damit gemeint ist. Es konnten nur die mit Buschner seit Jahren auf Kriegsfuß lebenden Top-Sportfunktionäre der Arbeiter-und Bauern-Macht sein. Allein Buschners sportliche Erfolge mit der DFV-Auswahl bewirkten damals, dass der Jenenser auch im zwölften Jahr nach seiner Amtsübernahme noch als Cheftrainer der DDR-Fußballauswahl arbeiten durfte. Auf ihren Intimfeind Nummer Eins hatten es die Ewald, Hellmann, Köhler und Genossen schon längst abgesehen. Sie wollten Buschners Trainerkopf rollen sehen. Er war ihnen viel zu mächtig auf seinem Trainerstuhl. Dazu hatte der ungeliebte Coach immer wieder mehr sportliche Kontakte zum Westen gefordert und trat für die Gleichbehandlung des Fußballs innerhalb des DTSB ein. „Die wollten nur Medaillen sehen, der Fußball war doch das fünfte Rad am Wagen", resümiert der Ex-Coach im Jahre 8 nach der Wende. So engagiert er referiert, glaubt man ihn immer noch im Amte des DFV-Trainers. Man kann sich lebhaft vorstellen, wie er in unnachahmlicher Art und Weise von Zeit zu Zeit die Politführer des DDR-Sports der Lächerlichkeit preisgab. Reinhard Häfner erinnert sich an eine Episode in Kienbaum. „Auf dem Programm stand die obligatorische Politschulung. Der Schulleiter namens Harzdorf sollte den Spielern den nötigen roten Schliff verleihen. Buschner provozierte ihn ohne Ende. Bei der Begrüßung nannte er ihn 'Genosse Harzheim'. Obwohl man ihn fortwährend berichtigte, dachte der Trainer nicht daran, sein Spielchen zu beenden. Wir bedanken uns ganz herzlich beim Genossen Harzheim, verabschiedete er den entnervten Agitator schließlich. Bei uns Spielern brachte das steigendes Ansehen aber bei den Funktionären ..."

Bei denen stieg die Wut! Als das WM-Qualifikationsspiel im Mai 1981 in Polen mit 0:1 verloren gegangen war, drohten sie Buschner offen mit der Ablösung. Besonders der frühere Rennschlittensportler Dr. Thomas Köhler tat sich dabei hervor. Dessen Quervergleiche mit dem Rennrodeln belustigten den Fußballfachmann eher, als sie ihm Angst machten. Zwei Spiele hatte er noch durchzuhalten. Das Leipziger Rückspiel gegen die Polen und seinen Abschied gegen Malta. Wie bekannt, wurde es nur eine Begegnung. Der für die Vergabe der WM-Tickets entscheidende Vergleich mit Polen war das Ende der „Ära Buschner". Im mit 85.000 Zuschauern fast ausverkauften Zentralstadion von Leipzig scheiterte die DDR an der polnischen Auswahl beim Kampf um die Fahrkarten nach Spanien zur Weltmeisterschaft. Ganze fünf Mal hatte der Sekundenzeiger seine Runden gedreht, da waren bereits alle Messen gesungen. Szarmach und Smolarek hießen die Übeltäter in den polnischen Reihen, die das Streitobjekt im Kasten von Hans-Ulrich Grapenthin untergebracht hatten. Als Schnuphase in der 53. Minute per Foulstrafstoß verkürzte, keimte nochmals Hoffnung. Acht Minuten

lang, dann hatte erneut Smolarek den alten Abstand wiederhergestellt. Streichs Anschlusstreffer war lediglich Resultatskosmetik. Wieder einmal wurde Buschner die Leipziger Riesenschüssel zum Verhängnis. Zu TV-Reporter Wolfgang Hempel hatte der Trainer einst geäußert: „So begeisternd die Stimmung hier sein kann, es ist nicht mein Stadion!" Dem DDR-Trainer war klar, was nach dieser Niederlage die Stunde geschlagen hatte. Offiziell erfuhr er von seiner Entlassung 48 Stunden später - aus der Zeitung! Die DTSB-Oberen, während des Spieles auf hoher See an Bord der „Völkerfreundschaft", machten nun Nägel mit Köpfen. Wieder festen, heimatlichen Boden unter den Füßen beriefen sie augenblicklich eine „Sonderpräsidiumssitzung" ein. Buschners Ablösung stand auf der Tagesordnung. Eine Abmeldung vom Arbeitgeber, wie normalerweise üblich, hat es in diesem Falle nicht gegeben. Der bisherige Trainerassistent, namens Bernd Stange, nahm auf seiner nächsten Tour nach Berlin Buschners Krankenschein mit zum Verband in die Hauptstadt. Die Bilanz des Trainers Buschner spricht für sich. Unter ihm verließen die DDR-Kicker 63mal den Platz als Gewinner, bei 34 Remis und nur 25 Niederlagen. Seine intensiven Trainingsmethoden waren zwar damals wie heute heftig umstritten, jedoch erfolgreich. Der Coach kontert heute cool: „Ich habe die Spieler teilweise geschliffen - aber immer fußballspezifisch. Wenn ich das Rumrennen vieler Vereine heutzutage in Gran Canaria sehe, das ist doch nicht fußballtypisch!" Obwohl nach seiner schweren Herzoperation mehrfach Angebote von Oberligamannschaften vorlagen (z.B. Wismut Aue), war die Trainerlaufbahn für Buschner definitiv Geschichte. Auf den Oberligaplätzen ließ sich der „Schorsch" höchst selten blicken. Bei Vergleichen der DDR-Auswahl war er ein ungern gesehener Gast. So auch am 10. September 1986. Die DDR empfing in Leipzig Dänemark zum Freundschaftsspiel. Unter den Zuschauern befand sich auch der damalige DFB-Teamchef, Franz Beckenbauer. Dieser staunte nicht schlecht, was im Osten Deutschlands möglich war. Der im Seitenrang der Haupttribüne plazierte Ex-Trainer Georg Buschner wurde, wie alle anwesenden Gäste vom Stadionkellner bewirtet. Seine Karte hatte er allerdings nicht vom DFV oder DTSB erhalten, nein, alte Leipziger Kumpels besorgten ihm ein Ticket. Bockwürste wurden gereicht, dazu wahlweise Kaffee oder Limonade, auf Kosten des Fußballverbandes der DDR. Als der Kellner nach Spielschluss zielstrebig auf Buschner zusteuerte und ihm eine Rechnung von 1,80 Mark übergab, glaubte nur der „Kaiser" an einen schlechten Witz... Übrigens - zum letzten Spiel der WM-Qualifikation gegen Malta betreute Buschner-Assistent Bernd Stange die Auswahl. Bei Schneetreiben und einer Geisterkulisse von zweitausend Zahlenden schlug die DDR den Fußballzwerg mit 5:1. Georg Buschner war nicht anwesend.

Kabinengeflüster

Die WM blieb ein Traum

Nach glücklosem Krause poliert Stange das Image auf

1981 - 1988

Nach dem einmaligen Probesitzen von Bernd Stange, bekamen die Olympiatrainer Dr. Rudolf Krause und Klaus Petersdorf ihre Chance auf der Auswahlbank. Krause, in den 50er Jahren ein erfolgreicher Oberligastürmer, der vor allem von seiner Technik lebte, galt nicht nur bei den Spielern als „Theoretiker" und „Fußball-Professor". Der Intellektuelle, ein diplomierter Sportlehrer und Jurist, konnte stundenlang über das Spiel philosophieren, zumeist ging er aber von einem wissenschaftlichen Ansatz aus. War das für Routiniers wie Dörner oder Streich noch nachvollziehbar, mussten die „Frischlinge" oft genug passen. Krause fand einfach nicht den richtigen Draht zur Mannschaft, verkomplizierte eher, als den, für den „Durchschnittsfußballer ohnehin besser verständlichen „Klartext" zu wählen.

Urplötzlich waren keine Fußball-Arbeiter mehr gefragt. Krause versprach sich vom Einsatz mehrerer Liberos eine höhere Spielkultur. Gleich bei seinem Debüt in Brasilien ließ er mit Trieloff, Schnuphase, Baum, Dörner und Hause fünf Akteure auflaufen, die in ihrem Klub auf der Liberoposition spielten und natürlich gewohnt waren, Anweisungen zu geben. Die mit einigen „Indianern" verstärkten „Oberliga-Häuptlinge" verloren mit 1:3. Dixie Dörner schoss bei seinem Comeback sogar das Führungstor. Er hatte nach dem Polenspiel zu den „Aussortierten" gehört, zumindest stand das so in der Zeitung. „Ich baue auf Dich!" sagte Krause bei einem Besuch in Dresden und eröffnete dem 30jährigen seine Perspektive als neuer Spielmacher im Mittelfeld. Dörner willigte ein. Nur Dynamo-Coach Gerhard Prautzsch spielte da nicht mit. Er gab dem Auswahltrainer zu verstehen, dass er dessen Forderung, den Routinier auch im Verein in die Läuferrolle zu stellen, nie und nimmer nachkommen werde. Der Clinch zwischen den Trainern belustigte Dörner, der heute zugibt: „Natürlich wollte ich bei Dynamo weiter Libero spielen".

Krause stand seit 1968 in Diensten des DFV, hatte Junioren-, Nachwuchs- und Olympiaauswahlmanschaften betreut. Die meisten Nationalspieler lernte er in dieser Zeit kennen. Auch Dörner oder Streich, die bei ihm eine neue Chance bekamen. Als „Jungspunde" standen sie in der Mannschaft, die 1970 das UEFA-Juniorenturnier gewann. Der Trainer? Keine Frage, Rudi Krause! „Seine Methoden erinnerten uns auch sehr an frühere Zeiten. Sogar der Gang auf die Toilette war geplant", erinnert sich Joachim Streich.

Anfang März '82 ging es in den Irak. Trotz der Anwesenheit von DFV-Präsident Günter Schneider und einiger anderer Funktionäre wurde es dem einen oder anderen Spieler an Bord doch etwas mulmig, als nach einem Zwischenstopp in Amsterdam das Krisengebiet Iran-Irak überflogen wurde. Kurzzeitig musste sogar aus Sicherheitsgründen der Motor abgestellt werden. Kein Wunder, dass sich die Krause-Kicker später freuten, auf den Straßen Bagdads ziemlich viele gute Bekannte zu treffen. Sahen sie einen Lkw, war es zumeist einer der unverwüstlichen „Bärenstarken aus Ludwigsfelde" vom Typ „W 50". Kam jemand mit dem Motorrad vorbeigeknattert, konnte man sicher sein, dass es sich um ein mehr oder eher etwas weniger gepflegtes Produkt aus den Zschopauer MZ-Werken handelte. Über den sportlichen Wert dieser regelmäßigen Irak-Reisen waren sich alle Fußballer einig. Kulinarisch waren sie stets ein besonderes Erlebnis. Hammelfleisch und Ziegenmilch gehörten zu den Standards. Wohl dem, der von der Frau oder Schwiegermutter eine Salami ins Gepäck bekommen hatte. Vom Länderspiel brachten die DDR-Kicker ein 0:0 und jeder Spieler eine goldene Uhr mit nach Hause. Dafür gab es eine einfache Erklärung. Die Spieler lernten vor dem Spiel im Al-Shaab-Stadion nicht den berühmten Dieb, sondern den Polizeipräsidenten von Bagdad kennen. Nach dessen Einladung zeigten sich die Männer um Kapitän Dixie Dörner auf dem Rasen als überaus höfliche Gäste und übten sich in vornehmer Zurückhaltung. 20.000 Irakis feierten den Teilerfolg im bedeutungslosen Freundschaftsspiel wie einen Sieg bei der Weltmeisterschaft.

Im April '82 erlebte Leipzig den sportlichen Höhepunkt der Ära „Krause". Die „Squadra Azzurra" kam vor der Weltmeisterschaft in Spanien zu einem Test in die Republik. Lok-Außenverteidiger Uwe Zötzsche servierte bei seiner Auswahlpremiere Lothar Hause schon in der Anfangsphase eine Maßflanke und der Vorwärts-Libero vollendete ohne Mühe gegen Dino Zoff. Es blieb das „Goldene Tor". Der überraschende Sieg erfuhr drei Monate später eine ganz erhebliche Aufwertung, als die Italiener im WM-Finale von Madrid die Derwall-Truppe 3:1 schlugen und Weltmeister wurden. Gegen den „Weltmeister in Freundschaftsspielen" hatte bei unwichtigen Anlässen selbst der wahre Champion keine Chance. Für Uwe Zötzsche blieb die Teilnahme an einer Weltmeisterschaft ein Traum. Allerdings spielte sein Name bei den 86er Titelkämpfen eine Rolle. Er stand auf dem Notizzettel von Otto Rehhagel. Der Werder-Coach weilte mit Bremens Manager Willi Lemke in Mexiko, um Spieler zu beobachten. Vorrangig suchte er einen Verteidiger für die linke Seite. Nach einem Vorrundenspiel kam er im VIP-Raum auf die kleine „DDR-Delegation" zu, die ausschließlich aus Funktionären und Reportern bestand. Rehhagel zog Wolfgang Hempel ein Stück zur Seite und fragte: „Sagen Sie, können Sie mir Kontakt zu Uwe Zötzsche vermitteln?" Seit dem Ausscheiden seiner Bundesligaprofis in der Cup-Saison im Herbst '84 gegen Lok Leipzig war Rehhagel auf den Linksverteidiger „scharf". Bremen bot für den gebürtigen Zwenkauer zwei Millionen Mark. Nicht zuviel, denn unbestritten spielten zur damaligen Zeit mit Zötzsche und dem Dresdner Matthias Döschner die besten Linksverteidiger im Osten. Wolfgang Hempel verschlug es trotzdem für einen Moment die Sprache. „Ähm", räusperte sich der „Doc", „dort drüben sitzt Günter Schneider, der Vizepräsident. Vielleicht ist es besser, wenn Sie sich vertrauensvoll an ihn wenden, Herr Rehhagel!"

In der Qualifikation für die Europameisterschaft 1984 hatte die DDR mit Belgien, Schottland und der Schweiz eine Gruppe erwischt, wo sich nur kühne Optimisten eine Chance für das junge DFV-Team ausgerechnet hatten. Zu den gestandenen Spielgestaltern hatte Krause Talente getestet, die bald schon zur Stammkundschaft zählen sollten - Rudwaleit, Stahmann, Kreer, Troppa, Pilz, Trautmann oder Döschner. Dazu zählte auch Lok-Mittelfeldrenner Matthias Liebers. Der beste Kumpel von Uwe Zötzsche, beide galten auf Auswahlreisen als unzertrennlich, packte seine Sachen immer mit ganz besonderer Sorgfalt. Schließlich musste das Klirren der Bierflaschen nicht gleich jeder hören. Bei einer Reise nach Schweden wartete der Auswahlcoach am Bus fast bis zuletzt auf sein Gepäck. Als Liebers seine Tasche „in Sicherheit" bringen wollte, war Krause schneller und wollte sie dem Leipziger reichen. Wollte, weil er sie umgehend absetzen musste und dabei ob des stattlichen Gewichts fast zusammenbrach. „Matz, was hast Du denn da drin?" schnaufte der Trainer mit fragendem Blick. „Meinen Stahlschlips, Trainer!", versicherte Liebers, grinste und begab sich mit seinem Gepäck schnellstens aus der Gefahrenzone. Nach dem Spiel in Halmstad hatten sich Liebers und Co. ein Pils verdient. Dem 2:2 folgten ein Sieg in Island und ein Unentschieden in Bulgarien - dreimal in Folge blieb das Krause-Team auf des Gegners Platz unbezwungen. Der EM-Auftakt konnte kommen. Denkste! Unmittelbar vor dem Schottlandspiel gab es einen schweren Schock. Die DDR-Klubs verabschiedeten sich im Europacup gegen den Hamburger SV (BFC), Girondins Bordeaux (Jena), B 93 Kopenhagen (Dresden), Werder Bremen (Vorwärts) und Viking Stavanger (Lok) komplett in Runde Eins. Natürlich sahen die Auswahlkicker auch im gefürchteten Hampden Park keinen Stich. Sang- und klanglos verloren sie mit 0:2. Die Quittung kam prompt. In den folgenden Länderspielen in Karl-Marx-Stadt, Dresden oder Magdeburg wurde die DDR-Elf von einer Zweitligakulisse ausgepfiffen. Der DDR-Fußball war auf seinem Tiefpunkt angelangt. Das begriffen sogar die Funktionäre in der Storkower Straße in Berlin.

Die Krisensitzung mit den DTSB-Spitzen Ewald, Hellmann und Co. brachte viel beschriebenes Papier, künftig nur noch zwei statt der aufgeblasenen fünf Ligastaffeln, ein kräftiges Stühlerücken und neue Köpfe im Verband. Karl Zimmermann wurde Generalsekretär. Die Fußballer merkten schnell, dass der bei seinem Amtsantritt 51jährige den Staub, der sich seit dem Olympiasieg 1976 angesammelt hatte, mit einer frischen Brise aufwirbelte und zumindest teilweise entfernen konnte. Zimmermann wusste, dass es nur mit der tatsächlichen Einführung des Leistungsprinzips wieder bergauf gehen konnte. Der Funktionär weilte oft bei der Mannschaft und die Spieler merkten schnell, dass es ihm wirklich um den Fußball ging. „Ein guter Mann, der mitten im Leben stand", erinnert sich Ralf Minge und René Müller ergänzt: „Ihm hatten wir es im Osten zu verdanken, dass die verkrusteten Strukturen endlich aufgebrochen wurden, mit dem Nachwuchs endlich wieder vernünftig gearbeitet wurde und so letztlich das Niveau insgesamt verbessert werden sollte". Zimmermann durfte die ersten Erfolge seiner Arbeit noch miterleben, bevor ihn 1987 der Tod aus dem Leben riss.

Die Veränderungen machten auch um die Nationalmannschaft keinen Bogen. Nach 1:7-Punkten in der EM-Qualifikation war die Kritik an Trainer Krause in der zumeist ferngesteuerten DDR-Presse nicht mehr zu übersehen. Abgelöst wurde der glück- und konzeptionslose Coach nach einem 0:1 in Rumänien. Beim folgenden Heimauftritt gegen die Schweiz war ein Trio zugange, Dr. Dieter Fuchs, Klaus Petersdorf und Bernd Stange. Der Coach der Olympiaauswahl sollte sich in den Begegnungen gegen die Eidgenossen und die Schotten als „Nationaltrainer" bewähren, bevor er als alleinverantwortlicher Trainer eine Berufung erhielt.

In Los Angeles loderte im Sommer '84 die Flamme Olympias. Sportler aus aller Welt waren ausgezogen, das begehrte Edelmetall zu schürfen. Die DDR-Sportler verfolgten das Geschehen unter den fünf Ringen mit gemischten Gefühlen und sicherem Abstand. Vorm heimischen Fernseher grübelten sie über Sinn und Unsinn der „Wettkämpfe der Freundschaft". Ein Sieg bei den Gegenspielen des Ostblocks brachte zwar das gleiche Geld wie olympischer Lorbeer, nicht aber das Erleben der einmaligen Atmosphäre. Auch fehlte die Eintragung ins olympische Geschichtsbuch. Dort wurde lediglich „Boykott" vermerkt. Davon betroffen waren auch die Fußballer. Das Team von Bernd Stange hatte sich in der Qualifikation ein Unentschieden in Norwegen und eine Niederlage in Polen geleistet. Nach dem 1:2 in Stettin gab es in der Heimat herbe Kritik. „Olympia-Tickets für Polen" titelte die „Junge Welt" und auf dem DFV-Kongress in Leipzig analysierte DFV-Präsident Prof. Dr. Günter Erbach wenige später das Scheitern und benannte

neun Punkte, „warum wir die Qualifikation nicht geschafft haben". Bernd Stange konnte da nur mit dem Kopf schütteln. Seinen Einwand, dass noch zwei Spiele ausstünden, wollte niemand hören. Sowohl die DDR, als auch die Polen mussten noch zu Hause gegen Dänemark antreten. Vielleicht war auch ein bisschen Trotz dabei. Im vermeintlich bedeutungslos gewordenen Spiel ging das Stange-Team aggressiv und konzentriert zur Sache. Der Gegner wurde mit vier Toren im Gepäck wieder nach Hause geschickt. Dänen-Coach Möller-Nielsen, acht Jahre später EM-Held von Schweden, versprach: „Noch einmal lassen wir uns nicht so vorführen!" Und wirklich hielten seine Jungs in Lublin bis zur 80. Minute das 0:0. Bernd Stange erlebte die letzten zehn Minuten live am Telefon, am anderen Ende der Hotline sein Bruder. Der stellvertretende Postdirektor von Bautzen verfolgte das Geschehen im heimatlichen Gnaschwitz über den polnischen Kanal. Ihm fiel fast der Hörer aus der Hand, als ein gewisser Vilfort die Dänen in der 82. Minute in Führung brachte. Doch der Treffer des späteren Europameisters wurde nicht gegeben. Da tauchte plötzlich ein Pole allein vor dem Dänentor auf. Glück gehabt, es blieb beim 0:0. Die DDR-Fußballer waren für Los Angeles qualifiziert. Drei Wochen später testete Stange seine Jungs im Windsor-Park zu Belfast. Beim nordirischen Meister FC Linfield gab es ein schmuckloses 2:0 und Aufregung eigentlich nur im Hotel. Wegen einer Bombendrohung wurden sogar sämtliche Mülleimer nach verdächtigen Gegenständen abgesucht. Doch die Sicherheitskräfte konnten nichts finden. Die Bombe platzte dennoch und Stange der Kragen. Auf dem Flughafen entdeckte er auf der Titelseite der „sun" die Schlagzeile „Russen boykottieren Olympia!". Bis zur Zwischenlandung in Wien gab es nur ein Thema. In der Donaumetropole wurden Coach und Mannschaft von ein paar unauffällig gekleideten Herren an einem Journalistenpulk vorbei zur Maschine nach Berlin gelotst. Die Westpresse hatte von der Rückflugroute Wind bekommen und war auf Stimmenfang der Boykott-Opfer gegangen. In Berlin wurden die Kicker mit einem Gläschen Sekt empfangen. Beim DTSB erklärte ihnen Manfred Ewald persönlich, dass die mangelnde Sicherheit in Los Angeles der einzige Grund für die Nichtteilnahme sei. René Müller verstand die Welt nicht mehr: „Aber in Belfast müssen wir mit Bomben im Hotel leben!" Anstelle der Tickets nach Los Angeles bekam das Team eine Auszeichnungsreise nach Bulgarien, doch dazu später.

Bernd Stange hatte im Oktober '83 mit der Ablösung von Dr. Rudi Krause die letzte Stufe der Auswahl-Karriereleiter genommen. Begonnen hatte der steile Aufstieg vier Jahre zuvor. Der damalige Cheftrainer des FC Carl Zeiss Jena wurde per 1. September 1979 neuer Coach der Nachwuchsauswahl und Zeiss-Boss Biermann wünschte dem Genossen Stange dafür alles Gute. Schon ein Jahr später wurde der gebürtige Gnaschwitzer mit seiner „U21"-Truppe in Moskau Vize-Europameister. Zum Team gehörten neben den Leipzigern René Müller und Ronald Kreer, Dirk Heyne und Dirk Stahmann aus Magdeburg sowie der Jenenser Jürgen Raab und zur medizinischen Besatzung Dr. Wolfgang Klein und Physiotherapeut Horst Friedl aus Dresden. Im Olympiateam 82/84 trafen sich (fast) alle wieder. Bei einem Lehrgang konnte man die Luft im Zimmer der Keeper Müller und Zimmer schneiden. Zehn, elf Kicker hatten sich beim Bier versammelt, allein durch die beengten Räumlichkeiten der Sportschule in Leipzig eine reife Leistung. Dazu wurden die Glimmstengel der Marken „Club" und „Duett" reihenweise durchgezogen. Nach der Anreise hatte man zunächst die „Mitbringsel" getauscht. Die Dresdner tranken „Berliner Pilsner", die Berliner und Leipziger dafür ihr „Radeberger", die Magdeburger freuten sich auf das „Wernesgrüner" und auch das „Ur-Krostitzer" der Leipziger wurde alle. Nach der Sonderschicht mussten einige Vorsichtsmaßnahmen getroffen werden. Die Kippen verschwanden im Zahnputzbecher unter dem Bett, die Flaschen wurden sorgfältig im Spind gestapelt. Zufrieden gingen alle schlafen und freuten sich auf den kommenden Tag. Nach dem Frühstück wurde René Müller in sein Zimmer gerufen. Der Spind stand offen und eine Frage im Raum: „Was war hier los?" Müller nahm alles auf seine Kappe und verweigerte jede weitere Auskunft. Daraufhin wurde eine Sitzung der kompletten Mannschaft anberaumt. Die gute Laune war den Kickern längst vergangen, auf Delikte dieser Art stand mindestens eine Prämienkürzung, schlimmstenfalls eine Auswahlsperre. „Wer war dabei?" wollten die Trainer wissen, niemand meldete sich. In der Zwischenzeit rätselte Müller, ob die Entdeckung vielleicht eine Retourkutsche war. Erst kürzlich hatte er einen Wechsel nach Dresden mit dem Satz: „Ich gehe nicht zur Polizei" brüsk abgelehnt. Wollte ihm da jemand übel mitspielen? Als sich kein Sünder freiwillig zu Erkennen gab, wurde die Truppe vom Trainer zum Lauftraining geschickt.

Den Sprung in die Nationalmannschaft schaffte Bernd Stange vom Kaderkreis seiner Nachwuchs- und Olympiakandidaten als Erster. Im Januar '81 ging er als Co-Trainer von Georg Buschner mit auf Südamerika-Tournee. Zehn Monate später saß er ohne seinen Chef auf der Bank. Die DDR gewann im Schneegestöber des Ernst-Abbé-Sportfeldes gegen Malta mit 5:1. Doch so richtig konnte sich Stange nicht über seine neue Rolle freuen. Zum einen war Buschner auf schäbigste Weise gefeuert worden, zum anderen wurde schon beim nächsten Länderspiel in Brasilien der erst 33jährige Interimscoach gegen Dr. Rudi Krause ausgetauscht.

Im Sommer '84 sollte Stange aus Olympiaelf und Nationalmannschaft ein Team für die bevorstehende WM-Qualifikation formen. Der erste Lehrgang führte nach Schweden. In den ersten beiden Testspielen stand René Müller im Tor. Der Leipziger, hinter Friese und Stötzner bei Lok jahrelang nur die Nummer drei, musste sich auf der Ersatzbank viele Splitter einziehen, bevor er über herausragende Leistungen in der Nachwuchsauswahl auch im Klub Stammkeeper wurde und den Sprung in die Olympiaelf schaffte. Dort konnte er ebenfalls überzeugen und verdrängte im Frühjahr '84 folgerichtig BFC-Keeper Bodo Rudwaleit aus dem Auswahltor. Gegen Mexiko sollte der Lok-Schlussmann im August '84 im Berliner Jahn-Sportpark sein drittes Länderspiel bestreiten. Es kam anders. Nach dem 12:0 im Testspiel beim schwedischen Drittligisten Stockvid IS fielen die Auswahlkicker kurz nach Mitternacht in ihre Hotelbetten. Die im Foyer sitzenden Herren mit Rundstrickhosen und Kunstlederjacken hatten nur Bernd Stange und Co-Trainer Harald Irmscher registriert. Sofort musste der Coach zum Rapport. „Richter und Müller wollen abhauen, wir haben anonyme Briefe aus Halle bekommen und müssen die beiden mitnehmen!" Der Trainer sollte den Spielern mitteilen, dass sie aufgrund vieler Verletzten beim 1. FC Lok sofort nach Leipzig müssten, da anderenfalls eine Wettkampfreise der Messestädter in den Iran gefährdet war. „Ich belüge meine Spieler nicht. Das müssen Sie schon selber tun", lehnte Stange ab und war geschockt. In seinem Zimmer traf er auf einen völlig aufgelösten Irmscher. „Bernd, sag' mir bitte, sind die wegen mir da? Du, ich springe aus dem Fenster, gleich hinter dem Hotel beginnt der Wald!" Hintergrund war die altbekannte Tatsache, dass Harald Irmscher schon in seiner aktiven Zeit stets etwas mehr, als erlaubt, flüssige „Währungsreserven" der Marken „Stolitschnaja" oder „Blauer Würger" im Gepäck hatte und diesmal die Entdeckung fürchtete. Logisch, dass ihm ein kalter Schauer über den Rücken lief. Bei Zoll- und Devisenvergehen kannten die Genossen kein Pardon. Bernd Stange konnte ihn beruhigen, zumindest in diesem Punkt.

Wenig später, inzwischen war es gegen 3 Uhr morgens, wurde René Müller aus dem Schlaf gerissen. „Anziehen, Mitkommen", lautete das barsche Kommando. Auf seine Fragen gab es keine Antworten. Beim Packen merkte er, dass seine Fußballschuhe fehlten. Als er durch den Hinterausgang treten wollte, um sie zu holen, stand er urplötzlich im aufgeblendeten Scheinwerferlicht mehrerer Pkws. Die Stasi war wieder einmal auf Nummer sicher gegangen. Auf dem Weg nach Trelleborg dämmerte es langsam, nur das in zwei Autos verfrachtete Trio Müller, Liebers und Richter war völlig ahnungslos. An der Fähre in Saßnitz wurden sie schon von Klubchef Peter Gießner und DFV-Generalsekretär Karl Zimmermann erwartet. Mit dem Lada ging es nach Leipzig. In der Sportschule Abtnaundorf sollte René Müller nach einer spontan angesetzten Trainingseinheit den wahren Grund erfahren. „Der Deutsch-

landfunk hat gestern gemeldet, dass Sie sich abgesetzt haben, was
haben Sie dazu zu sagen?" Nach der in den Raum geschleuderten
Frage des unauffällig gekleideten Herren mit dem unbekannten Gesicht wusste Müller Bescheid. „Was ich - Republikflucht? Das ist doch
totaler Schwachsinn!" Natürlich fielen ihm in diesem Moment sofort
die Begegnungen mit Willi Lemke ein. Am Rande der Cupspiele mit
Werder Bremen hatte er den Manager kennengelernt. Otto Rehhagel
war nach dem Ausscheiden seiner Profis von den Leipzigern schwer
beeindruckt gewesen und Lemke fragte den Lok-Keeper natürlich auch,
ob er Interesse hätte, in die Bundesliga zu wechseln. Müller gab zu
verstehen, dass das zur Zeit nicht möglich sei. Eine Flucht käme für
ihn nicht Frage und beim Verband ließe man kein bisschen Luft unter
die Käseglocke. Trotzdem hatten sie sich prima verstanden und letztlich
mit der Vereinbarung verabschiedet: „Keine krummmen Dinger!"
    René Müller konnte bei der Befragung nicht wissen, dass seine Eltern
im Friseursalon Müller auf der Coburger Straße in Markkleeberg schon
getrennt voneinander verhört worden waren. Unisono hatten sie den
Genossen von der Staatssicherheit erklärt: „Lüge, René ist nicht abge-

hauen. Dafür kennen wir unseren Sohn viel zu gut." Mit einem äußerst unguten Gefühl musste der Keeper auf das Länderspiel verzichten und flog mit Lok in den Iran. Dort wurde seine Gemütslage nicht besser. "Ich erlebte ein von Hass erfülltes Land", erinnert sich der heute 38jährige. "Russen-Hass, Juden-Hass, Ami-Hass - nur die Deutschen wurden geliebt." Müller fragte nach den Ursachen und bekam eine verblüffende Antwort: "Weil sie die Juden vergast haben!" Mit diesem Widerspruch kam der Leipziger nicht klar, der auf dem Platz eine Persönlichkeit war, wie sie im DDR-Fußball nur selten vorkam. Ein Musterprofi, der Mitte der 80er Jahre Weltklasse verkörperte und beim legendären Bordeaux-Spiel 110.000 Menschen im Zentralstadion in Ekstase versetzte. 1986 stellte er den berühmten "Antrag" und wurde nach gründlicher Prüfung zwei Jahre später Genosse. "Gorbatschow gab mir Hoffnung auf ein besseres System", begründet er und wirft ein: "Vielleicht haben wir auch als Leistungssportler einfach nicht gesehen, dass wir im Glashaus sitzen. Noch vor dem Mauerfall kam sein Abschied von Lok, Müller ging zum Ortsrivalen Chemie. "Dort lernte ich den Abstiegskampf kennen. Eine Lehre, die für die drei folgenden Jahre in Dresden überlebenswichtig war." Dynamo hatte den Erhalt der Bundesliga nicht zuletzt seinem Kapitän zu verdanken, aber auch Stanislaw Tschertschessow, der 1993 an die Elbe kam. Für Müller war der Russe nicht nur Konkurrent, sondern auch ein Freund. "In ihm habe ich meinen Meister gefunden", gab der Sachse offen zu. Im Mai '94 kehrte das Team nach erfolgreichen Kampf gegen den Vier-Punkte-Abzug von einer Wettkampfreise aus China zurück. Müller hatte keinen neuen Vertrag bekommen und räumte früh um drei Uhr seinen Spind. "Wie einen Hund hat mich Otto weggejagt", erinnert sich der heutige Torwarttrainer des VfB Leipzig, der damals mit Tränen in den Augen Abschied von Dynamo nahm: "Bis zur Autobahnauffahrt habe ich Rotz und Wasser geheult!" Im seinem Gepäck befand sich auch eine Bibel, die Müller vor einem Bundesligaspiel vom Brasilianer Jorginho überreicht bekam. Beim Lesen fand er auf seine Fragen vom Sommer '84 endlich die Antworten, die er fast acht Jahre lang suchte. Seitdem ist Müller bekennender Christ.

Der kühle Norddeutsche musste schlucken. Joachim Streich, ein Typ der Marke "Ihr könnt' mich mal...", hatte Gänsehaut. Das kam nicht allzu häufig vor. Gerade war er auf dem heiligen Rasen des Wembleystadions für sein 100. Länderspiel geehrt worden. Reiner Zufall, aber auch typisch Streich. Er war kein Dauerläufer, stand als Stürmer öfter als seine Kollegen, aber zur richtigen Zeit eben immer am richtigen Ort. 17 Jahre zuvor stand ein 18jähriger Lehrling aus Wismar auf dem Markt in Bagdad und war ratlos. Letztlich entschied er sich für eine goldene Kette, die Mutter Streich von ihrem Goldstück nach dessen Länderspielpremiere überreicht bekam. Keine zwei Jahre später erlitt sie fast einen Schock. Ihr Achim, nach langer Zeit wieder einmal bei der Auswahl dabei, durfte nicht mit nach Mexiko. Bei ihm hatte man einen Herzfehler festgestellt. Der Betroffene trug es mit Fassung und spielte einen Tag später mit der „Zweiten" von Hansa Rostock gegen KKW Greifswald. „Renate Stecher hatte auch einen Herzfehler und wurde sogar Olympiasiegerin", kommentiert Streich heute trocken. Seiner Sturheit war es zu danken, dass er am Ball blieb und von Olympia '72 die Bronzemedaille mitbrachte. Weitere Sternstunden folgten. In Albanien machte „Strich", wie er nur genannt wird, im Herbst '73 mit zwei Treffern die WM-Teilnahme perfekt. Unmittelbar vor der Abreise nach Quickborn bejubelten 100.000 im Zentralstadion einen „Super-Streich" gegen England. Sie sahen den typischen Streich - ein Schlitzohr, das zuweilen schon phlegmatisch wirkte, aber zur rechten Zeit explodieren konnte. Zufrieden zog der Schütze nach dem Spiel an seiner „Club". Das Rauchen ist bis heute sein Laster. Allerdings sperrt er sich nicht mehr ein wie damals, als er „aus Sicherheitsgründen" lieber zwei Türen hinter sich schloss.

Nach der 74er Weltmeisterschaft begann eine unruhige Zeit für den Torjäger. Hansa steuerte dem sicheren Abstieg entgegen. Der Auswahlspieler bemühte sich schon zur Halbserie um einen neuen Verein. Franz Rydz, damals DTSB-Vizepräsident, spuckte große Töne: „Ich unterstütze Dich", doch gegen den Rostocker Bezirksfürsten und Gewerkschaftsboss Harry Tisch sah er keinen Stich. Streich wurde gesperrt, kickte in der „Zweiten", Hansa war nun erst recht nicht mehr zu retten. Da wurde Jena aktiv und buhlte um Streich. Hans Meyer suchte einen Nachfolger für Peter Ducke und deshalb das Gespräch. In der Wohnung von Eberhard Vogel traf man sich zum konspirativen Treff. Eigentlich war alles klar, da funkte DFV-Generalsekretär Günter Schneider dazwischen: „Du spielst ab Montag in Magdeburg!" Den Rostockern war es egal, sie waren auch so sauer. Ausgerechnet beim Spiel gegen Stralsund hatte Streich versagt und einen Elfmeter verschossen. Das Wechseltheater war nicht spurlos vorübergegangen an einem, der sonst nur ganz schwer aus der Ruhe zu bringen war. Georg Buschner nannte diese Ruhe „mangelnde Willensqualität", und nahm ihn deshalb nicht mit nach Montreal. Ein Schlüsselbeinbruch vom November '75 sollte Streich einen Strich durch die Rechnung machen. Er wurde nicht mehr rechtzeitig fit. Doch Buschner hatte bei seiner 76er Auswahl ohnehin auf laufstarke Athleten und Konterfußball gesetzt. „Ich brauchte einen, der nur rennen konnte, und das war der Riediger!" Erst Ende der 70er Jahre kam der Coach nicht mehr an Streich vorbei. Der schoss Tore wie am Fließband und verkündete im DDR-Fernsehen selbstbewusst: „Ich bin der beste Stürmer in der DDR". Das hatte sich im Ostfußball noch keiner getraut. Doch Streich ließ dem Spruch auch Taten folgen. In den nächsten 11 Länderspielen traf er 9mal und keiner widersprach. Streich überlebte so als einer der Wenigen die Ära Buschner und war auch bei Bernd Stange wieder erste Wahl, als dieser Dr. Rudi Krause beerbte. Das bekam auch Martin Busse zu spüren. Der Erfurter hatte sich von einem Auswahllehrgang vorzeitig verabschieden müssen, nicht ohne anzukündigen: „Macht's gut, wenn der Streich nicht mehr spielt, sehen wir uns wieder!" Möglicherweise hatte der Rot-Weiß-Stürmer im Vergleich zum „Phantom der Oberliga" sogar die besseren Voraussetzungen als Fußballer. Als Nationalspieler endete die Kariere von Busse nach ganzen drei Einsätzen. Streichs Eckdaten aber wurden Rekorde für die Ewigkeit, 55 Tore in 102 Länderspielen und 229 Treffer in 378 Oberligapartien. Vor der Saison 84/85 gab „Strich" bekannt, dass es seine letzte wird. Zufrieden setzte er sich auf die Magdeburger Trainerbank, als er sein großes Ziel im Kasten hatte, den Eintritt in den „Klub der Hunderter". Heute noch denkt er gern an diesen 12. September 1984 zurück. Die BBC übertrug live, als Streich zum Eintritt in den berühmten „Klub der Hunderter" vom englischen Kapitän Peter Shilton eine Silberschale und die Glückwünsche von Sir Stanley Rous empfing. Der greise FIFA-Ehrenpräsident ließ es sich trotz seiner 90 Jahre nicht nehmen, britisches Traditionsbewusstsein. Der DFV beglückte seinen erfolgreichsten Stürmer mit einer Kristallvase, der Klub in Magdeburg spendierte eine Urlaubsreise nach Ungarn und schließlich wurde Streich zum ersten Mal „Aktivist". Im Jubiläumsspiel verabschiedete sich der 33jährige mit einem Knallbonbon. Unmittelbar vor seiner Auswechslung schmetterte „Strich" den Ball an die Latte und verließ unter donnerndem Applaus den Rasen.

Augenblicke später brachte Bryan Robson die Gastgeber in Führung,

82 Minuten waren gespielt. Bernd Stange signalisierte sofort: „Wir wollen wechseln!" Doch Jürgen Raab musste noch seine Schuhe wechseln, weil das Aufwärmen in Wembley nur auf einem betonierten Tunnelgang möglich war, das Spiel ging weiter. Als der Zeiss-Stürmern endlich an der Seitenlinie stand, waren 86 Minuten absolviert, doch der Ball wollte einfach nicht ins Aus. Erst in der 89. Minute konnte der Wechsel vollzogen werden, Raab kam für Ernst. Nur wenige Sekunden vergingen und es ertönte der letzte Pfiff an diesem Abend. Raab stürmte stinksauer vom Platz, Bernd Stange bekam es zu spüren: „Trainer, von solchen Einwechslungen halte ich gar nichts!" giftete er und verlangte, vom Ehrgeiz zerfressen, „eine Chance von Anfang an oder zumindest von einer halben Stunde". Der Auswahltrainer konnte das nicht nachvollziehen. „Es ist doch eine Ehre für jeden Fußballer der Welt auch nur ein einzige Minute in Wembley zu spielen", begründete Stange und zog die Konsequenzen. Bis zu Raabs nächstem Auswahleinsatz sollten 31 Monate ins Land gehen.

In diese Zeit fiel auch der Ärger des Stürmers mit der Staatssicherheit. Raab hatte sich nach einer Erbschaft von seiner Frau über René Müller die Telefonnummer von Karl Bühler besorgt. Der Briefmarkenexperte, damals Manager bei DDR-Ligist Chemie Markkleeberg, sollte die Sammlung begutachten, schließlich kam es zum Verkauf. „Als Bühler wegen Steuerhinterziehung vor Gericht musste, zog diese Geschichte Kreise. Obwohl wir alles ordnungsgemäß mit Rechnung gemacht hatten, wurde ich als Zeuge geladen", erinnert sich Raab, der heute als Coach den VfB Pößneck in die Amateur-Oberliga führen will. Der umtriebige Bühler, den Fußball-Funktionären ohnehin ein Dorn im Auge, wurde hinter Schloss und Riegel gebracht. Kurz nachdem er aus dem Knast kam, traf er Raab und erzählte ihm, dass „sie ihm so oder so den Prozess machen wollten und gesucht hatten, bis sie fündig wurden". Auch René Müller musste prompt bei Karl Zimmermann antanzen. „Was hast Du damit zu tun?" Wahrheitsgemäß berichtete der Keeper und sollte von dieser Geschichte nie wieder etwas hören. Dafür musste er nur Wochen später seine Erinnerungen an den Sommerurlaub '84 am Goldstrand in Burgas auf ungewöhnliche Art und Weise auffrischen. „Der Sportfreund Kreer wird lebenslänglich gesperrt!" René Müller traf in diesem Moment der Schlag. Hatte er gerade richtig gehört. „Was ist los? Ich verstehe überhaupt nichts", der Auswahlkeeper schaute völlig entgeistert in die unbekannten Gesichter, die er

in den zurückliegenden Monaten für seinen Geschmack ein paar Mal zu oft gesehen hatte. Dann suchte sein fragender Blick den Kontakt zu Karl Zimmermann. Keine Reaktion. Dafür wieder die schnarrende Stimme: „Der Sportfreund Kreer wird wegen NSW-Kontakten lebenslänglich gesperrt!" Jetzt wurde es Müller zu bunt: „Was soll denn das? Macht doch am besten den ganzen Laden dicht und verbietet den Fußball!" Jetzt kamen die Fragen. Wie war das damals in Bulgarien?

René Müller ging ein Licht auf, die Auszeichnungsreise. Schon bei der Ankunft hatte es Probleme gegeben. Während sich die westdeutschen Touristen in der ersten Reihe aalten und sich der besten Zimmer erfreuten, sollte die DDR-Olympiamannschaft unter katastrophalen Umständen in einer Baracke schlafen. Stange telefonierte mit der Botschaft und drohte: „Wir fahren sofort nach Hause!" Nach dem Umzug ins Hotel kamen die Dresdner Döschner und Pilz sowie die Leipziger Kreer und Müller am Strand schnell mit Freizeitfußballern aus Bielefeld ins Gespräch. Diese hatten ihre Strandnachbarn erkannt und zum Bier eingeladen. Die gemeinsamen Unternehmungen blieben natürlich nicht verborgen, zumal sich auch die Klubleitung des BFC Dynamo am Goldstrand tummelte. So kam es vor Ort schnell zu einem offiziellen Gespräch, „Zurückhaltung" wurde angemahnt. Beim Abschiedsabend war das vergessen. Man tauschte die Adressen, Ronald Kreer wurde für den Fall zum „Organisator" bestimmt, dass es bei den Bielefeldern irgendwann mit einem Messebesuch klappen würde. Am nächsten Morgen hatten die müden Krieger ganze zwei Stunden geschlafen, als sie ihre Koffer in den Bus schoben. René Müller hatte den neugierigen Genossen die Geschichte in Kurzfassung erzählt, als diese die Katze aus dem Sack ließen. „Sie beabsichtigen, sich mit den BRD-Bürgern zu treffen?" Plötzlich wusste Müller auch, woher die Stasi Wind bekommen hatte. Ende Januar war die Nationalmannschaft zu Länderspielen mit Uruguay und Ekuador nach Südamerika gereist. Auf dem Flughafen in Berlin-Schönefeld hatte Ronald Kreer einen Brief nach Bielefeld von einigen Spielern unterschreiben lassen und in den Kasten gesteckt. „Wissen Sie was?" René Müller ging in die Offensive: „Ich schlage vor, dass Sie von uns informiert werden, und wenn wir uns mit den Leuten aus Bielefeld treffen, können Sie sich wegen mir danebensetzen!" Nur so sah er die Chance, seinen Kumpel zu retten. „Ronald, komm' wir gehen spazieren!" Die Aufforderung war eindeutig. Der Delitzscher Ronald Kreer und der Markkleeberger René Müller spielten seit dem 11. Lebensjahr in einer Mannschaft. Der Clara-Zetkin-Park hatte keine Ohren und so legte Müller auch schon los: „Du Rindvieh musst doch wohl restlos bescheuert sein und den Brief in Schönefeld einstecken! Warum hast du nicht bis Amsterdam oder Südamerika gewartet?" Als Kreer von der drohenden Sperre erfuhr, wurde er blass: „schöne Scheiße".

Frühjahrsmesse '85. Im „Forsthaus Raschwitz" erwarteten René Müller und Ronald Kreer ihren Messebesuch. Von der Bulgarien-Besatzung fehlten „Atze" Döschner und Hans-Uwe Pilz. Die Begrüßung mit den westdeutschen Freunden war ziemlich kühl ausgefallen. Wie konnten die Bielefelder auch wissen, dass der Herr am Nebentisch dort nicht zufällig Platz genommen und seine Lauscher bis zum Anschlag ausgefahren hatte. Nach drei runden Bier hielten die Gastgeber die Zeit für gekommen, ihren Gästen reinen Wein einzuschenken. Im Büro von Restaurant-Chef Karl Pinow bekamen alle erst einen Schnaps und die Bielefelder dann die ganze Wahrheit serviert. Als sie nach einer Stunde an ihren Tisch zurückkehrten, war der Genosse am Nebentisch nicht mehr da.

Drei Tage danach bekam Müller nach dem Vormittagstraining von der Klubleitung den Hinweis: „Du sollst heute um 14 Uhr in Schkeuditz am VPKA sein!" Vor dem Volkspolizeikreisamt wartete ein Lada auf ihn. Das flaue Gefühl in der Magengegend verstärkte sich, als sie mit dem Wagen etwas außerhalb der am Stadtrand von Leipzig gelegenen Kleinstadt einen Schlagbaum passierten, der mit einem Posten bewacht war. Es wurde auch nicht besser, als sich dieser Vorgang innerhalb dieses Objektes noch einmal wiederholte. Schließlich landete der Nationaltorhüter auf einem Stuhl und saß zwei Stasi-Leuten gegenüber. Diese bombardierten ihn mit Fragen, sehen konnte er seine Gesprächspartnern nicht, denn er musste wie in einem schlechten Krimi fortwährend in eine Lampe blinzeln. „Wo waren Sie? Was haben Sie in der Zeit gemacht?" Müller erklärte immer und immer wieder: „Mein Gott, wir haben zwei Schnaps getrunken und ein paar Zigaretten geraucht! Im Büro waren wir deshalb, weil ich das in der Öffentlichkeit nicht mache". Auf einmal ging die Tür auf und Karl Zimmermann trat herein. Stunden später saß René Müller mit zittrigen Händen in seinem Trabbi und hatte zum ersten Mal in seinem Leben richtige Angst. Mit einem Mal war ihm klargeworden, welche Macht die Stasi in diesem Staat hatte. Niemand hätte gewusst wo er war, wenn er nicht wieder aufgetaucht wäre.

Statt im Westcoast-Sand von Santa Monica/Los Angeles zu liegen, bezogen die Auswahlfußballer auch im Sommer 84 ihre Bräune vom bulgarischen Schwarzmeerstrand. Am „Goldstrand von Burgas" schwor sich die versammelte, um die Olympiade betrogene Fußballergemeinde um Trainer Stange: „Wir greifen wieder an und fahren zur WM '86 nach Mexiko!" Leichter gesagt, denn getan. Die zugelosten Gruppengegner brachten erste Abkühlung auf die heißen Wünsche. Frankreich, Jugoslawien, Bulgarien und Luxemburg hießen die Kontrahenten. Schwerer ging's kaum, denn nur zwei Tickets lagen für diese Gruppe am FIFA-Schalter bereit.

In jedem Falle sollte der Auftakt erfolgreich gestaltet werden. Dafür schien Jugoslawien genau der richtige Gegner. Keine Übermannschaft, ein spielerisch starker Gegner, genau das Kaliber also, welches dem DDR-Fußball eigentlich lag. Das Problem der starken Individualisten in deren Reihen und ihre daraus resultierende Kreuzgefährlichkeit in der Offensive nahm man einen Hauch zu lässig. Auswahltrainer Stange, noch völlig unter dem Eindruck des „Fußball Total" der EURO'84 in Frankreich stehend, wollte offensiv spielen - um jeden Preis!

„Wozu bin ich sonst in den vierzehn Tagen pausenlos auf Achse gewesen, habe etliche Notizbücher beschrieben?", erklärt Stange den Sinn seiner Frankreichexpedition. Nebenbei hatte er freilich seitenlange Berichte und Kolumnen für das heimische Fachorgan „fuwo" und diverse Bezirksgazetten zu erstellen. Diese Strapazen sollten sich nun endlich für den DDR-Fußball nutzbringend auswirken. Es wurde Abend, an jenem 20. Oktober 1984. Das mit 63.000 Zuschauern gut gefüllte Leipziger Zentralstadion bildete einen passenden Rahmen für das Auftaktmatch. Die Aussagen des Trainers: „offensiv spielen und gewinnen zu wollen", dazu die euphorische Stimmung der Presseorgane - was sollte eigentlich schiefgehen? Der österreichische Referee Brummeier hatte die Partie genau elf Minuten freigegeben, als der Karl-Marx-Städter Sonnyboy Michael Glowatzky zum 1:0 für die DDR traf. Sicherheit verlieh diese Führung den Blau-Weißen nicht. Aus den bis dato eleganten Jugo-Zauberern wurden urplötzlich Fußball-Rambos. Der damalige Dresdner Sturm-Tank Ralf Minge erinnert sich genau. „Auf einmal bekamen wir auf die

Socken. Zwei, drei gezielte Blutgrätschen von der Sorte, die heute in jedem Fall den sofortigen Gang unter die Dusche brächten, genügten damals, dass die Jugos uns den Schneid abkauften." Er macht aber gleichzeitig auch auf ein Defizit aufmerksam, welches DDR-Fußballer jeder Generation einte. „Wir waren ganz einfach als Persönlichkeiten nicht so entwickelt, um in einem derart wichtigen Spiel zu bestehen. Es gab diese bewusste psychologische Barriere, die wir niemals überwinden konnten, denn von der KJS (Kinder- und Jugendsportschule/d.A.) an, bekamen wir alles vorgesetzt oder gesagt, was wir zu tun und zu lassen hätten." So nahm das sportliche Unheil seinen Lauf. Den Toren von Bazdarevic, Vokri und Superstar Sestic konnte nur Rainer Ernst einen weiteren DDR-Treffer entgegensetzen. Ein geknickter Auswahltrainer Bernd Stange nahm auf der Pressekonferenz seine Mannen in

Schutz: „Es war mein Fehler. Wir haben viel zu offensiv gespielt und wurden von den cleveren Jugoslawen eiskalt ausgekontert", resümierte er. Nur einen Monat später bekam seine Mannschaft die Chance zur Wiedergutmachung. In Luxemburg sollte es ein Schützenfest geben. Dies erspähten bereits die Kiebitze im thüringischen Thal, wo sich die DDR-Elf im Training warm schoss. Vom Vereinsgelände der TSG Ruhla ging's weiter ins Heimatland des Radiosenders, welchem viele der Auswahlspieler vor Jahren den Vorzug gaben, ins „RTL-Land" nach Luxemburg. Weit größere Probleme als mit dem sportlichen Widersacher gab es in der Nacht vorm Spiel. „Feuer!", schallte es über den Flur. Als die schlaftrunkenen Kicker ihre Zimmertüren öffneten, nahm es ihnen fast den Atem. Beißender Qualm hatte sich überall breitgemacht. Ein Kabelbrand nach einem Kurzschluss im Trafokasten war die Ursache. Den Spielern ging im wahrsten Sinne die Muffe! In nasse Tücher gehüllt, verließen sie, einer nach dem anderen das „Novotel" in Esch. Nach kurzem Zwischenstopp im Mannschaftsbus fanden sie in einer kleinen Pension Unterschlupf. Trotz der widrigen nächtlichen Begleiterscheinungen zeigten sich die Akteure am Folgetag zumindest in der zweiten Hälfte hellwach. 5:0 wurden die Einheimischen nach dem Seitenwechsel abgefertigt. Rainer Ernst und Ralf Minge erledigten die Luxemburger wechselweise. Ein, ob des Sieges und des glimpflichen Ausgangs des Feueralarms, erleichterter Mannschaftsarzt, Dr. Klein, konstatierte zum Reiseabschluss: „Wir wurden vernebelt, aber nicht verraucht!" Weniger erfolgreich fiel das Jahresfazit des Coaches aus, denn im Reisegepäck des letzten Spieles 1984 befanden sich nur zwei Minuspunkte. Eine fröhliche Weihnacht gab's für die Franzosen. Der Europameister hatte die DDR in Paris standesgemäß mit 2:0 bezwungen.

Zu Beginn des neuen Jahres ging's auf große Reise, nach Südamerika. Zwei Wochen lang flog die Mannschaft kreuz und quer über den Kontinent. Neben den Trainingseinheiten und Testspielen gab's für die Reisegruppe jede Menge Sightseeing. Wann flog man denn schon einmal über den „großen Teich"? Bereits am zweiten Tag nach der Ankunft in Montevideo wartete mit Uruguay der erste Länderspielgegner. Verwundert warteten die DDR-Fußballer auf das Zeichen des Schiris zum Verlassen der Katakomben. Vergeblich, denn die Verantwortlichen der „Urus" entschieden: „Wir beginnen eine Stunde später!" Verblüfft nahmen die Ostdeutschen die Begründung und die Seelenruhe der Verantwortlichen zur Kenntnis. „Das Stadion ist noch nicht voll!", teilte man lediglich

mit. Gegen Mitternacht konnte es schließlich losgehen. Saft- und kraft-
los ergaben sich die DFV-Kicker gegen Spielende der Angriffslawine der
Gastgeber. Zu sehr hatten Klima- und Zeitwechsel geschlaucht, um
durchweg Paroli bieten zu können. Die 0:3-Schlappe war die entsprechende Quittung. Zum zweiten offiziellen Ländervergleich flog man
nach Ekuador. Der Mannschaftsarzt, Dr. Klein, musste zunächst einen
Abstecher nach Buenos Aires machen. Der DDR-Botschafter hatte sich
am Knie verletzt! An die örtlichen Verhältnisse und „Betriebs-
temperaturen" nun gewöhnt, lieferte die DDR ein gutes Spiel gegen
Ekuador und gewann verdient mit 3:2. Den Abschluss der Reise bildete
ein Testvergleich in Bolivien. Der, durch seine extreme Höhenlage von
3 700 Metern, als „Hölle von La Paz" bezeichnete Spielort, stellte auch
die DFV-Auswahl vor bisher nicht gekannte Probleme. Während sich
die Gastgeber vor Spielen vierzehn Tage lang in 5 500 Meter Höhenlage zurückziehen, mussten die DDR-Kicker binnen weniger Tage auf
diese Hölle vorbereitet werden „Ihr seid wahnsinnig!", lautete dazu
der medizinische Fachkommentar von Mannschaftsarzt Dr. Klein. Während des Spieles lagen an der Rasenkante Sauerstoffflaschen für die
DDR-Spieler bereit. Ehe diese sich versahen, hatten die Bolivianer aber
schon Gefallen daran gefunden und geschnuppert! Auch für Masseur
Schenk wurde die Luft dünn. Der Kreislauf des Diabetikers versagte
seinen ordnungsgemäßen Dienst. So musste der verletzte „Atze"
Döschner einspringen und vertrat den Masseur bis zu dessen Gene-
sung! Das Testspiel gewann Bolivien mit 2:1. Wichtiger jedoch war, dass
alle gesund die Rückreise antreten konnten.

Im April '85 kehrte die DDR-Mannschaft vom Länderspiel aus Bulgarien zurück. Da der Flughafen in Berlin gesperrt war, endete die Reise
bereits in Prag. Zeugwart Fritz Wutke, der in Schönefeld vergeblich auf
das Team gewartet hatte, düste mit seinem „Wartburg-Tourist" nach
Dresden. Dort charterte er den Dynamo-Mannschaftsbus, um die Nationalmannschaft am Grenzübergang in Zinnwald abzuholen. Durch den
plötzlichen Wintereinbruch wurde diese Aktion ein abendfüllendes Programm. Von Dresden ging es mit dem Pkw nach Jena, wo die Thüringer Fraktion, einschließlich Trainer Stange um 2 Uhr nachts in ihre
Betten fallen konnten. Wutke hatte es sechs Stunden später endlich
geschafft. Als er in Berlin ankam, wusste er dafür alles, was beim
Länderspiel vorgefallen war. Die Situation war vor dem Anpfiff für
beide Teams prekär. Aus den bisherigen jeweils drei Begegnungen hol-

ten die Bulgaren drei, unsere Kämpen gar nur zwei magere Pünktchen. Bernd Stange brachte die Situation vorm Spiel auf den Punkt: „Wer dieses Spiel verliert, für den rückt Mexiko in weite Ferne!" Dieser Fakt war nicht neu, weder als geographischer Tatbestand, noch als Einschätzung der aktuellen Tabellensituation der Quali-Gruppe 4. Die Angst vor einer weiteren Niederlage lähmte beide Seiten. Das sah auch Franz Beckenbauer so, der zehn Tage später mit der DFB-Auswahl in Augsburg 4:1 gegen Bulgarien gewinnen sollte und zur Beoabachtung des Gegners auf der Tribüne des Wassil-Lewski-Stadions saß. Ralf Minge und Jörg Stübner hatten ihn bereits auf dem Weg dahin getroffen und waren schwer beeindruckt. Im Hotelfahrstuhl schwebten sie gemeinsam mit „Kaiser Franz" ins Erdgeschoss und genossen das „einmalige Erlebnis". Die 45.000 Besucher im Wassil-Lewski-Stadion hatten ganz andere Probleme. Sie drohten bereits einzuschlafen, als Schiri Wöhrer plötzlich auf Freistoß für Bulgarien entschied. Drei Minuten waren noch zu spielen. Mladenow zog einfach ab, irgendwie in Richtung DDR-Tor. Sichere Beute für Rene Müller, so schien es. Doch der Leipziger Keeper tauchte ohne Ball aus dem kurzen Eck wieder auf, dafür mit versteinerter Miene. Andreas Thom hatte dem Ball abgefälscht und dessen Flugbahn komplett verändert. Backs' Rettungsversuch auf der Torlinie war vergeblich - 0:1! Die Entscheidung war gefallen. Lustlos stocherten die „Loser" beim Abendbrot auf ihren Tellern herum, als plötzlich die Tür zum Speisesaal aufsprang. Ehrfürchtig nahmen die Ostdeutschen Haltung an, denn soeben erschien der „Kaiser", Franz Beckenbauer. Nonchalant ging er an der Speisetafel vorüber, klopfte auf den Tisch und sprach: „Schad', dös ihr verlor'n habt!" Die DDR-Kicker fühlten sich geadelt. Beckenbauer, ebenfalls im Hotel „Witoscha" abgestiegen, hatte noch ein weiteres Anliegen. Er wollte wissen, wer der Zeugwart sei. Als er später bei Fritz Wutke an der Tür klopfte, erkundigte er sich, ob er ein DDR-Trikot bekommen könne. Wutke musste dem „Kaiser" diesbezüglich eine Abfuhr erteilen. Die DFV-Führung hatte noch an der Niederlage zu kauen und war zu keiner Good-Will-Geste bereit. Letzteres war für Beckenbauer kein Problem. Bei einem kurzen Plausch zollte er dem „Beckenbauer des Ostens" Respekt für eine starke Liberopartie. Dixie Dörner hatte die DDR-Abwehr sicher zusammengehalten, auch wenn zum angestrebten 0:0 in diesem WM-Qualifikationsspiel ganze 180 Sekunden fehlten. Bei aller Wertschätzung wusste der Dresdner natürlich, dass er sich vom Lob des „Kaiser" nicht viel kaufen konnte? Er wurde eben im Gegensatz zu seinem vermeintlichen „Original" selten von der Glücksgöttin geküsst. Zu erfahren bekam er das schon 1969, als nach dem Finale des UEFA-Juniorenturniers gelost werden musste, um den Sieger zu ermitteln. Natürlich fielen sich die Bulgaren um den Hals. Dem jungen Dörner, als „bester Spieler" die Entdeckung des Turniers, sollte das Pech im entscheidenden Moment ein Fußballerleben lang treu bleiben. Damals machte sich der Görlitzer keine großen Gedanken. Harald Seeger hatte ihn nur Tage später zur Nationalmannschaft eingeladen. In Magdeburg wurde der gerade 18jährige als Stürmer eingewechselt. Am 0:1 gegen Chile konnte er allerdings aber nichts ändern. Die erste Heimniederlage der DDR-Elf nach sechs Jahren, auch ein Ergebnis der DFV-Termin-planung. Die Spieler waren gerade aus dem Urlaub gekommen.

Dörner bekam nach seinem ersten Länderspiel ein Problem. Plötzlich war er bei Trainer Walter Fritzsch in Dresden nur noch Ersatz. Am Sonnabend saß er in der Oberliga auf der Bank, am Sonntag durfte er in der „Zweiten" 'ran. „Ich war abgehoben", bekennt Dörner heute ehrlich. Der Mittelstürmer war inzwischen ins Mittelfeld gerückt, in einer aufstrebenden Dynamo-Mannschaft zu dieser Zeit aber nur Mit-telmaß. Doch urplötzlich schlug seine Stunde, Fritzsch musste ins Kran-kenhaus. Assistent Harry Nippert bekam das Zepter in die Hand und machte Dörner gegen Leeds United zum Libero im Europacup. Vor ihm räumten Joachim Kern und Klaus Sammer gegen die baumlangen Spitzen der Briten ab. Der Youngster bekam glänzende Kritiken, auch wenn in England am nächsten Tag die Schlagzeile hieß: „1:0 - dank Dörner!" Der Libero hatte einen Handstrafstoß verursacht. „Der Ball wäre reingegangen, so hatten wir wenigstens eine kleine Chance", erin-nert er sich. Das wusste auch Harry Nippert und hielt am Libero Dörner fest. Walter Fritzsch, wenig später 50 geworden und für die Gratulationscour der Dresdner Dynamo- und Parteispitzen extra aus dem Krankenhaus ins Casino gehievt, musste dem zähneknirschend zustimmen.

In der Auswahl bekam Dörner erst nach Olympia '72 eine echte Chance. Im slowakischen Preßburg ließ ihn Buschner gegen die CSSR Libero spielen und war nach dem 3:1-Sieg vom Dresdner überzeugt. Im Gegensatz zu den klassischen Ausputzern der Marke „Walter (Che-mie Leipzig), Zapf (Magdeburg), Strempel (Jena) oder Bransch (Hal-le)" verkörperte Dörner das von Beckenbauer geprägte moderne Liberospiel. Mit glänzender Übersicht, der seltenen Gabe, ein Spiel lesen zu können und traumhaft geschlagenen Pässen war sein Spiel etwas für die Gourmets auf den Rängen. Zusammen mit Hans-Jürgen Kreische und Reinhard Häfner kreierte er den legendären „Kreisel" und verwöhnte Fußball-Dresden mit Zauberfußball. Sein Hang zum Leichtsinn wurde Dörner vor allem dann vorgeworfen, wenn das Resultat nicht stimmte. Dabei war es für ihn stets Leichtigkeit. Der gelernte Dreher blieb selbst in brenzligen Situationen immer ein Fußball-Feinmechaniker. Er gehörte zu den Künstlern auf dem Rasen, allein sein Spiel mit Stil, Witz und Verstand war das Kommen wert. Deshalb wurde er von den Fans verehrt.

Im Frühjahr '73 bereitete sich Dörner mit der DDR-Auswahl in Kienbaum auf das WM-Qualifikationsspiel gegen Albanien vor. Da wurde er ernsthaft krank. Die Ärzte diagnostizierten Gelbsucht. Das „Mitbringsel" von der sechs Wochen zurückliegenden Südamerikatournee kostete ihn seinen großen Traum - die Weltmeisterschaft. Im Herbst war er zwar bei den legendären Bayern-Spielen der Dynamos und einem 1:0 der DDR in Ungarn wieder dabei. Doch ohne Trainingsaufbau hatte er gegen Bernd Bransch keine Chance und erlebte den einzigen WM-Auftritt der Nationalmannschaft zu Hause im Fernsehsessel.

Der Riesenenttäuschung folgte der steile Aufstieg. Die „kleine" WM-Revanche beim 3:1 gegen Polen in Warschau erlebte einen überragenden Dörner als Spielmacher hinter den Spitzen. Kazimierz Deyna und das damals auf der ganzen Welt gefürchtete Angriffstrio Lato, Szarmach und Gadocha bekamen das große Staunen und der WM-Dritte von der DDR eine Lektion erteilt. Ein knappes Jahr später testete Buschner in Kanada sein Team für Olympia. Auf der Reise durch das Gastgeberland verdrängte Dörner Libero Bransch von seinem Posten. Als äußeres Zeichen dafür bekam er vom Trainer auch noch die Kapitänsbinde verpasst. In Montreal führte der Dresdner das Team zum großen Triumph. Die olympische Gipfelbesteigung erfolgte wieder gegen Polen, wieder gewann die DDR mit 3:1. Nach der Rückkehr wurde die erfolgreichen Kicker mit Ehrungen überhäuft. Nacheinander bekam Dörner den Vaterländische Verdienstorden in Silber und die Arthur-Becker-Medaille an die Brust geheftet, er wurde „Meister des Sports" und „Verdienter Meister des Sports", dazu drückte man ihm schließlich noch die vom DTSB für einen Olympiasieg ausgelobte Prämie in Höhe von 15.000 Mark in die Hand.

Außerhalb des Rasens blieb Dörner stets ein Einzelgänger. Er saß nicht am Stammtisch und überlegte sich auch ganz genau, wem er ein Interview gab. Arroganz und Überheblichkeit sagte man ihm deshalb nach. Dabei wollte er nur seine Ruhe haben. Für einen Weltklassemann war er viel zu ruhig. „In den entscheidenden Momenten spielten mir oft die Nerven einen Streich, obwohl das nur schwer zu glauben ist", bekennt er heute offen, was ihm früher nie über die Lippen gekommen wäre, und das, mit dem typischen Dörner-Blick, den Kopf leicht zur Seite geneigt, die Stirn zwischen den Augenbrauen in Falten gelegt und um den Mundwinkel ein zuckendes Lächeln irgendwo zwischen verschmitzt bis spitzbübisch. Nach dem Olympiasieg versuchte er vergeblich, noch einmal auf die große Bühne des Fußballs zurückzukehren. Sechsmal in Folge scheiterte er mit der DDR in einer WM- oder EM-Qualifikation, ebenso oft war für ihn mit Dynamo im Viertelfinale des Europacups Schluss. In den großen Schlachten war er mit der Mannschaft untergegangen. Entnervt resümierte er im Frühjahr '85 nach der 0:5-Schlappe in Wien: „Wir waren noch nie reif für das Halbfinale!" und begründete: „Der Fußball kommt bei uns in der Rangordnung an 15. Stelle." Nach DTSB-Philosophie wäre aus dem fußballverrückten Vollblutstürmer Ralf Minge höchstwahrscheinlich ein 400-Meter-Läufer geworden, was Dörner zu dem Schluss kommen ließ: „Solange talentierte Fußballer von anderen Sportarten weggesichtet werden, kommen wir nicht aus dem Mittelmaß heraus." Die Funktionäre in Dresden und Berlin bekamen einen Tobsuchtsanfall.

Was in der DDR gang und gäbe war, durfte noch lange nicht in der Öffentlichkeit angesprochen werden, auch vom VP-Major Hans-Jürgen Dörner nicht. Sofort musste er zum Rapport. „Sind Sie wahnsinnig?" knallte ihm Dynamo-Boss Horst Arlt an Stelle einer Begrüßung an den Kopf und wusch dem Libero gründlich den Lockenkopf. Damit war die Sache aber noch nicht aus der Welt. Am nächsten Montag musste er noch bei der Leitung der SV Dynamo antanzen, früh um 6 Uhr in Berlin. Doch Heinz Pommer und Hugo Herrmann hatten vergeblich ihre Messer gewetzt. Dörner bekam über Nacht Zahnschmerzen und begab sich am nächsten Morgen auf den Behandlungsstuhl von Dr. Rosler. Der befreundete Zahnarzt entledigte ihn von beiden Übeln. Erst zog er den Zahn, dann schrieb er Dörner für diesen Tag krank. Der Libero hatte sich elegant aus der Affäre gezogen und reiste drei Tage später mit der Nationalmannschaft nach Bulgarien. Als Beckenbauer

185

nach dem Spiel sein Lob verteilte, konnte der „Kaiser" nicht wissen, mit welchen Problemen „seine Ostausgabe" außerhalb des Rasens leben musste.

Sechs Wochen nach dem Bulgarienspiel genoss Dixie Dörner eine seiner größten Stunden. Er bestritt sein 100. Länderspiel. Dass die Ehrung in Babelsberg stattfand, der Gegner Luxemburg hieß, die folgenden 90 Minuten von ihm die Einschätzung „Schweinespiel" bekamen, war ihm alles egal.

Doch auch ein Mitglied im exklusiven „Klub der Hunderter" musste in der DDR höflichst anfragen, ob er sein Jubiläumsdress behalten könne. Bis dato galt die strikte Anweisung von DTSB-Boss Manfred Ewald, „gebrauchte Garnituren in den Reißwolf". In der Republik sollte Sport getrieben werden, aber, bitte schön, nicht in den Klamotten aus Feindesland. Somit wurden alle Trikots nur ein einziges Male getragen. Es hatte alles seine sozialistische Ordnung. Auch die Qualifiaktions-Bilanz nach vier Spielen war typisch für die DDR, ernüchternde 2:6 Punkte! An die WM-Teilnahme glaubten nicht einmal mehr die kühnsten Optimisten. In Babelsberg wurde die noch schlechtere Mannschaft erwartet - Luxemburg und es kam zu einem grausamen Kick. Die 9.000 Zuschauer pfiffen sich die Seele aus dem Leib. Mit 3:1 bezwang die DDR zwar den Gast, beim eigenen Fußballvolk verloren sie aber weitere Sympathien.

Doch plötzlich zeigte sich eine weitere Eigenart des ostdeutschen Fußballs! Sobald es um nichts mehr ging, der Zug eigentlich ohne DFV-Akteure das Gleis verlassen hatte, konnten die Jungs auf einmal vorzüglichen Fußball spielen! Am 11. September war ein solcher Tag. Europameister Frankreich wurde in der Messestadt erwartet. Trotz teils erbärmlicher Vorstellungen der DDR-Fußballer bevölkerten 78.000 Fans die Traversen des Zentralstadions. Vorrangig, um von den internationalen Stars, Platini, Fernandez, Giresse fußballerische Schmeckerchen zu sehen. Sie alle hatten sich getäuscht! „Wir müssen Kampfzonen schaffen, den Gegner neutralisieren!", hämmerte Trainer Stange seinen Spieler ein ums andere Male ein. Für einen wurde es ein besonders gelungener Abend. Keeper Rene Müller hielt nicht nur seinen Kasten sauber, sondern fing während der Partie noch einen „gallischen" Hahn, den ein Witzbold unter den Fans ins Stadion geschmuggelt hatte. Vor der Begegnung plagten den Leipziger noch andere Sorgen. Beim Bau seines Häuschens in Mölkau (b. Leipzig) wurden kurz

vorm Spiel die Handwerker erwartet. Die durfte man im Sozialismus nicht versetzen! Müller befragte den Coach, ob er dafür die nur wenige Kilometer entfernt gelegene Sportschule Leipzig kurz verlassen dürfe. Er durfte! Man stelle sich diese Situation im Jahre 1997 im Trainingslager der DFB-Auswahl vor. Helmer bittet den „Bundes-Berti" um Freistellung, weil die Kohlen kommen! Müller war jedenfalls heilfroh und hochmotiviert. Alle anderen DDR-Kicker ebenfalls. Der Europameister traute seinen Augen nicht. Die Underdogs aus dem Osten kauften ihnen den Schneid ab!

Vor allem Michel Platini fand noch tagelang nach dem Spiel schlecht in den Schlaf. Der Dirigent der „Equipe Tricolore" hatte in Leipzig mit dem Anpfiff einen blau-weißen Schatten bekommen und wurde diesen erst beim Abgang in den Spielertunnel wieder los. Der Schattenmann war der 19jährige Jörg Stübner, nach dem Spiel unter anderem mit solchen Superlativen wie „Perpetuum mobile" bedacht. Der größte Vorteil des Dynamo-Flitzers war seine Unbekümmertheit. Mit 17 wurde er von Trainer Klaus Sammer in der Oberliga eingesetzt, ein Jahr später stand er in der Nationalmannschaft. Bei einem Punktspiel im Frühjahr '84 zeigte sich nicht nur Stübners Gegenspieler beeindruckt, sondern auch Manfred Bahrs. Der Schiedsrichter musste den jungen Mann ob seiner forschen Herangehensweise mehrfach ins Gebet nehmen, so dass Sammer ihn nach Spielende aufforderte: „Geh' hin zum Bahrs und entschuldige dich!" Stübner guckte seinen Coach völlig entgeistert an und fragte: „Wer ist Bahrs?"

In Leipzig gehörte Stübner zu den Matchwinnern in einer homogenen Mischung aus „Kämpfern" und „Spielern". Rainer Ernst und Ronald Kreer trafen gar noch ins Tor - die Sensation war perfekt, das Stadion glich einem Tollhaus! Frankreich war 2:0 bezwungen und für die Auswahlspieler wurde die Leipziger Nacht zum Tage. Keine Bar und keine Disco der Messestadt blieb unbesucht! Rene Müllers Trabbi-Kombi diente dabei zunächst als Transportmittel. 10, in Worten, ZEHN Spieler fanden im „Sachsenring-Express" ein gemütliches Plätzchen. Die Krönung lieferte der im Kofferraum sitzende „Maxe" Steinbach. Auf dem Kanister kauernd, genoss er eine Zigarette! Überlebt haben diese Nacht alle, auch wenn Coach Stange beim morgendlichen Treff fast schwindlig wurde, als er seine Spieler begrüßte. Optimistisch flog man knapp drei Wochen später nach Jugoslawien zum nächsten Spiel. Es wurde erneut ein Riesenabend für den DDR-Fußball. Andreas Thom machte eines seiner besten Spiele überhaupt. An seiner Seite zerriss sich Sturm-Novize Kirsten. Als Rene Müller in der Schlussminute noch einen Elfmeter von Gracan meisterte, stand der 2:1 Auswärtssieg fest. Ein neuer Kampfgeist innerhalb der DDR-Mannschaft war geboren. Und vor allen Dingen: man hatte wieder Spaß am Fußball in diesem „Goldenen Herbsttagen" des Jahres '85, weil die Mannschaft wieder SPIELEN konnte. So ergab sich auf einmal noch eine Minichance auf die WM-Teilnahme! Dafür musste Frankreich sein Abschlussspiel zu Hause gegen die Jugos verlieren, einen DDR-Heimerfolg gegen Bulgarien vorausgesetzt. Das erwartete Ergebnis trat ein. Zwar bezwang die DDR die Bulgaren in Karl-Marx-Stadt mit 2:1. Zeitgleich lösten aber auch die Franzosen ihre Aufgabe und qualifizierten sich, neben Bulgarien, für die Weltmeisterschaft. Der Endspurt der DDR hatte zwar nicht mehr für die Qualifikation ausgereicht aber jede Menge Sympathie bei den Fans erbracht. Für Bernd Stange sollte sich das ganze auch finanziell auszahlen. Für ihn wurde beim DTSB eine Gehaltserhöhung von 400 Mark eingereicht. Doch Ewald schmetterte die vorgeschlagenen 2.500 Mark ab, obwohl andere Cheftrainer im DDR-Spitzensport diese Einstufung bekamen.

Vielleicht lag es auch bloß daran, dass sich der Auswahltrainer für den in der Republik äußerst stiefmütterlich behandelten Damenfußball ausgesprochen hatte. Ewald war sauer. Der DTSB-Boss sah daraufhin schon tausende Frauen dem Ball hinterherjagen und ebenso viele Medaillen durch die Lappen gehen. Auch ohne höheres Salär führte Stange in der Nationalmannschaft eine Weihnachtsfeier zum Jahresabschluss ein. Aufgrund der angespannten Arbeitskräftesituation im Osten musste der Coach sogar das eine oder andere Mal selbst den roten Mantel überstreifen. Mit ein paar speziellen Wünschen bzw. vorbereiteten Anfragen an den Ruprecht wurde sogar ein kleines Kulturprogramm gestaltet. Die Texte lieferte Physiotherapeut Horst Friedl zu. Einmal kam es dabei fast zum Eklat. Von Andreas Thom wussten die „Organisatoren", dass er einen Wellensittich hat und kontaktscheu ist. Also gab der Weihnachtsmann folgenden, nicht ganz eindeutigen Spruch zum Besten: „Suche Frau, die gut zu Vögeln ist. Während sich alle anderen vor Lachen auf die Schenkel hauten, gab es am Tisch von Thom und Doll einen Aufschrei. „Det kann doch wohl nicht wahr sein, Andy, wir gehen!" sagte die Lebensgefährtin von Andreas Thom und wollte die Veranstaltung verlassen.

Der „Goldene Herbst" der Nationalmannschaft hielt bis ins neue Jahr. Im amerikanischen San José erlebten Stange und seine Mannen ein zahlenmäßig kleines, aber außerordentlich aufgepeitschtes Publikum. Davon beeindruckt, sangen die DDR-Kicker sogar kräftig bei der sonst eher verschmähten Hymne mit. Der Test gegen Mexiko wurde durch die äußeren Umstände zur ernsthaften Auseinandersetzung. Zuerst bekamen das die Wechselspieler zu spüren. Ihnen wurde Wein gereicht, allerdings in der unfeinen Art. Die fanatischen Anhänger schütteten ihnen das Zeug ins Genick. Als der Leipziger Uwe Zötzsche das Spiel mit seinem zweiten Treffer für die im amerikanischen Raum nahezu unbekannten East-German Boys entschied, fielen auch die letzten Hemmschwellen. Nach der Rückkehr ins Hotel gab es die nächste Bescherung. In die Zimmer der Spieler war eingebrochen und alles nach Bargeld oder Wertsachen durchwühlt worden. Eine entsprechende Warnung hatte es schon bei der Anreise gegeben, weil es den Brasilianern Tage vorher ähnlich ergangen war. Allerdings konnten die dreisten Hoteldiebe nicht wissen, dass der gelernte DDR-Bürger seine wenigen Dollar prinzipiell am Mann trug und auch seine Vorstellungen von Wertsachen ganz erheblich von den ortsüblichen Kriterien abwichen. Detlef Schößler bekam es trotzdem mit der Angst zu tun. Er hatte seine Kamera vom Typ „Exa 1b" bei der Abfahrt zum Spiel im Zimmer liegen lassen. Zwischen Kap Arkona und Fichtelberg war das beliebte Modell gar nicht so leicht zu bekommen. Doch das gute Stück lag noch unversehrt an gleicher Stelle. Wahrscheinlich konnten die ortsansässigen Langfinger mit diesem Stand der Technik überhaupt nichts mehr anfangen. Vom Einbruch verschont blieben Mannschaftsarzt und Physiotherapeut, die auf einem anderen Flur Quartier bezogen hatten. Dr. Klein übernahm sofort die Annahme der Schadensfälle. Einen Tag danach war auch Harald Irmscher eingefallen, dass ihm etwas abhanden gekommen war. Doch da winkte der „Doc" nur ab. Der Co-Trainer war gleich nach der Ankunft mit einer außergewöhnlichen Bitte zu ihm gekommen. Klein verwaltete das vom Verband für die Reise geplante Verpflegungsgeld in Höhe von 15 Dollar pro Mann und Tag. Da Delegationsleiter Wolfgang Riedel kein Wort englisch sprach, sollte sich der Mannschaftsarzt um alle diesbezüglichen Absprachen und die Abrechnung kümmern. „Doc, zahl' mir mein Essgeld aus, ich verpflege mich schon irgendwie", hatte Irmscher verlangt. Die 150 Dollar mussten auf ihn eine große Reizwirkung ausgeübt haben. Der ehemalige Auswahlspieler bildete mit Bernd Stange ein gut harmonierendes Trainergespann. Der Chef repräsentierte, dozierte und leitete. Irmscher war sowohl für das Konditions- als auch für das Techniktraining zuständig. Er konnte die Spieler ebenso gut „schleifen" wie ihnen am Ball etwas vormachen. Da er in seiner aktiven Zeit bei Zwickau und Carl Zeiss Jena stets von größeren Wehwehchen verschont geblieben war, zählte der heutige Unternehmer im Training stets zu den Besten.

Auf der Weiterreise nach Portugal hatten Ralf Minge und Dirk Stahmann einige Schrecksekunden zu überstehen. Der Flug von San Francisco nach New York gehört mit Sicherheit zu den Horrorerlebnissen der beiden Fußballrecken. Einige Turbulenzen raubten den von Flugangst gepeinigten Kickern fast den Verstand. „Ihr Scheiß Amis", brüllte Minge durch die TWA-Maschine, als er nach einigen Wacklern sein letztes Stündchen kommen sah. Schweißüberströmt waren sie dann auf dem Kennedy-Flughafen in New York gelandet, ehe es nach drei Stunden Pause zurück über den „großen Teich" ging. Die Erholung tat Minge und Stahmann gut, sie präsentierten sich den Hobbyfotografen in der Mannschaft mit einem großen Schild, worauf „ANGST!!!" geschrieben stand.

Zur Frühjahrsmesse '86 erlebten die Gäste der Messestadt einen Oberligaknüller der besonderen Art. In Probstheida hatte der Ansetzer für den 22. März mit dem Spitzenspiel zwischen dem 1. FC Lok und Dauermeister BFC ein glückliches Händchen bewiesen. Doch was sich auf dem Rasen abspielte, war eine Farce. Lok war durch Marschall bereits früh in Führung gegangen, dem Spitzenreiter rannte die Zeit davon. Da half Schiedsrichter Bernd Stumpf. Erst stellte er Liebers vom Platz, dann ließ er so lange spielen, bis ein BFC-Spieler im gegnerischen Strafraum vor Schwäche umfiel. In der 95. Minute war es soweit. Pastor verwandelte den Fall-Elfmeter zum 1:1. DFV-Generalsekretär Karl Zimmermann war es zu danken, dass Stumpf später aus dem Verkehr gezogen wurde. Der Titelkampf aber war wieder einmal zugunsten des BFC entschieden. Im Spielertunnel ging das Duell zwischen dem BFC-Co-Trainer Achim Hall und Lok-Coach Uli Thomale mit einem kurzen Schlagabtausch in die nächste Runde. Auszubaden hatte den ganzen Schwindel der Auswahltrainer. Beim nächsten Treff, ganze drei Tage später. Die DDR-Vertretung hatte in Athen gegen Griechenland anzutreten. Bereitete es Stange ansonsten überhaupt keine Schwierigkeiten, die Spieler der verschiedenen Klubs unter einen Hut zu bekommen, so war nach diesem Oberliga-Wochenende der Psychologe gefragt. Mit dem Hinweis: „Ihr habt euch doch bestimmt noch viel vom letzten Spiel zu erzählen", steckte der Trainer in solchen Fällen die Betroffenen zusammen auf ein Zimmer und bewies damit sein pädagogisches Geschick. Stützen konnte sich Bernd Stange bei Unterfangen dieser Art auf die Kapitäne des 1.FC Lok (Rene Müller) und des BFC Dynamo (Frank Rohde). Beide galten in der Truppe als Diplomaten und Schlichter bei Differenzen innerhalb der DDR-Elf. Der Berliner Rohde galt als die „Vaterfigur" schlechthin. Sowohl in der Auswahl, als auch beim hauptstädtischen Klub. Auch nach der Wende nahmen beispielsweise Andreas Thom und Thomas Doll dessen Ratschläge an. Verbürgt sind folgende Episoden. Nach dem Fall der Mauer stand Tage später ein kleiner, dafür um so beleibterer Herr vor der Wohnung der Familie Thom. Dabei hatte er einen Koffer, in dem sich ein paar Kilo Süßigkeiten, jede Menge Spielzeug und 20.000 DM in bar befanden. Dieser Mann hört auf den Namen Rainer Calmund und wollte sich sofort die Dienste des flinken Berliners sichern. Thom, völlig verwirrt, griff zum Telefon und wählte Rohdes Nummer. Nach Absprache verzichtete Thom auf die Präsente des dicken Rheinländers und lehnte ab

- vorerst. Zusammen mit dem einstigen BFC-Kollegen Doll kickte „Wuschi" Rohde ein Jahr beim Hamburger SV. Doll spielte eine Supersaison und erhielt folgerichtig lukrative Offerten aus aller Welt. Dennoch versprach er zum Saisonschluss den HSV-Fans, die gerade den Einzug in den Europacup feierten: „Ich spiele auch im nächsten Jahr hier!" Stunden später zog Doll bei der großen Fete Rohde zur Seite. „Du Wuschi, ich muss mal mit Dir reden. Unser Flieger nach Mailand geht morgen früh zehn vor 7!" Rohde dachte, dass Doll von allen guten Geistern verlassen sei: „Unmöglich als amtierender HSV-Kapitän, den Star der eigenen Mannschaft bei Verhandlungen mit Lazio Rom zu flankieren und zu managen!" Er tat's doch. Unbemerkt von der hanseatischen Presse, schon dieser Fakt nötigt Hochachtung ab, flogen die beiden nach Mailand. „Ich mimte dort den großen Macher unter den handyschwingenden Italienern. Die astronomischen Zahlen, die auf dem Bogen standen, begriff ich überhaupt nicht", erzählt Frank Rohde, derzeit Trainer der Reinickendorfer Füchse in der Regionalliga Nordost. Als Lazio pokerte und einen Vergleich mit „Kalle" Riedle heranzog, zockte Rohde mit: „Meine Herren, wer ist denn Riedle? Wissen Sie überhaupt, was Thomas Doll in Hamburg für eine großartige Saison gespielt hat?" Doll, der neben ihm saß, standen die Schweißperlen auf der Stirn. Am Ende konnte er mehr als zufrieden sein, „Wuschi" hatte die Nummer gnadenlos durchgezogen. „In dem Vertrag war alles drin. So was hatte ich bis dahin überhaupt noch nicht gesehen", schüttelt Hobby-Berater Rohde den Kopf und lacht. „Noch heute telefonieren wir regelmäßig miteinander. Obwohl Andy in Schottland (Celtic Glasgow) und Dolli in Italien (Bari) unter Vertrag stehen."

Zurück ins Jahr '86. Gruppenweise trudelten die Kicker aus allen Teilen der DDR in die Leipziger Sportschule ein. Dies war völlig normal. Unnormal jedoch war die Tatsache, dass die Aktiven nach ihrer Ankunft unter sich blieben. Zu verhärtet waren die Zwistigkeiten untereinander. Stange grübelte auch nach der Zimmerbelegung nicht lange. Flugs wurde ein Kasten Bier organisiert, die Sauna aktiviert und das eisige Schweigen wich langsam der gewohnt lockeren Atmosphäre. Zeugwart Fritz Wutke, stets mit dem besten Draht zu den Spielern, lobt den damaligen Coach immer noch in den höchsten Tönen. „Wie der die Wogen wieder geglättet hat, das war meisterhaft!" Weniger meisterhaft gestaltete sich der Auftritt der DDR-Elf am folgenden Mittwoch in Athen. Sang- und klanglos unterlag die DDR den ebensowenig überzeugenden Griechen mit 0:2. Einen positiven Aspekt konnten die Verantwortlichen der Reise dennoch abgewinnen. Das 19jährige Supertalent Thomas Doll vom FC Hansa Rostock gab nach seiner Einwechslung in der 68. Spielminute ein durchaus gelungenes Kurzdebüt. Der Experte erkannte sofort, dass hier ein ganz Großer heranwachsen könnte. Ein-

ziges Manko für die Funktionäre war sein Heimatklub von der Waterkant. Das musste schleunigst geändert werden! Im folgenden Sommer bekam der junge Vollblutfußballer Besuch aus der Hauptstadt. Die Berliner Gäste versuchten mit belanglosen Fragen ein Vertrauensverhältnis zu Doll aufzubauen. Wenig später ging's aber ordentlich zur Sache. „Wie alt bist Du?", wurde das Hansa-Talent gefragt. „Weißt Du, wann der nächste Einberufungstermin zur Nationalen Volksarmee ist?", waren die nächsten Worte der „ungebetenen Gäste". Aus der Tasche zog einer von denen ein Papier. „Bewerbung um Aufnahme beim BFC Dynamo" lautete die Überschrift. „Wenn Du hier unterschreibst, brauchst Du nicht zum Militär!", forderten die Besucher ultimativ. Augenblicke später hatte BFC-Stürmer Andreas Thom einen neuen Partner an seiner Seite. Das zivile Leben war dem Rostocker doch wesentlich angenehmer, als der Dienst im „Waffenrock". Mit dem Offensivduo Thom/ Doll hatte der Mielke-Klub jetzt einen Sturm von internationaler Klasse. Als „Zwillinge" wurden die beiden von der einheimischen Sportpresse fortan bezeichnet. Trotzdem sollte der BFC auf der europäischen Fußballbühne nur zweitklassig bleiben.

Nach dem recht knappen Scheitern in der Qualifikation zur Weltmeisterschaft 1986 wollten die DDR-Kicker ihr gewachsenes Leistungsvermögen in der EM-Quali unter Beweis stellen und sich für die Endrunde

1988 in der Bundesrepublik qualifizieren. Die politische Richtlinie bekamen die Leistungssportler des Landes auf dem XI. Parteitag der SED mit auf den Weg. Unter den vierzig Delegierten der Spitzensportler befand sich, neben Katarina Witt oder Jens Weißflog auch Auswahltrainer Bernd Stange. Vom DTSB-Chef Ewald bekamen sie abschließend ein wunderschönes Gruppenfoto geschenkt. Fast eine Woche lang füllten sich im Ostberliner „Palast der Republik" die Treuesten der Treuen Anhänger der „Partei der Arbeiterklasse" gegenseitig die Taschen, bis sie in ihre sozialistischen Bezirksfürstentümer zurückkehrten. Stange zog folgendes, fußballspezifisches Fazit: „Wir müssen endlich aufhören mit der gegenseitigen Schuldzuweisung. Es muss ein Miteinander zwischen den Oberligavereinen und der Auswahl geben. Nur durch die tägliche konzentrierte Trainingsarbeit im Klub lassen sich auch internationale Früchte ernten!" Praktisch sollte das 1988 geschehen. Die Gruppenauslosung hatte es in sich. Neben Island und Norwegen wurde den Stange-Schützlingen die UdSSR und wieder Titelverteidiger Frankreich zugelost. Zweifellos waren die Sowjets der große Favorit, aber man rechnete sich hierzulande eine gewisse Außenseiterchance für den „Platz an der Sonne" aus. Nur der Gruppensieg berechtigte zur Teilnahme an der EURO'88. Der Auftakt wurde im „Hohen Norden" vollzogen, am 24. September in Oslo. In landschaftlicher Idylle, am Fuße des berühmten „Holmenkollens" hatte die DDR-Mannschaft ihr Quartier im Hotel „Sara" bezogen. Die Organisation durch die Gastgeber ließ keinerlei Wünsche offen, wohl aber das Spiel der ostdeutschen Gäste. Wie scheue Touristen vor einer andonnernden Elchherde versteckte sich der Stange-Trupp am eigenen Strafraum vor den Attacken der Norweger. Aber die Abwehr, um die überragenden Müller und Rohde, hielt 90 Minuten stand. Ein Tor fiel nicht. Für Stanges Angriff nichts Neues, war es nun schon die siebente Begegnung in Folge ohne eigenen Treffer! Den letzten hatte Rainer Ernst siebeneinhalb Monate zuvor in Portugal markiert. Diesmal kam jedoch eine neue Qualität hinzu. Nicht einmal ein Eckball für die DDR stand am Spielschluss zu Buche. Entsprechend mürrisch gab sich der Dresdner Vollblutstürmer Ulf Kirsten auf dem Heimflug. Fast zeitgleich mit Mannschaftskamerad Jörg Stübner hatte er in der DDR-Elf Fuß gefaßt. Daheim in Dresden besuchten die beiden eine „Zwei-Mann-Klasse", um den Unterrichtsausfall in Grenzen zu halten und aufzuholen. Mit ihren Lehrern trieben sie mitunter ein neckisches Spiel. Beide hatten folgende Abmachung getroffen: „Wer zuerst einen Mucks sagt, spendiert dem anderen am Abend eine Cola." Mitunter wähnten sich die Pädagogen in einer Lehranstalt für Sprachgeschädigte! Kirsten und Stübner hatten ihren Spaß und feixten sich scheckig.

Der Abend des 26. Oktobers 1986 war ein empfindlich kühler, dazu nieselte es. Die DDR-Auswahlspieler waren tags zuvor in Kienbaum angereist. Alle Anstrengungen sollten unternommen werden, um die Isländer im EM-Qualifikationsspiel zu schlagen. Wie immer wurde den Tag über hart trainiert, wie immer drohten die Abende langweilig zu werden. Aber nur für die, die sich nicht zu helfen wussten. Ein beliebter Zeitvertreib vieler Aktiver war ein Kartenspiel namens „Knack". An besagtem Abend trafen sich die Sportfreunde Pastor und Rohde (beide BFC), Döschner (Dresden) und Sänger (Erfurt) in der spartanisch eingerichteten Unterkunft zum Glücksspiel. Während man sich die Karten um die Ohren drosch, sprachen die Fußballer auch ein wenig dem Alkohol zu. Das Duo Döschner/Pastor bevorzugte Bier, die Vorliebe des Spielpaares Rohde/Sänger galt dem Rotwein und Wermut. Irgendwann in der Nacht, die Geisterstunde war lange abgelaufen, verabschiedeten sich die vier Zocker voneinander. Offen blieb eine nicht ganz unbedeutende Frage. Wer entsorgt das entstandene Leergut? Für den Morgen war eine Mannschaftssitzung anberaumt. „Wir treffen uns pünktlich 9 Uhr!", hatte Bernd Stange seinen Schäfchen mit auf den Weg in die Falle gegeben. Morgens, ganze 10 Minuten vor der Stichzeit hatte sich das „Knack-Kollektiv" geeinigt. „Atze" Döschner war dran und hatte für die Vernichtung der Flaschen zu sorgen. Fast gelang ihm dies auch unerkannt. Nur einen Treppenabsatz noch, und das Schicksal hätte es gut mit ihm gemeint. Da rannte er, samt klirrendem Gepäck, den Trainer fast über den Haufen. „Wer war dabei?", fragte Stange gestreng. Der Dresdner schwieg. „Das bleibt unter uns, wenn Du morgen ein gutes Spiel machst", versicherte der Trainer. Die DDR-Elf gewann mit 2:0. Kritiker bescheinigten Döschner eine gute Leistung. An das erste Klubtraining danach in Dresden erinnert sich „Atze" heute schmunzelnd. „Wo ist Döschner?", hörte er es bereits im Erdgeschoss des Vereinsgebäudes dröhnen. Trainer Klaus Sammer erwartete ihn zum Rapport und der Sünder wurde wieder einmal daran erinnert, nicht allen Versprechen zu glauben.

Beim Qualifikationsheimspiel Ende Oktober gegen Island waren endlich wieder Tore gefallen und nicht nur den Stürmern ganze Felsbrocken vom Herzen. Thom und Kirsten hießen die Glückspilze, welche nach acht Monaten Torflaute 'mal wieder trafen. Island wurde mit 2:0 bezwungen. Drei Wochen Vorbereitungzeit blieben der Truppe bis erneut die Franzosen zum Gastspiel nach Leipzig reisten. Nach dem 0:2 vor Jahresfrist, sannen sie auf die Revanche. Doch vom großen Fußball des letzten Jahres sahen die 52.000 im Stadion und die Zuschauer am TV-Gerät fast nichts. Taktische Zwänge bestimmten die Partie. Besonders von der vielgerühmten Kreativität der Franzosen war nichts zu sehen. Einen guten Eindruck bei ihrem Debüt hinterließen Rico Steinmann, von Beginn an dabei und Matthias Sammer, eine Viertelstunde vor Schluss für Kirsten eingewechselt. Der damalige Zeugwart, Fritz Wutke, erinnert sich an die Auswahlanfänge des Rotschopfes aus Elbflorenz: „Der Matthias, Du, der ging für den Fußball durchs Feuer. Ehrgeiz ohne Ende war sein Markenzeichen. Der musste es einfach schaffen. Nur einen negativen Touch hatte er, er war überaus sparsam. Wie man so hört, soll das heute noch der Fall sein. Das muss er von seinem Vater geerbt haben! Besorgte ich ihm Turnschuhe der Marke „adidas", gab er mir, nicht wie die anderen Kicker, einen Schein extra, sondern bot mir jedesmal Schokolade an!" Von seinem heutigen Jahreseinkommen könnte er sicher so manche Süßwarenfabrik, samt Produktpalette kaufen. Das Fußballjahr '86 ging zur Neige und Auswahlcoach Stange zog ein Resümee: „Unsere Ausgangsposition ist zwar nicht ausgezeichnet, mit 4:2 Punkten aber gut und stärkt zugleich unser Selbstvertrauen." Richtig zur Sache, sprich um EM-Punkte wurde Ende April wieder gekickt, in Kiew gegen die SU. Gegen den großen Favoriten hatte die junge DDR-Truppe erwartungsgemäß nichts zu bestellen. Trotz der Anfeuerungen von rund 2.000 Studiosi, Trassenbauern und Dnepr-Schiffsreisenden aus der Heimat war gegen diese Sowjets kein Kraut gewachsen. Belanow und Sawarow dokumentierten den herrschenden Unterschied zwischen beiden Teams durch ihre Tore auch resultatsmäßig. Wesentlich besser lief es für die Deutschen beim nächsten Auftritt in Island. Thom, Doll, Steinmann und Ernst zauberten, dass dem DDR-Fan warm ums Herz wurde, der isländische Nationaltrainer Siegfried Held jedoch seine ohnehin hohe Frequenz beim Augenzwinkern locker verdoppelte. So etwas hatte er mit seinen Jungs noch nicht erlebt! Wie von einem Vulkanausbruch im Land der Geysire wurden sie überrascht, unfähig jeder Reaktion. Spricht man Held heute noch auf dieses 0:6 an, erfährt man von ihm nur einen Satz: „Wissen

sie, es war meine einzige Enttäuschung in diesem Land!" Damit ist das
Thema für Held, ohnehin nicht als große Plaudertasche bekannt, abgehakt. Wer ihn näher kennt, vermag einzuschätzen, wieviel innere Diszi-
plin ihm diese überaus korrekte Aussage abverlangt. Mit nun sechs
Punkten auf der Habenseite hatte die DDR ihre Minichance gewahrt.
Die Lage war klar: die DDR musste ihre ausstehenden Spiele, daheim
gegen die UdSSR und Norwegen, sowie in Frankreich gewinnen und
zudem auf einen Ausrutscher der Russen warten. Einmal wackelte der
„große Bruder" bereits. Gegen die starken Franzosen reichte es daheim mit viel Glück zum 1:1. „Jetzt sind sie dran!", machte Rene
Müller seine Mannschaftskameraden nochmals richtig heiß, bevor beide
Teams am Abend des 10. Oktobers des Berliner Jahn-Sportpark betra-
ten. Dass am Ende ausgerechnet der Käpt'n zur tragischen Figur des
Abends werden sollte, ahnte niemand. Und wie es auf dem Rasen zur
Sache ging. Schößler und Kreer bissen sich sofort in ihre prominenten
Gegenspieler Protassow und Dobrowolski fest, attackierten sie, lange

bevor ein Ball ins weitere Umfeld gelangte. Das zeigte Wirkung. Die
gefürchteten russischen Angriffspitzen blieben stumpf. Der halbe Weg
zum Erfolg. Vorn zerrten Kirsten, Doll und Thom gemeinsam an den
Ketten, was das Zeug hielt. Seit langem hatte sich Stange einmal wieder
für diese verstärkte Offensivvariante in einer wichtigen Begegnung entschieden. Sechzig Sekunden vorm Pausenpfiff wurde dies belohnt. Ulf
Kirsten zog unwiderstehlich an Chidijatulin und Torwart Dassajew vorbei
und vollendete im Sturzflug zum 1:0.

Die Russen waren beeindruckt, angeschlagen. „Männer, jetzt bloß nicht
locker lassen!", beschwor Stange seine Kämpfer beim Pausentee. Sie
ließen nicht locker. Nur der Torwart, Rene Müller, konnte zehn Minuten vor Ende der Partie einen Fernschuss nicht festhalten. Alejnikow
staubte ab - 1:1! Keiner machte Müller gegenüber auch nur
andeutungsweise eine Bemerkung. Jeder wusste, dass der untadelige
Sportsmann, der schon so viele Spiele allein gerettet hatte, sich selbst
am meisten ärgerte. Bei diesem Unentschieden blieb's, auch wenn Ralf
Minge kurz vor Spielschluss fast das 2:1 erzielt hatte. Sein Kopfball

landete jedoch am Lattenkreuz. Es war eben nicht der glücklichste Tag des DDR-Fußballs. Die Würfel waren gefallen, die UdSSR hatte die Tickets für die Endrunde gelöst. Zum letzten Qualifikationsspiel für die EM '88 traf die DDR-Elf am 18. November 1987 im Pariser Prinzen-parkstadion auf die bereits qualifizierten Franzosen. Auf die seinerzeit übliche Siegprämie von 4.000 Ost-Mark pro Spieler waren die „Staats-amateure" jedoch allemal scharf. Entsprechend motiviert ging man die Auswärtsaufgabe an. Der Dresdner Matthias Döschner hatte beim Ab-schlusstraining ein ganz besonderes Bonmot für den Siegfall verspro-chen. „Wenn wir morgen gewinnen", eröffnete er seinen Mitstreitern „brülle ich so ein ,Kikeriki' durchs Stadion, dass hier die Wände wa-ckeln!" Zur Bekräftigung des Unterfangens krähte er schon einmal zur Probe und bekam gleich zwei Echos. Das erste durch den Schall, das zweite in Form eine schallenden Gelächters. 24 Stunden später hatte die DDR durch ein Tor von Rainer Ernst in der Schlussminute 1:0 gewonnen. Die Stunde der Wahrheit für Döschner. „Atze", zusätzlich gepuscht, nachdem er seinen prominenten Gegenspieler Amoros zwei-mal tunnelte, ließ sich nicht lumpen und plärrte, was das Zeug hielt. Die Zuschauer schlugen sich auf die Schenkel. So etwas hatten sie noch nicht erlebt und die Niederlage ihrer „Equipe Trikolore" war in diesem Moment bereits vergessen. Das DDR-Team hatte in den beiden bedeu-tungslosen Spielen gegen Norwegen (3:1) und in Frankreich (1:0) zum Abschluss „Ergebnisse gemacht". Die Kicker aber erinnern sich noch heute an den Abend nach der UdSSR-Partie. Trainer Stange zeigte damals trotz des unglücklichen 1:1 ein ganz besonderes Gespür für den Gemütszustand der Spieler. „Jungs, Ihr habt bis morgen früh Aus-gang. Ich möchte nur nicht, dass einer von Euch morgen früh um sechs Uhr unter der Weltzeituhr liegt!", entließ er seine Kicker in die hauptstädtische Nacht.

„Ick globe wohl, ick spinne. Danke, Jungs!" Anfang '88 konnte Zeug-wart Fritz Wutke sein Glück nicht fassen. Der Mannschaftsrat, beste-hend aus Müller, Rohde, Stahmann und Thom hatte sich erfolgreich dafür eingesetzt, dass die „gute Seele" der Nationalmannschaft nicht mehr mit einer Träne im Knopfloch zurückbleiben musste, wenn es ins Ausland ging. Spanien hieß das Ziel der Trainings- und Wettkampf-reise und „Fritze" war voller Dankbarkeit bereit, alles für die Spieler zu tun. Das ging soweit, dass Co-Trainer Irmscher auf seine Frage, ob Wutke einen Moment zum Trainer raufkommen könnte, am Telefon zu

Hören bekam: „Du, ick hab' jetzt keene Zeit. Ick muss für die Spieler Wein besorgen!" Übelnehmen konnte dem „Hans Dampf in allen Gassen" niemand etwas. Immerhin hatte er dafür gesorgt, dass sich die Nationalmannschaft, rein äußerlich, sehen lassen konnte. Aller halben Jahre bestellte er nach Selbststudium am Fernsehgerät und Wälzen der Kataloge die neuesten Trikots aus dem Westen. Darüber hinaus versorgte er die Kicker mit den begehrten „adidas"-Turnschuhen, die als Geschenk oder Zahlungsmittel für Handwerker nahezu unentbehrlich waren. Ärger gab es für Wutke nur, wenn der „Onkel" kam. Dann musste er sein Zimmer in der Leipziger Sportschule räumen. Dort empfingen die Auswahlspieler dann ihre Zuwendungen für ihre letzten Nationalmannschaftsauftritte als Motivationshilfe für das bevorstehende Länderspiel. „In dieser Zeit verdienten wir wirklich nicht schlecht", kann sich Ralf Minge noch bestens erinnern. 2.000 Mark für einen Sieg im Freundschaftsspiel, das Doppelte, wenn zwei Qualifikationspunkte eingefahren wurden. „Wollen wir doch mal ehrlich sein. Für uns war es doch wie im Schlaraffenland", wirft „Wuschi" Rohde ein, der heute natürlich weiß, dass dieses „Paradies" auch nachteilige Auswirkungen auf die Physis der Spieler hatte. Sobald es zum „Klassenfeind" ging, war aus den Oberligastars der eingeschüchterte, hilflose und zahlungsunfähige DDR-Bürger geworden.

Man schrieb den September 1988. Im Europapokal der Landesmeister bat Fortuna gleich in der ersten Runde zum deutsch-deutschen Duell. Der BFC Dynamo und der SV Werder Bremen kreuzten die Klingen. Mit einem sensationellen 3:0-Hinspielerfolg reiste der Ost-Meister sie-

gessicher an die Weser. Die Rehhagel-Truppe wollte unter allen Umständen das Unmögliche möglich machen und als Gesamtsieger in die zweite Runde einziehen. „König Otto" ließ bei der Wahl der Mittel, den Gegner zu beeindrucken, nichts aus. Im Kabinengang des Bremer Weserstadion tobten kurz vor dem Anpfiff die Werderaner wie von Sinnen. Mit Händen und Füßen gingen sie gegen die Tür der Gästekabine zu Werke. Dazu gab's markige Sprüche. Völlig geschockt blieben die Berliner zunächst in ihrer Behausung. Das Theater sollte seine Wirkung nicht verfehlen. Vor allen „Sensibelchen" Thom war während der neunzig Minuten nicht zu sehen. Chancenlos kam der BFC unter die Räder. Totenstille im Mannschaftsbus auf der nächtlichen Rückfahrt. Keiner sagte nach der 0:5-Packung auch nur einen Mucks. Vorm Auseinandergehen nach der Ankunft in Berlin bat Kapitän Rohde seine Kameraden kurz um Gehör. „Jungs", begann er seine Ausführungen „wir treffen uns morgen um sieben Uhr bei mir zu Haus!" Dem außenstehenden Betrachter, der über die Balkonbrüstung zum Fenster hereinschauten konnte, bot sich ein groteskes Bild. Es erinnerte eher an die Lagerräume der Berliner Bärenquell-Brauerei, denn an die Verpflegungsvorräte von Leistungssportlern. Rohde hob an: „Gestern hat sich die ganze Republik vor Lachen auf die Schenkel gehauen, am lautesten sicher die Karl-Marx-Städter. Die ziehen wir am Sonnabend ab!" Gesagt, getan: der FCK hatte beim 0:4 am Wochenende nicht die geringste Chance.

Den Funktionären des DDR-Fußballs und des DTSB war die Europacup-Pleite des DDR-Meisters schwer auf den Magen geschlagen. In einer Mitteilung an Auswahltrainer Stange forderten sie, die Verlierer von Bremen nicht für das anstehende EM-Qualifikationsspiel gegen Island zu nominieren. Doch damit bissen sie bei Stange auf Granit. „Ich verzichte doch nicht freiwillig auf Stammspieler!", konterte er die irrsinnige Forderung. Damit hatte er sich logischerweise keine Freunde geschaffen, wie er in Kürze spüren würde. Am 29.Oktober bezwang die DDR den Gruppengegner mit 2:0. Andreas Thom hatte zweimal zugelangt. Stange fiel ein Stein vom Herzen, den Funktionären war's zuwenig. „Das ist viel zu mager, lediglich 2:0 gegen Island!", haderten sie mit dem Team, respektive Trainerkollektiv. Der damalige Co-Trainer Harald Irmscher merkte sofort: „Irgend etwas roch hier nach Abschuss!" Er sollte recht behalten. Stange wusste auch warum. Bei einem Auswahllehrgang hatte er eine Auseinandersetzung mit Wolfgang Spitzner. Der Militärwissenschaftler und Politoffizier war nach dem Tod von Karl Zimmermann dessen Nachfolger als Generalsekretär geworden, ausgewählt von Manfred Ewald. Dem DTSB-Boss soll der Spitzner bei einer außerordentlichen Funktionärstagung in Berlin durch besonders eifriges Kopfnicken aufgefallen sein. Die Fußballfans im Osten schüttelten nur mit dem Kopf. Der ungeliebte Spitzner, inzwischen ebenfalls verstorben, galt als unnahbar und trunksüchtig. Nach einer Mannschaftssitzung übernahm er das Kommando und erteilte den Kickern als vermeintlicher „Westjournalist" eine Stunde „Medienschulung". Zuerst fragte er Matthias Sammer: „Matthias, wie schätzten Sie den ‚Wartburg' ein?" Der Angesprochene wusste nicht so recht, was dieses Spiel bedeuten sollte, und druckste herum: „Na ja, bei uns gibt es ja nur wenige Typen." Spitzner korrigierte und verlangte einen klaren politischen Standpunkt. „Andreas, würden Sie auch im Westen spielen?", ging die nächste Frage an Andy Thom. „Klar, wäre schon reizvoll", gab der BFC-Stürmer bereitwillig zur Antwort. Bevor Spitzner erneut eingreifen konnte, wurde es Bernd Stange zu bunt: „Herr Spitzner, warum findet das Spiel DDR gegen BRD nicht statt?" Spitzner wurde knallrot, die Spieler feixten, und der Trainer genoss seinen Triumph. Immer wieder war er im Ausland nach einer Neuauflage des legendären Hamburg-Spiels befragt worden. Stets hatte er ausweichen müssen, weil er sich mit dem geforderten Argument, dass „der NATO-Raketenbeschluss die Austragung eines solchen Länderspiels verhindern würde" nicht der Lächerlichkeit preisgeben wollte. Von diesem Augenblick an wusste Stange aber auch, dass Spitzner die erste Chance zur Retourkutsche nutzen würde. Seine Tage als Auswahltrainer waren damit gezählt.

Vier Wochen später ging die Reise in die Türkei. Die Türken waren und sind für alle Teams der Welt ein schwer zu spielender Kontrahent. Gerät deren Spiel ins Kreiseln ist alles möglich. Stange beging vor der Begegnung einen Fehler, den tödlichen. „Wir werden jetzt in der Türkei gewinnen!", teilte er der Presse mit. Eine unüberlegte Reaktion auf die Kritik der Funktionäre. Der Ausgang der Partie ist bekannt, 42.000 Fans hatten drei Stunden lang ohne Pause das Stadion mit einem ohrenbetäubenden Lärmpegel überzogen. Die DDR verlor mit 1:3. Sofort nach Spielschluss stürmte DFV-Generalsekretär Wolfgang Spitzner in die Kabine und bellte Stange vor den erschöpften Spielern an: „Du Sprücheklopfer, was war das denn?" Zur Presse gewandt, fuhr er fort: „Dieser Mann ist nicht mehr tragbar, er muss sofort weg!" Als beim gemeinsamen Abendbrot die Funktionärsriege an den Spielertischen

Platz nahm und nicht, wie sonst üblich, am Trainertisch, wussten Stange und Irmscher, was das zu bedeuten hatte. In einem Verwaltungsakt wurden die beiden nach der Rückkehr mit sofortiger Wirkung ihres Amtes enthoben. Bernd Stange hatte sich danach als „Funktionär im Dienst des FC Carl-Zeiss-Jena" zu bewähren. Für zwei Jahre hatte Spitzner ein Arbeitsverbot als Fußballtrainer beim DTSB durchgesetzt. Nachdem Stange sich einige Monate beim Einkleben

von Beitragsmarken in die Klubausweise bewährt hatte, reagierte der allmächtige Kombinatsdirektor des „VEB Carl-Zeiss". Genosse Biermann boxte an höchster Stelle den Einsatz Stanges als neuen Trainer des FC Carl-Zeiss durch. Stange übernahm den auf einem Abstiegsrang positionierten Klub und löste Lothar Kurbjuweit ab. Am Ende der Saison belegten die Jenenser Platz 8.

Vom Chaos bis zum Ende

Zapf, Geyer und ein allerletzter Versuch, zur Weltmeisterschaft zu fahren

1989 - 1990

Die Gruppengegner in der Qualifikationsgruppe 3 zur WM 1990 rieben sich die Hände. Nach dem zweiten Spiel hatte die DDR ihr Trainerduo in die Wüste gejagt. Bernd Stange durfte sich fortan als stellvertretender Klubvorsitzender des FC Carl Zeiss Jena bewähren. Harald Irmscher kümmerte sich ab sofort um den Nachwuchs im Bezirk Gera. Auch für den Chefverbandstrainer hatte das Türkei-Spiel Konsequenzen. Manfred Zapf bekam mit Heinz Werner und Frank Engel zwei Fachleute an seine Seite gestellt. Mit dieser Entscheidung hatte sich der DFV zwei Monate Zeit gelassen, bevor die Öffentlichkeit davon erfuhr. Wolfgang Spitzner stellte Ende Januar '89 die neue Konstruktion vor. Zapf stellte sich, daneben sitzend, den Fragen des Journalisten. Prompt bekamen beide hinter vorgehaltener Hand Kungelei und Vetternwirtschaft vorgeworfen, auch weil des einen Sohn mit der Tochter des anderen verbandelt sei. Fakt ist, dass „Zappel" als Trainer große Probleme hatte, methodische oder psychologische Dinge zu vermitteln. Der einstige Ausputzer beim 1. FC Magdeburg war ein Praktiker, der die rustikale Gangart bevorzugte. Selbst auf dem Trainingsplatz trug er einen Zettel in der Hand, um nachlesen zu können, wenn er nicht weiter wusste. Vor seinem ersten Einsatz auf der Auswahlbank notierte er folgende Aufgabenstellungen:

Kabinengeflüster

Schaffung einer leistungsfördernden Vertrauensbasis
zwischen dem neuen Trainerkollektiv und den Spielern.

Erreichen eines erfolgreichen Gesamtergebnisses,
um die tiefeEnttäuschung in der Öffentlichkeit unseres Landes
nach der Istanbuler Niederlage gegen die Türkei etwas abzubauen.

Letzteres konnte er nach dem 4:0 in Kairo als „erledigt" abhaken. Thom und Kirsten hatten gegen Ägypten je zweimal getroffen. Wahrscheinlich lag der erfolgreiche Einstand des Triumvirates an der unmittelbaren Spielvorbereitung. Wie in allen Sitzungen der Ära „Zapf" hatte sich das Sturmduo in der letzten Reihe köstlich amüsiert. Für den hohen Unterhaltungswert sorgte Zapf selbst. Höhepunkt der einstündigen Veranstaltung war das ausführliche Verlesen der Aufstellung. Der neue Cheftrainer fand zu keiner Zeit seiner Amtsperiode einen Draht zu den Spielern. „Er sprach uns mit ‚Genosse' an. Für uns war er ein Anti-Trainer, der selbst kaum in einen Trainingsanzug passte", erinnert sich Matthias Döschner und Ronald Kreer ergänzt, dass „die meisten Spieler in sogenannten Taktiksitzungen beizeiten gähnten und in den hinteren Reihen heimlich Karten gespielt wurde." Lustlosigkeit machte sich beim Training breit, der neue Trainer wurde, ob seiner Körperfülle zur Zielscheibe spöttischer Spielerbemerkungen. „Trainer, haben Sie etwa einen Tango-Ball verschluckt?", vergnügten sich Andreas Thom und Rainer Ernst. Zapfs Mitstreiter übten sich in solchen Momenten in vornehmer Zurückhaltung. Frank Engel fühlte sich sichtlich unwohl. Heinz Werner, der ehemalige Lehrer für Sport und Geographie wurde „Makarenko" genannt, versuchte beim Aufwärmen vor Länderspielen den einen oder anderen Akteur noch einmal ins Gewissen zu reden. Dabei war das Agieren der „Troika" ursprünglich ganz anders geplant. Werner und Engel sollten fachlicher Deckmantel sein und die Arbeit machen, Zapf die Sache kontrollieren und verantworten. Doch da er sich mehr und mehr in den Vordergrund geschoben hatte, war das Scheitern der Stange-Nachfolger programmiert.

Der Erfolg dieser „Nacht-und-Nebel-Aktion" war für den Sachverständigen nicht überraschend, gleich null. Mehr und mehr kam es bei den Spielern in Mode, anstelle am Auswahltreffpunkt zu erscheinen, einen Krankenschein per Post zustellen zu lassen. Das konnte nicht gut gehen. Die sportliche Quittung folgte auf dem Fuße. Die Türken kamen zum Rückspiel in die DDR. Trainer Zapf hatte um die Verlegung des

Spiels von Karl-Marx-Stadt in seine Heimatstadt Magdeburg gebeten. Hier fühlte er sich offensichtlich wohler in seiner Haut. Pudelwohl fühlten sich auch die Kicker vom Bosporus auf dem Rasen des Ernst-Grube-Stadions. Leicht und locker entführten sie nach ihrem 2:0 Sieg zwei sehr wichtige Punkte im Kampf um die WM-Tickets. Nach dieser Schlappe wurde eine Konferenz einberufen. Einer derjenigen, die ein Referat vorzubereiten hatten, war Frank Rohde. Als er sein Plädoyer beendet hatte, war es mucksmäuschenstill im Saal. Den Funktionären gefror das Blut. Rohde selbst fand sich Stunden später im „KADER-KREIS VIER" wieder. Auf deutsch: Anschlusskader, wie ihm Klubtrainer Bogs mitteilte. In seiner Rede hatte er unter anderem gefordert, dass „die guten und sehr guten Spieler unserer Republik in den europäischen Spitzenklubs spielen müssen, will die DDR auf Auswahlebene Erfolge erringen". Des weiteren kritisierte er bestehende Zustände, dass beispielsweise Brandenburger Oberliga-Kicker mehr verdienten als Nationalspieler. Unhaltbare Zustände, fand Rohde. Die Funktionäre fanden eher Rohde am falschen Platz und reagierten entsprechend. „Dabei ging mir's doch nur um den DDR-Fußball", fasst sich Frank Rohde an den Kopf. Parallel dazu ging eine weitere Karriere zu Ende. Der Leipziger Schlussmann René Müller teilte Zapf persönlich sein Anliegen mit, dass nach diesem 0:2 gegen die Türkei das Kapitel DDR-Auswahl für ihn beendet ist.

Müller hatte mehr als ein halbes Jahr pausieren müssen. Nach einer Verletzung, er hatte sich beim Spiel in Rostock das Kahnbein gebrochen, ließ er sich im Frühjahr '88 für Lok immer wieder spritzen. Die Leipziger kämpften Kopf an Kopf mit dem BFC um den Titel. Das nächste Länderspiel sagte er ab, zum ersten Mal in seiner Karriere. Zum einen konnte er die ganze Woche nicht trainieren, zum anderen war es ein Test bei den Bulgaren, bei dem es um die „Goldene Ananas" ging. Nach der Sommervorbereitung traf sich die Auswahl in Dresden. Müller sprach den „Eid der Nationalmannschaft" für die bevorstehende WM-Qualifikation. Danach führte DFV-Präsident Günter Erbach mit ihm ein Einzelgespräch über Ziele und Aufgaben. Nach einer halben Stunde fiel ihm der Keeper ins Wort. „Wenn ich Sie so anhöre, dann gibt es seit 40 Jahren nur faule Fußballer und dumme Trainer." Die Konsequenz, Müller wurde für das Länderspiel gegen Griechenland „mangels Leistung" ausgeladen und fortan nicht mehr berücksichtigt. Kein Problem, denn der Auer „Flocke" Weißflog war in dieser Zeit ein gleichwertiger Ersatz. Manfred Zapf holte Müller im Frühjahr '89 wieder zum Team und fragte: „Willst du wieder spielen?" Der Keeper entgegnete: „Ich war immer gewillt, wer nicht gewillt war, war dieses Land!" Im April '89 ging es der Auswahl dieses Landes so wie Müller. Zum Länderspiel nach Kiew wollte niemand fahren, acht Spieler sagten ab. Zwei Wochen nach dem Türkei-Auftritt reichten einfach nicht aus, um die Wunden zu heilen. Dazu zählte der Ostblock nicht unbedingt zu den beliebtesten Reisezielen der Elitekicker. Ging es aber in den Westen, erfuhr nicht einmal der Trainer etwas von dem einen oder anderen Wehwehchen. Lieberam, März und Köhler gaben sich dann zwar alle Mühe, das 0:3 konnten sie allerdings nicht verhindern. Schon nach dem ersten Angriff waren die Russen durch Dobrowolski in Führung gegangen. Am Ende konnte die DDR-"Not-Elf" von Glück reden, dass die Gastgeber mit dem Seitenwechsel ihre Bemühungen auf weitere Tore einstellten. Anderenfalls hätte die TU 134 beim Rückflug höchstwahrscheinlich Probleme mit der Zuladung bekommen. Irgend etwas musste passieren. Da half der Zufall ein bisschen mit. Dynamo Dresden stand am Ende einer glorreichen Saison. Auf dem Weg zur ersten Meisterschaft nach dem „Zehn-Jahres-Abo" des BFC, im Europapokal im Halbfinale. Die Bilanz von Eduard Geyer konnte sich sehen lassen.

Beim Qualifaktionsspiel gegen Österreich saßen Dresdens Klubchef Alfons Saupe, Trainer Eduard Geyer und Mannschaftsarzt Dr. Wolfgang Klein in Leipzig auf der Tribüne. Kirsten verhinderte kurz vor Schluss die nächste Blamage und rettete ein 1:1. Danach wurden Stimmen laut: „Jetzt kann es nur noch der Geyer machen!" Geyer machte es, denn bei den Schwarz-Gelben gab's schon längere Zeit dicke Luft. In Dresden hatte er nach dem Rausschmiss von Klaus Sammer mit eisernem Besen gefegt und dafür die rückhaltlose Unterstützung der Klubführung genossen. Erstes Opfer war Dixie Dörner, dessen Abschied der ehemalige Verteidiger zur Grundbedingung für seine Arbeitsaufnahme gemacht hatte. Geyer war sehr streng, konsequent und nachtragend. Sein größter Fehler ist sein krankhafter Ehrgeiz. Als Dynamo mit einem 2:2 bei Hansa Rostock den ersten Meistertitel nach elfjähriger Pause eingefahren hatte, bekam das Team in der Kabine ganz besondere „Glückwünsche" des Trainers. Es war eine gehörige Standpauke, weil ein 2:0-Vorsprung nicht über die Zeit gebracht worden war. Ede Geyer ließ sich auch bei der Spielvorbereitung etwas einfallen. Die

Spieler mussten ihre Aufgabe im kommenden Spiel laut vorlesen, die er zuvor auf Zettel geschrieben hatte. Für ihn gab es Dafür eine ganz einfache Begründung: „Das prägt sich besser ein". Jörg Stübner musste beispielsweise vor versammelter Mannschaft zitieren: „Ich spiele im zentralen Mittelfeld und habe dort die Aufgabe, den gegnerischen Spielmacher auszuschalten."

Nach drei Jahren hatten sich die Methoden des Trainers abgenutzt. „Da müsst Ihr mich entlassen!" zog Geyer die Konsequenz. „Gut, dann machen wir es „, sagte Saupe, ohnehin nicht der beste Freund des Trainers und hievte Häfner auf den Cheftrainersessel. Der Mittelfeldstratege hatte ein Jahr zuvor seine Karriere beendet und Wolfgang Haustein als Co-Trainer abgelöst. „Eine ideale Verbindung", dachte die Leitung und sah Kondition (Geyer) und spielerische Komponente (Häfner) in den besten Händen. Die Mannschaft stand natürlich schnell auf Häfners Seite. Der „Softie" war den Kickern wesentlich angenehmer als „Rauhbein" Geyer. In der Auswahl kam mit „Ede" die Lockerheit zurück. Die Mannschaft fand nach und nach wieder zu ihren arteigenen Mitteln. Dazu wurde bei Lehrgängen in der Sportschule Leipzig auch weiterhin „ausgebüxt".

Müde und geschafft saßen die Auswahlkicker in der Leipziger Sportschule vor dem Fernseher. „Der muss doch spinnen, Serien von Sprinttests! Was soll denn das nächste Woche werden? Da sind wir doch mausetot" Der Frust nach einem langen Trainingstag galt Eduard Geyer. Der Coach hatte seit dem Frühjahr das Kommando über die Nationalmannschaft und war mit einer für ihn und vor allem seine Dresdner Kandidaten erstaunlichen Lockerheit bislang gut gefahren. Der verfahrene WM-Karren war so wieder in Sichtweite, ein Unentschieden im letzten Spiel in Wien genügte, um das begehrte Ticket nach zwei Trainerwechseln doch noch zu lösen. Mit dem 2:1-Sieg gegen die UdSSR war die Chance auf einmal wieder riesengroß. In Karl-Marx-Stadt hatte auch alles funktioniert. Gleich zu Beginn wurde Protassow ins kollektive Visier genommen. Nach dem Anstoss von Thom und Kirsten bekamen die Russen den Ball und schlugen ihn auf den winkenden Protassow vor. Auf diesen Moment hatten die DDR-Spieler nur gewartet und stürzten sich zu dritt auf den sowjetischen Superstar. Der förmlich Umgenietete wusste gar nicht wie ihm geschah und wollte in den folgenden 89 Minuten nicht einmal mehr den Ball. Thom und Sammer machten den Sieg in der Schlussphase perfekt, Trainer Geyer wirkte aber seit dem 2:1 irgendwie verändert. „Seitdem ist der total fest!", wieder flogen die Wortfetzen durch den Fernsehraum. „Seid doch 'mal leise!" Urplötzlich schauten alle gebannt auf die Glotze. Günther Schabowski erklärte gerade die neue Reiseregelung bzw. Ausreiseregelung. Schon eine gute Stunde später kamen auf dem anderen Kanal die ersten Bilder von der Mauer. Mit ihrem Fall war die DDR endgültig in ihren Grundmauern erschüttert. In der Auswahl gab es von diesem Moment an nur noch ein Thema: die Bundesliga!

In Lindabrunn hatte der Zeugwart alle Hände voll zu tun. Zum Arbeiten kam Fritz Wutke nicht. Pausenlos klingelte im Mannschaftsquartier das Telefon. Spielervermittler, Berater, Vertreter von Vereinen - alle wollten mit Herrn Thom, Herrn Sammer, Herrn Steinmann oder Herrn Doll reden. Ältere Spieler wie der Leipziger Ronald Kreer verfolgten das Treiben schon fast als Außenstehende. „Wir merkten da, dass man mit Ende 20 nicht mehr gefragt war." Auch Geyer beobachtete mit wachsendem Missmut das Treiben. Einen Tag vor dem Spiel setzte er Wendeläufe an. Als die Spieler in den Prater fahren, sind sie überkonzentriert und physisch völlig fest. Die vielen Fans, die zum ersten Mal mit ihren Wartburgs und Trabbis zu einem Auswärtsspiel hinter den Eisernen Vorhangs fahren können, nehmen sie überhaupt nicht war. Niemand konnte ahnen, was jetzt passierte. Die Worte ihres Coaches Hickersberger noch in den Ohren, begannen die Österreicher wie losgelassene Kampfhunde. „Macht Druck, dann geraten die Ostdeutschen sofort aus dem Konzept!", hatte er bedingungslos gefordert. Ganze 110 Sekunden lief die, von beiden Seiten als „Spiel des Jahres" titulierte Begegnung, dann war sie bereits vorentschieden. Der völlig indisponierte Leipziger Lindner begriff die Gefährlichkeit Polsters offensichtlich viel zu spät. Der bauernschlaue Toni nutzte seine erste Chance und erwischte DDR-Goalie Heyne „aus der Kalten" - 0:1, der Anfang vom Ende. Angeschlagenen Boxern gleich präsentier-

ten sich die „DDR-Geyer" in der Folgezeit. Anfängerhafte Fehler, fehlendes Selbstvertrauen und ein „Unparteiischer" namens Werner (Polen) führten in die fußballerische Katastrophe. Das internationale Greenhorn Werner war von der FIFA bereits Monate zuvor für diese Begegnung angesetzt worden. Den Österreichern war das natürlich nicht verborgen geblieben, ebensowenig wie die kaufmännische Ader des „Generaldirektors der HELPEX GmbH", Herrn Werner. Seinen endgültig spielentscheidenden Auftritt hatte der Pole nach 22 Minuten. Als der in Spanien tätige Polster, Toni im DDR-Strafraum der Länge nach hinfiel, Stahmann hatte vorsorglich einen Meter Sicherheitsabstand zwischen sich und dem gewieften Stürmer gelegt, zeigte der Referee auf den Punkt. Der „Gefoulte" verwandelte selbst. Nicht nur den 55.000 Fanatischen im Praterstadion war klar - Österreich hieß der Teilnehmer an der WM '90 in Italien. Die Forderung des Wiener „Kuriers": „55.000 Mann und ein Befehl - Wir müssen nach Italien zur WM!" wurde praktisch umgesetzt. Rico Steinmann setzte in der 30. Minute dem Treiben auf dem Rasengrün die Krone auf, als er den an Thom verursachten Elfmeter kläglich verschoss. Was sich in der Halbzeitpause in der DDR-Kabine abspielte, können jene ermessen, die den erfolgsbesessenen Trainer kennen. „Ihr Kuhköppe!!", brüllte es den Spielern entgegen. Wenigstens den Schlüsselbund ließ der Fußball-Lehrer in der Pause noch in der Tasche. Dem konsternierten Döschner begründete er dessen Auswechslung mit den Worten: „So bekotzt wie Du, kann man gar nicht spielen!" Als der Trainer ihn auch in aller Öffentlichkeit als Missetäter an den Pranger stellte, war das Tuch zwischen beiden endgültig zerschnitten. Ein Grund auch für den Wechsel des Dynamo-Spielers am Saisonende zur Kölner Fortuna. Heute, acht Jahre, später sind die beiden zwar noch keine Freunde geworden, „jedoch trinken wir auch 'mal wieder ein Bier zusammen.", erzählt Döschner. Dieser trainiert derzeit die Vertretung des VfL Pirna-Copitz, mit der er im Sommer in die sächsische Landesliga aufsteigen konnte. Zurück nach Wien 1989.

Die zweite Spielhälfte war reine Formsache. Außer dem 3:0 durch Polsters drittem Streich und dem Feldverweis für Ronald Kreer geschah nichts umwerfendes mehr. Der drahtige Leipziger Verteidiger verabschiedete sich in der 75. Minute von der Auswahlbühne. Nach einem Kopfstoß von Ogris versuchte er es mit einer Revanche. Diese misslang zwar, dafür schickte ihn der Schiri vorzeitig zum Duschen. Wenig später wurde Matthias Sammer ausgewechselt. Als er sich auf die Bank setzen wollte, saß da schon ein ihm unbekannter Mann mit einem Fotoleibchen. „Hallo Matthias. Ich bin Wolfgang Karnath", stellte sich der Herr vor. „Können wir uns nachher noch ein bisschen unterhalten?"

Ein bitter enttäuschter Auswahltrainer erklärte nach dem Abpfiff: „Wir müssen einen neuen Anfang machen, einen Schnitt vollziehen." Am nächsten Morgen setzte Geyer nach drei Stunden Schlaf früh um 7 Uhr Mannschaftssitzung an. Die „Kuhköppe" saßen ihm stumm gegenüber und ließen den Tobsuchtsanfall, ohne zu Murren über sich ergehen. Ein kurzes Zucken, als der Trainer seinen Schlüsselbund durch die Gegend feuerte, dann war alles vorbei.

Auch die Zeit der „Spielerwechsel", von Stund' an hießen sie Transfers. In der DDR war dieses Thema zu allen Zeiten eine heikle Angelegenheit. Offiziell nannte man den vom DTSB vorgeschriebenen Weg eines BSG-Fußballers in das jeweilige Leistungszentrum des Bezirkes „Delegierung". „Oft waren die Ab- und Zugänge nicht einmal das Papier wert, auf dem sie geschrieben wurden", erinnert sich Bernd Stange. Die meisten Klubs schmorten so über viele Jahre im eigenen Saft. Trotzdem gab es natürlich auch im Osten eine „Kontaktbörse". Im Kreis der Auswahl wurden erste Kontakte geknüpft, wenn ein Klub Interesse hatte, sich zu verstärken. Dynamo Dresden hatte dafür einen Mann für alle Fälle. Mannschaftsarzt Dr. Wolfgang Klein war überall präsent. Seit Bernd Stange 1979 das Training der Nachwuchsauswahl übernommen hatte und über die Olympiaauswahl schließlich 1983 auf der Bank der Nationalmannschaft landete, lag die medizinische Betreuung der DDR-Kicker in seinen Händen. Klein konnte so im Auftrag seiner Klubleitung problemlos „vorfühlen". Einer seiner ersten „Patienten" war Hans Richter und der FCK-Stürmer schien dem Ansinnen auch nicht abgeneigt. Die Olympiaauswahl war nach einem Spiel gerade in Berlin angekommen, als Rainer Nikol, der die Dynamos nach Dresden chauffieren sollte, dem Mannschaftsarzt ein verschlossenes Kuvert übergab. Der Auftrag an Klein lautete: „Alles klar! Fahr' mit Richter in einem Extra-Pkw nach Dresden!" Der „himmelblaue Hans" entschied sich doch lieber für einen zivilen Klub und ging nach Leipzig. Auch bei Rico Steinmann bissen die Dynamos auf Granit. „Die Funktionäre fürchteten Unruhe im Wahlkreis des Staatsratsvorsitzenden, deshalb musste Rico in Karl-Marx-Stadt bleiben", weiß Bernd Stange zu berichten.

Kabinengeflüster

Bei Detlef Schößler wurden die Bemühungen der Dresdner auf eine lange Probe gestellt, letztlich aber von Erfolg gekrönt. 1985 erfuhr Dr. Klein bei der „Kontaktaufnahme", dass der Auswahlverteidiger von Magdeburg weg wollte. Die Bördestädter hatten sich zweimal in Folge nicht für den Europacup qualifizieren können. Als es im dritten Anlauf unter dem neuen Trainer Achim Streich endlich wieder klappte, hängte Schößler doch noch ein Jahr dran. Trotz der Probleme in Magdeburg, mit Heiko Bonan (BFC), Wolfgang Steinbach (Schönebeck), Damian Halata (Lok Leipzig), Axel Wittke (Brandenburg) und Uwe Kirchner (Dresden) verließ ein Leistungsträger nach dem anderen das Team. Dem Klub fehlte einfach das Geld. Schößler reagierte nach einem 7. Rang im Sommer '88: „Nach dieser Saison bin ich weg, endgültig!" Über Kumpel Halata bekam er Kontakt nach Leipzig und traf sich im Herbst '88 mit Hans-Ulrich Thomale in der Messestadt. Beide wurden sich schnell einig. Doch der Wechsel platzte, weil Lok in der Meisterschaft patzte. Nur Platz fünf, da griff „Kurt" Schößler zum Telefon und rief Dr. Klein in Dresden an. „Wer ist dran? Schößler, kenn' ich nicht!" reagierte Frau Klein am anderen Ende. Der „Doc" klärte das Missverständnis schnell und konnte sich den „Transfer" des Nationalspielers wenig später an seine Fahne heften. Seinen größten Coup aber wollte er im Frühjahr '89 landen. Die Dynamos stürmten bis ins Halbfinale des UEFA-Cups, doch für die Perspektive suchte man einen passenden Sturmpartner für Ulf Kirsten. Was lag also näher, als dessen Nebenmann in der Auswahl zu fragen? Das war kein Geringerer als der aus Herzfelde bei Berlin stammende Andreas Thom. Der Auswahlstürmer war mit den „Weinroten" schon in der ersten Runde des Meistercups an Werder Bremen gescheitert. Klein schildert seine Pirsch an den pfeilschnellen Mann: „Beim Länderspiel gegen Island in Berlin fragte ich ihn: ,Willst Du immer vor 5.000 Zuschauern spielen?' Er kam ins grübeln und stand der Sache bald positiv gegenüber!" Dresdens Klubvorsitzender Alfons Saupe rieb sich die Hände, als Klein ihm die frohe Kunde übermittelte. Dynamo wollte gerade über den AS Rom ins UEFA-Cup Viertelfinale und dann mit Thom im Frühjahr '89 zum ganz großen Wurf ausholen. Beim nächsten Auswahltreff kam Dynamo-Boss Hugo Hermann ganz aufgeregt nach Kienbaum. „Ich muss sofort mit Andy sprechen, im Auftrag vom Minister!" Mielke hatte von den Wechselabsichten Wind bekommen und nach einem Tobsuchtsanfall den spektakulären Abgang seiner Mannschaft verhindert. Der Stasi-

Chef konnte nicht ahnen, dass sein bestes Pferd im Stall schon Weihnachten '89 ganz offiziell zum Klassenfeind nach Leverkusen transferiert werden würde. Wie beim Andreas Thom scheiterten die „Transfers" zu Oberligazeiten oft am Veto der Stadt- oder Bezirksfürsten, die fast ausnahmslos auch die Klubbosse im Griff hatten. Der Rostocker Volker Röhrich, der sich unbedingt verändern wollte, trainierte zum Beispiel schon einen Monat beim Europapokalfinalisten Lok Leipzig, als sein Wechsel doch noch platzte.

„Transfers" war das Zauberwort für die ungezählten Herren, die im feinsten Zwirn gekleidet, fortan die Tribünen bei Länderspielen bevölkerten. Mit der Bundesliga in den Köpfen verkamen die letzten sieben Auftritte der DDR-Auswahl zu „Bühnenshows der Osttalente". Sportlich hatten die Geyer-Schützlinge einem WM-Teilnehmer nach dem anderen das Fürchten gelehrt. Gegen Kuwait, die USA, Ägypten, Schottland, Brasilien und Belgien blieb man ungeschlagen. Das löste einen Boom aus. Nach Wolfgang Karnath fielen ganze Heeresscharen von Spielervermittlern in die zu fünf neuen Bundesländern mutierende Republik. „Bayer-Spion" Karnath hatte nach dem Österreich-Spiel in Wien die Vorverträge mit Kirsten, Sammer und Thom abgeschlossen. „Nicht zu viele aus dem Osten", bekam er bei seiner Ankunft in Leverkusen zu hören und so ging Matthias Sammer wenig später nach Stuttgart. Zum Glück für ihn, denn bei seinen Wirtsleuten lernte er die heutige Frau Sammer kennen und wurde 1992 mit dem VfB auch Deutscher Meister.

In Kuwait waren die Kicker unter sich und trieben ihr Spielchen mit dem Zeugwart. Natürlich wollten alle mal auf einem Kamel reiten, natürlich gehörte Fritz Wutke auch dazu. Allerdings merkte er nicht, dass sich die Truppe längst aus dem Wüstenstaub gemacht hatte, mit dem Hinweis an den Kassierer, dass der Herr im gesetzten Alter für alle zahlt. Als Wutke von seinem Wüstenschiff stieg, traf ihn fast der Schlag, 250 Dollar sollte er berappen. Dazu kam ein 0:3 gegen Frankreich, die junge Truppe sah gegen Eric Cantona und die anderen Musketiere keinen Stich. Es sollte die letzte Schlappe gewesen sein.

Nach dem 1:0 von Glasgow, wo sich die Ostkicker immer schwer getan hatten, bekamen Sammer und Co. von Bundestrainer Berti Vogts persönlich Glückwünsche überbracht, der extra in die DDR-Kabine gekommen war. Zu den sportlichen Glanztaten zählte auch das 3:3 in Brasilien. Ernst und Steinmann hatten kurz vor Schluss das 1:3 noch wettgemacht.

Der DFV existierte nur noch auf dem Papier und wurde im November ‘90 als Regionalverband NOFV vom DFB geschluckt. Eduard Geyer ahnte nichts Gutes. Daraufhin notierte der Trainer unter der Rubrik „Auf Abruf" lieber ein paar Namen mehr. Die Liste sollte trotzdem nicht reichen. Das letzte Länderspiel der DDR riss keinen Spieler mehr aus dem Sessel. Geyer bekam eine Absage nach der anderen. Einfallsreichtum spielte dabei keine Rolle. Von acht „verletzt" gemeldeten Spielern waren zum Punktspiel drei Tage später sechs wieder fit. Nur Steinmann (CFC) und Hobsch (Lok) konnten wirklich nicht spielen. Findiger waren Dirk Schuster, er gab als Grund für sein Fehlen „BRD-Bürger" an, oder Thomas Machold (HFC). Ihm fehlte der Pass. Rainer Ernst (Kaiserslautern), Dirk Heyne (FCM), Volker Röhrich, Henri Fuchs (beide Hansa) waren wenigstens ehrlich und teilten mit: „Keine Motivation". Selbst dem Deutschen Fernsehfunk fehlte die nötige Energie und so wurde die Direktübertragung ganz einfach auf die späten Abendstunden verschoben. Als Matthias Sammer aus Stuttgart in Kienbaum

ankam und erfuhr, dass außer ihm nur 13 Mann angereist waren, machte der einzige „Star" in der Truppe auf dem Absatz kehrt und wollte zurückfliegen. Auf dem Flughafen Berlin-Tegel telefonierte er sicherheitshalber noch einmal mit Dieter Hoeneß. „Matthias, Du bleibst! Wir riskieren sonst eine Sperre! sagte der VfB-Manager und schickte seinen prominenten Neuzugang aus dem Osten zurück ins Auswahlcamp. Belgiens Presse grollte, als die „Rumpfmannschaft" landete, außer Stübner (46), Sammer (22) und Schößler (17) kamen die restlichen elf Kicker zusammen auf 27 Länderspiele. Die Prognosen gingen daher bis zu einem zweistelligen Sieg und der belgische Verband ließ dazu die Mitteilung verbreiten, dass man sich bei der UEFA für eine Vertragsstrafe einsetzen würde. Der DFV habe schließlich gegen die Abmachung verstoßen und nur die zweite Garnitur zum Länderspiel geschickt. In der Kabine lauerten schon die ersten Fernsehteams auf den letzten Akt der DDR-Fußballer. Das wurde in diesem Moment auch dem letzten Kicker klar. Abschiedsstimmung und emotionale Anspannung beim letzten Spielen der Hymne, ausnahmsweise wurde alle drei Strophen gespielt.

Dann pfiff Schiedsrichter Blankenstein zum letzten Mal ein Länderspiel der DDR an.

„Macht das Beste draus!" hatte Eduard Geyer seinen Männern mit auf den Weg gegeben. Die Devise wurde auch nicht geändert, als Jörg Stübner sein 47. Länderspiel nach einer Verletzung schon frühzeitig beenden musste. Die 10.000 Zuschauer aber hatten längst erkannt, dass nicht Scifo, sondern dieser „Rotschopf Sammer" den Takt auf dem Rasen bestimmte. Er war der überragende Mann. Die Belgier, bis auf die verletzten Gerets und Grun identisch mit ihrem WM-Aufgebot, bekamen das große Staunen, als es gegen das „letzte Aufgebot" zur Pause immer noch torlos stand. Sammer und Scifo hatten nur den Pfosten getroffen. Auf der Tribüne des Vandenstock-Stadions saßen die Bundesligatrainer wie die Hühner auf der Stange, rieben sich die Augen und hatten alle den gleichen Gedanken: „Hier war ja noch jede Menge rauszuholen". In der Schlussphase bekam DFF-Reporter Uwe Grandel sogar noch Stress in dieser historischen Stunde. Gerade, als ein hilfsbereiter Mitarbeiter des belgischen Verbandes in seine Kabine gekommen war, fiel auf dem Rasen das 1:0. Doch der gute Mann fuchtelte mit seiner Tafel, auf der eine große „10.000" geschrieben stand, genau vor der Scheibe herum und verdeckte Grandel so die Sicht. Die Zuschauer sahen Sammer jubeln und hörten „Torschütze Schößler", den Grund für den Lapsus aber kannten sie nicht. Dabei hatte der Reporter den Dresdner bereits als 18jährigen interviewt, als Sammer ausgerechnet an seinem Geburtstag sein erstes Oberligator geschossen hatte. Kurz vor Schluss schlug der Schütze des 500. Tores der DDR-Nationalmannschaft noch einmal zu. „500, 501, Aus"" titelte am nächsten Tag eine Zeitung und hatte recht. Das war's. Für die Spieler hatte sich die Reise in jedem Fall gelohnt. Zum einen war die Antrittsprämie unter den 14 Spielern ausgeschüttet worden, zum anderen war es eine einmalige Chance zur Präsentation gewesen. Während VfB-Coach Willi Entenmann sein bestes Stück schnellstens ins Auto verfrachtet hatte und mit Sammer zurück nach Stuttgart fuhr, feierten die verbliebenen 13 Aufrechten das Ende der DDR-Nationalmannschaft.

Die Länderspiele der DDR

1952 - 1990

1949 - 1990

DDR:	Klank; Wohlfahrt, Eilitz; Scherbaum (K), Schoen, Rosbigalle; Torhauer, Schröter, Imhof, Fröhlich, Matzen (80. Meier).
Schiedsrichter:	Harangozo (Ungarn)
Torfolge:	1:0 Trampisz (70.), 2:0, 3:0 Aniola (80., 84.)
Zuschauer:	35.000 (Warschau, Stadion der polnischen Armee)

DDR:	Spickenagel; Schaller, B. Müller, Marotzke; K. Wolf, S. Wolf; Assmy, Schröter (K), Tröger, Lemanczyk (62. Fritzsche), Wirth
Schiedsrichter:	Harangozo (Ungarn)
Torfolge:	1:0 Georgescu (7.), 1:1 Wirth (14.), 2:1 Suru (28.), 2:2, 2:3 Tröger (80., 90.)
Zuschauer:	90.000 (Bukarest, Stadion 23. August)

DDR:	Klank; Wohlfahrt, Eilitz; Scherbaum (K), Schoen, Rosbigalle; Schröter, Schnieke, Imhof (58. Fröhlich), Welzel, Speth.
Schiedsrichter:	Fronczyk (Polen)
Torfolge:	1:0 Vaczi (25.), 1:1 Schnieke (26.), 2:1, 3:1, Vaczi (37., 43.)
Zuschauer:	50.000 (Bukarest, Stadion 23. August)

DDR:	Spickenagel; Schaller, B. Müller, Eilitz; K. Wolf, S. Wolf; Assmy (46. M. Kaiser), Schröter (K), Tröger, Meyer (74. Fritzsche), Wirth.
Schiedsrichter:	Horn (Niederlande)
Torfolge:	1:0 Tröger (23.)
Zuschauer:	65.000 (Berlin, Walter-Ulbricht-Stadion)

DDR:	Klank; Nordhaus, Schoen, Eilitz; J. Müller, Scherbaum (K); Schröter, Reinhardt, Haase, Krause (46. H. Franke), Ilsch (78. Vetterke).
Schiedsrichter:	Danko (Ungarn)
Zuschauer:	55.000 (Dresden, Heinz-Steyer-Stadion)

DDR:	Spickenagel; Schaller, Schoen (K), Eilitz; K. Wolf, S. Wolf; Assmy, Meyer (85. M. Kaiser), Tröger, Baumann, Wirth.
Schiedsrichter:	Dionew (Bulgarien)
Torfolge:	0:1 Tröger (62.), 0:2 Assmy (66.)
Zuschauer:	100.000 (Königshütte/Chorzow, Stadion Slaski)

DDR:	Busch; Eilitz, Schoen, E. Bauer; Scherbaum (K), H. Franke (46. Schöne); Holze, K. Wolf (55. Assmy), Schröter, Meyer, Wirth.
Schiedsrichter:	Vicek (CSR)
Torfolge:	0:1 Ozon (37.)
Zuschauer:	70.000 (Berlin, Walter-Ulbricht-Stadion

DDR:	Marquardt; Schaller, Schoen (K), Eilitz; K. Wolf, S. Wolf; Assmy (59. Krause), Schröter, Tröger, Kaiser, Wirth.
Schiedsrichter:	Versyp (Belgien)
Torfolge:	1:0 Wirth (3.), 1:1 Ramly (34.), 2:1, 3:1 Tröger (49., 75.)
Zuschauer:	50.000 (Karl-Marx-Stadt, Ernst-Thälmann-Stadion)

DDR:	Spickenagel; Buschner, Nordhaus (K), E. Bauer; Schöne (75. Schneider), J. Müller; Meinhold, Schröter, S. Kaiser, Schnieke, Matzen (61. Meier).
Schiedsrichter:	Vicek (CSR)
Torfolge:	0:1 Cieslik (22.)
Zuschauer:	30.000 (Rostock, Ostseestadion)

DDR:	Spickenagel; Schaller, B. Müller, Eilitz; K. Wolf, S. Wolf; Lindner (53. R.Franz), Schröter (K), Tröger, Baumann (69. Kaiser, Wirth
Schiedsrichter:	Kowal (Polen)
Torfolge:	1:0 Panajotow (25.), 1:1 Wirth (46.), 2:1 Milanow (62.), 3:1 Kolew (89.)
Zuschauer:	50.000 (Sofia, Wassil-Lewski-Stadion)

DDR:	Spickenagel; Nordhaus (K, 63. Buschner), Schoen, E. Bauer; Schöne, J. Müller (79. Unger); Meinhold, Schröter, Tröger, Schnieke, Meier.
Schiedsrichter:	Bernardi (Italien)
Torfolge:	1:0 Kolew (11.), 2:0 Janew (55.), 3:0 Kolew (67.), 3:1 Meier (83. Foulstrafstoß)
Zuschauer:	50.000 (Sofia, Wassil-Lewski-Stadion)

DDR:	Spickenagel; Krüger, Schoen (K), B. Müller; K. Wolf, S. Wolf; Freitag, Schröter, Tröger, Kaiser (46. Meyer), Wirth.
Schiedsrichter:	Obtulovic (CSR)
Torfolge:	1:0 Wirth (2.), 2:0 Schröter (30.), 3:0 Tröger (42.)
Zuschauer:	40.000 (Berlin, Walter-Ulbricht-Stadion)

DDR: Spickenagel; Krüger, Schoen (K), B. Müller; K. Wolf, S. Wolf; Meyer, Schröter, Tröger, Kaiser, Wirth.
Schiedsrichter: Latyschew (UdSSR)
Torfolge: 0:1 M.Charles (6.), 1:1 Wirth (21.), 2:1 Tröger (61.)
Zuschauer: 100.000 (Leipzig, Zentralstadion)

DDR: Spickenagel; Buschner, Schoen (K), B. Müller; K. Wolf, S. Wolf; Meyer, Schröter, Tröger, Kaiser, Wirth.
Schiedsrichter: Jörgensen (Dänemark)
Torfolge: 0:1 Wirth (18.), 1:1 Kraus (60.), 2:1 Bubnik (81.), 3:1 Molnar (89.)
Zuschauer: 50.000 (Brünn, Spartak-Stadion)

DDR: Busch; B. Müller, Schoen (K), Buschner; K. Wolf, S. Wolf; Meyer, Schröter, Tröger, Kaiser, Wirth.
Schiedsrichter: Leafe (England)
Torfolge: 1:0 Palmer (38.), 2:0 Jones (42.), 3:0 Palmer (44.), 3:1 Kaiser (57.), 4:1 Palmer (73.)
Zuschauer: 30.000 (Cardiff, Ninian-Park)

DDR: Jahn; Buschner, Schoen (K), Zapf; Holzmüller, S. Wolf; H. Müller, Schröter, Meyer, Kaiser, Wirth.
Schiedsrichter: Schwinte (Frankreich)
Torfolge: 0:1 Kraus (4.), 0:2 Moravcik (23.), 1:2 H. Müller (35.), 1:3 Novak (43.), 1:4 Kraus (88.)
Zuschauer: 110.000 (Leipzig, Zentralstadion)

DDR: Thiele; Dorner, B. Müller, Zapf; S. Wolf, Mühlbächer; Assmy, Kaiser, Tröger, Schröter (K), Wirth.
Schiedsrichter: Sipos (Ungarn)
Torfolge: 1:0 Kraja (50.), 1:1 Tröger (88.)
Zuschauer: 30.000 (Tirana, Quemal-Stafa-Stadion)

DDR: Spickenagel; Zapf, B. Müller, G. Franke; Unger, S.Wolf; H. Müller, Kaiser, Tröger (38. Speth), Schröter (K), Klingbiel (72. Wirth).
Schiedsrichter: Posa (Ungarn)
Torfolge: 1:0 Klingbiel (32.), 1:1 Kempny (85.)
Zuschauer: 20.000 (Rostock, Ostseestadion)

DDR: Spickenagel; Dorner, B. Müller, G. Franke; Unger, S. Wolf; Assmy, Schröter (K), Franz (75. H. Müller), Kaiser, Wirth.
Schiedsrichter: Ackeborn (Schweden)
Torfolge: 0:1 Schröter (6.), 1:1 Hennum (9.), 2:1 Pedersen (14.), 3:1, 4:1 Hennum (24.,34.), 4:2, 4:3 Schröter (36.,44.), 5:3 Hennum (47.), 6:3 Pedersen (80.), 6:4 Wirth (81.), 6:5 Assmy (85.)
Zuschauer: 20.000 (Oslo, Ulleval-Stadion)

DDR: Spickenagel; G. Franke, Zapf (89. Scherbaum), Skaba; Fischer, S. Wolf; Assmy, R. Ducke, Kaiser (58. Lemanczyk), Schröter (K), Wirth.
Schiedsrichter: Balakin (UdSSR)
Torfolge: 1:0 Schröter (25.), 1:1 Constantin (27. Foulstrafstoß), 2:1 Assmy (58. Foulstrafstoß), 2:2 Ene (61.), 3:2 Wirth (75.)
Zuschauer: 60.000 (Leipzig, Zentralstadion)

DDR: Großstück; B. Müller, Heine, G. Franke; Mühlbächer, Fischer; Assmy, Schröter (K), Tröger, Meyer (75. Klingbiel), Wirth.
Schiedsrichter: Andersen (Dänemark)
Torfolge: 1:0 Tröger (30.), 1:1 Milanow (80.)
Zuschauer: 50.000 (Berlin, Walter-Ulbricht-Stadion)

DDR: Spickenagel; B. Müller, Pfeifer, G. Franke; Mühlbächer, Kaiser; Assmy, H. Müller, Tröger, Schröter (K), Wirth.
Schiedsrichter: Vrbovec (CSR)
Torfolge: 1:0 Assmy (4.), 2:0 H. Müller (12.), 2:1 Hennum (42.), 3:1 Schröter (56.), 4:1 H. Müller (65.)
Zuschauer: 60.000 (Leipzig, Zentralstadion)

DDR: Spickenagel; Krampe, Heine, G. Franke (60. Unger); Mühlbächer, Pfeifer; Assmy, H. Müller, Vogt (60. R. Ducke), Schröter (K), Wirth.
Schiedsrichter: Ferguson (Singapur)
Torfolge: 1:0, 2:0 Saari (39., 44.), 2:1 Wirth (53.), 2:2 R. Ducke (78.)
Zuschauer: 40.000 (Jakarta, Sportforum Sukarno)

DDR: Spickenagel; B. Müller, Heine, Skaba; Mühlbächer, Kaiser; Lindner (40.H. Müller), Meyer, Tröger, Schröter (K), Wirth.
Schiedsrichter: Gulliksen (Norwegen)
Torfolge: 0:1 Göröcs (59.)
Zuschauer: 50.000 (Dresden, Heinz-Steyer-Stadion)

DDR: Spickenagel; B. Müller, Heine, Wagner; Mühlbächer, Kaiser; Assmy, Schröter (K), Vogt, Meyer, Wirth.
Schiedsrichter: Obtulovic (CSR)
Torfolge: 0:1 Matate (12.), 0:2 Coluna (67.)
Zuschauer: 40.000 (Berlin, Walter-Ulbricht-Stadion)

DDR: Thiele; B. Müller, Heine, Wagner; Unger, S. Wolf; R. Ducke, Schröter (K), Vogt, Erler, Kohle.
Schiedsrichter: Gardeazabal (Spanien)
Torfolge: 1:0 Coluna (15.), 1:1 Vogt (47.), 2:1 Coluna (62.), 3:1 Cavem (68.), 3:2 Kohle (72.)
Zuschauer: 35.000 (Porto, Estadio das Antas)

DDR: Thiele; B. Müller, Heine, Krampe; Maschke, S. Wolf; R. Ducke, Schröter (K), Vogt, Erler, R. Franz.
Schiedsrichter: Latyschew (UdSSR)
Torfolge: 1:0 Schröter (3.), 2:0 R. Franz (44.), 2:1 Kadraba (53.)
Zuschauer: 90.000 (Leipzig, Zentralstadion)

DDR: Thiele; Krampe, B. Müller, Wagner; Maschke, S. Wolf; R. Ducke, Schröter (K), Bauchspieß, Erler, R. Franz.
Schiedsrichter: Hansen (Dänemark)
Torfolge: 0:1 R. Franz (14.), 1:1 Pahlman (31.), 1:2 Schröter (38.) 2:2 Hiltunen (45.), 3:2 Rosqvist (47.)
Zuschauer: 10.000 (Helsinki, Olympiastadion)

DDR: Spickenagel (K); Kalinke, Heine, Krampe; Fischer, Mühlbächer; R. Ducke, Meyer, Nöldner, Erler, R. Franz (64. Klingbiel).
Schiedsrichter: Stoll (Österreich)
Torfolge: 1:0, 2:0 Jakimow (14., 21.)
Zuschauer: 50.000 (Sofia, Wassil-Lewski-Stadion)

DDR: Spickenagel (K); Kalinke, Heine, Krampe; Fischer, Mühlbächer; H. Müller, Meyer, Lindner, Erler, Klingbiel.
Schiedsrichter: Stoll (Österreich)
Torfolge: 0:1 Ponedjelnik (75.)
Zuschauer: 70.000 (Leipzig, Zentralstadion)

DDR: Spickenagel (K); Kalinke, Heine, Krampe; Liebrecht, Mühlbächer, R. Ducke, P. Ducke, Erler, Nöldner, H. Müller.
Schiedsrichter: Sörensen (Dänemark)
Torfolge: 1:0 Nöldner (28.), 2:0 Erler (32.), 3:0 P. Ducke (33.), 4:0 Heine (52.), 5:0 Nöldner (76.), 5:1 Rytkönen (86.)
Zuschauer: 30.000 (Rostock, Ostseestadion)

DDR: Spickenagel (K); Kalinke, Heine, Krampe; Liebrecht, Mühlbächer; R. Ducke, P. Ducke, Erler (60. Meyer), Nöldner, H. Müller.
Schiedsrichter: Marchese (Italien)
Torfolge: 0:1 Nöldner (25.), 0:2 H. Müller (53.), 0:3 Meyer (69.)
Zuschauer: 10.000 (Tunis, Stade Municipal)

DDR: Spickenagel (K); Kalinke, B. Müller, Skaba; Liebrecht, Mühlbächer; Nachtigall (69.H. Müller), Meyer, P. Ducke, Erler, R. Ducke.
Schiedsrichter: Barberon (Frankreich)
Torfolge: 0:1 Meyer (5.), 0:2 P. Ducke (42.), 1:2 Akesbi (51.), 1:3 H. Müller (70.), 2:3 Akesbi (71.)
Zuschauer: 20.000 (Casablanca, Stade de Honneur)

DDR: Spickenagel (K); Skaba, Heine, Krampe; Erler, Hirschmann; R. Ducke, Meyer, P. Ducke, Bialas, Wirth.
Schiedsrichter: Takow (Bulgarien)
Torfolge: 1:0 Albert (12.), 2:0 Göröcs (52.)
Zuschauer: 40.000 (Budapest, Dosza-Stadion)

DDR: Spickenagel; Skaba, Heine, Krampe; Kaiser, Mühlbächer; R. Ducke, Schröter (K), P. Ducke, Erler, Wirth.
Schiedsrichter: Jörgensen (Dänemark)
Torfolge: 0:1 de Groot (63.), 1:1 Erler (79.)
Zuschauer: 70.000 (Leipzig, Zentralstadion)

Kabinengeflüster

DDR: Spickenagel; Krampe, Heine, Skaba; Maschke, Mühlbächer; Wirth, Schröter (K), P. Ducke, Erler, Klingbiel.
Schiedsrichter: Gulliksen (Norwegen)
Torfolge: 0:1 Mühlbächer (3.), 1:1 Madsen (44.)
Zuschauer: 40.000 (Kopenhagen, Idraetspark)

DDR: Spickenagel; Krampe, Heine, Skaba; Bley, Mühlbächer; Haack (46. Erler), Schröter (K), P. Ducke, Nöldner, Hoge (80. Kaiser).
Schiedsrichter: Haberfellner (Österreich)
Torfolge: 0:1 Mohamed (29.), 1:1 Nöldner (68.), 1:2 Baba (80.)
Zuschauer: 25.000 (Erfurt, Georgi-Dimitroff-Stadion)

DDR: Spickenagel; Kalinke, Heine, Krampe; Maschke, Kaiser; Hoge, Erler, P. Ducke, Schröter (K), Klingbiel.
Schiedsrichter: Lukjanow (UdSSR)
Torfolge: 0:1 Solymosi (43.), 1:1 Erler (53.), 1:2 Sandor (75.), 1:3 Tichy (78.), 2:3 P. Ducke (87.)
Zuschauer: 25.000 (Berlin, Walter-Ulbricht-Stadion)

DDR: Spickenagel; Kalinke (78. Kubisch), Heine, Woitzat; Maschke, Kaiser; Nachtigall (53. H. Müller), Erler, P. Ducke, Schröter (K), Drews.
Schiedsrichter: Dorogi (Ungarn)
Torfolge: 1:0 Lentner (69.), 1:1 Erler (74.), 2:1, 3:1 Pol (82., 90.)
Zuschauer: 20.000 (Breslau, Olympiastadion)

DDR: Spickenagel (K); Urbanczyk, Kiupel, Krampe; Maschke, Kaiser; R. Ducke, Erler, P. Ducke (75. Wehner), Schröter (74. Frenzel), Zerbe.
Schiedsrichter: Barberon (Frankreich)
Torfolge: 1:0 Azhar (22.), 2:0 Mohamed (82.)
Zuschauer: 10.000 (Casablanca, Stadion Marcel Cerdan)

DDR: Spickenagel; Urbanczyk, Heine, Krampe; Körner, Kaiser; R. Ducke, Erler, Frenzel, Schröter (K ,46. Lindner), Wirth.
Schiedsrichter: Gere (Ungarn)
Torfolge: 1:0 Tschislenko (15.), 2:0 Ponedjelnik (30.), 2:1 Erler (59.)
Zuschauer: 70.000 (Moskau, Leninstadion)

DDR: Fritzsche; Urbanczyk, Heine, Krampe; Körner, Kaiser; H.Walter (46. Wirth), Erler, Frenzel (32. Lindner), Schröter (K), R. Ducke.
Schiedsrichter: Virag (Ungarn)
Torfolge: 1:0 Galic (54.), 2:0 Skoblar (65.), 2:1 R. Ducke (68.), 3:1 Galic (82.)
Zuschauer: 50.000 (Belgrad, Partizan-Stadion)

DDR: Fritzsche; Urbanczyk, Heine, Krampe; Körner, Kaiser; R. Ducke, Erler, Frenzel, Schröter (K), Wirth.
Schiedsrichter: Kowal (Polen)
Torfolge: 1:0 Schröter (8.), 1:1 Madsen (20.), 2:1 R. Ducke (29.), 3:1, 4:1 Schröter (56., 88.)
Zuschauer: 35.000 (Leipzig, Zentralstadion)

DDR: Fritzsche; Urbanczyk, Heine, Krampe; Körner, Maschke; Wirth (K), Müller (46. Schröter), Frenzel (82. Lindner), Erler, R. Ducke.
Schiedsrichter: Korelus (CSSR)
Torfolge: 0:1 Zambata (20.), 0:2 Jerkovic (43.), 1:2 Wirth (45.), 2:2 Schröter (52.)
Zuschauer: 35.000 (Leipzig, Zentralstadion)

DDR: Fritzsche; Urbanczyk, Heine, Krampe; Körner, Liebrecht; Nachtigall, Müller, Erler, Schröter (K), Wirth.
Schiedsrichter: Mach (CSSR)
Torfolge: 1:0 Wirth (6.), 2:0 Schröter (47.), 2:1, 2:2 Petru (52., 60.), 3:2 Nachtigall (65.)
Zuschauer: 30.000 (Dresden, Heinz-Steyer-Stadion)

DDR: Weigang; Urbanczyk, Heine, Krampe; Kaiser, Liebrecht; Frenzel, Erler, P. Ducke, Schröter (K), R. Ducke.
Schiedsrichter: Alimow (UdSSR)
Torfolge: 1:0 Erler (60.), 2:0 Liebrecht (80. Foulstrafstoß), 2:1 Kucera (90.)
Zuschauer: 50.000 (Berlin, Walter-Ulbricht-Stadion)

DDR:	Weigang; Urbanczyk, Heine (K), Krampe; Körner (46.Liebrecht),Pankau; Nachtigall, Erler, Frenzel (46. Linß), Liebrecht (46. Stein), Drews.
Schiedsrichter:	Mamadou Mabel (Mali)
Torfolge:	0:1 Erler (57.), 1:1 Samake Bakary (61. Handstrafstoß), 1:2 Erler (85.)
Zuschauer:	25.000 (Bamako, Mamadou-Stadion)

DDR:	Heinsch; Urbanczyk, Unger, Wagner; Pankau,Liebrecht; Nachtigall,Nöldner (K), Fräßdorf (85.Körner),Kleiminger,Stöcker.
Schiedsrichter:	Sörensen (Dänemark)
Torfolge:	0:1 Dermendschiew (29.), 1:1 Nachtigall (44.)
Zuschauer:	45.000 (Magdeburg, Ernst-Grube-Stadion)

DDR:	Zulkowski; Hergert, Urbanczyk (K), Krampe; Körner, Liebrecht; Nachtigall, Erler, Frenzel (58. Stein), Linß, Vogel.
Schiedsrichter:	Sankou Aly (Guinea)
Torfolge:	0:1, 0:2 Frenzel (12., 24.), 0:3 Vogel (36.), 1:3, 2:3 Kandfar (75., 84.)
Zuschauer:	7.000 (Conakry, Stade Municipal)

DDR:	Heinsch; Skaba,Heine (K),Krampe;Kaiser, Liebrecht; Nachtigall, Erler, P. Ducke, Nöldner, Stöcker.
Schiedsrichter:	Below (UdSSR)
Torfolge:	0:1 Bene (18.),1:1 Nöldner (51.),1:2 Rakosi (88.)
Zuschauer:	60.000 (Berlin, Walter-Ulbricht-Stadion)

DDR:	Fritzsche; Urbanczyk, Heine (K), Krampe; Kaiser, Liebrecht; Frenzel, Erler, P. Ducke, Nöldner, R. Ducke.
Schiedsrichter:	Balla (Ungarn)
Torfolge:	1:0 Masek (66.), 1:1 P.Ducke (85.)
Zuschauer:	40.000 (Prag, Strahov-Stadion)

DDR:	Heinsch; Urbanczyk, Heine (K), Krampe; Kaiser, Liebrecht; Nachtigall, Nöldner, P. Ducke, Erler, R. Ducke.
Schiedsrichter:	Nedelkovski (Jugoslawien)
Torfolge:	1:0 Bene (7.), 1:1 Heine (12.), 2:1 Sandor (17.), 2:2 R.Ducke (26.), 3:2 Solymosi (51.), 3:3 Erler (81.)
Zuschauer:	35.000 (Budapest, Nepstadion)

DDR:	Fritzsche; Urbanczyk, Heine (K), Krampe; Kaiser,Liebrecht (55.Pankau); Nachtigall (60. Frenzel), Erler, P. Ducke, Nöldner, R. Ducke.
Schiedsrichter:	Tesanic (Jugoslawien)
Torfolge:	0:1 P. Ducke (13.), 0:2 Nöldner (23.), 1:2 Pavlovici (49), 2:2 Hajdu (84.), 3:2 Pircalab (90.)
Zuschauer:	40.000 (Bukarest, Stadion 23.August)

DDR:	Heinsch; Faber, Urbanczyk (K), Seehaus; Pankau, Körner; Barthels, Kleiminger (46. Nöldner), Backhaus (46. Fräßdorf), Liebrecht (65.Vogel),Stöcker.
Schiedsrichter:	Kyaw Han (Burma)
Torfolge:	0:1 Backhaus (12.), 0:2 Stöcker (20.), 0:3 Kleiminger (40.), 1:3 Kyaw Zaw (55.), 1:4 Körner (73.), 1:5 Fräßdorf (80.)
Zuschauer:	40.000 (Rangun, Aung San Memorial Stadion)

DDR:	Fritzsche; Urbanczyk, Heine (K), Krampe; Kaiser, Liebrecht; Nachtigall, Frenzel, P. Ducke, Noldner, R. Ducke.
Schiedsrichter:	Zecevic (Jugoslawien)
Torfolge:	1:0 P. Ducke (24.), 1:1 Hunt (45.), 1:2 R.Charlton (70.)
Zuschauer:	90.000 (Leipzig, Zentralstadion)

DDR:	Heinsch; Urbanczyk, Unger, Seehaus; Pankau, Körner; Barthels, Kleiminger, Backhaus (46. Fräßdorf), Nöldner (K), Stöcker.
Schiedsrichter:	Mantare (Ceylon)

Kabinengeflüster

Torfolge: 0:1 Kleiminger (1.), 0:2 Barthels (3.), 0:3 Stöcker (20) 0:4 Nöldner (37.), 0:5 Kleiminger (40.), 0:6 Backhaus (42.), 0:7 Stöcker (47.), 0:8 Barthels (61.), 0:9 Kleiminger (62.), 1:9 Walles (70.), 1:10 Fräßdorf (79.), 1:11 Kleiminger (88.), 1:12 Stöcker (89.)

Zuschauer: 28.000 (Colombo, Sugathadasa-Stadion)

DDR: Heinsch (46.-58.Fritzsche); Urbanczyk (K), Heine, Krampe; Kaiser (46.Pankau), Körner (46. Seehaus); Stöcker, Erler (46. Fräßdorf), P. Ducke, Liebrecht (46. Kleiminger), R. Ducke Vogel.

Schiedsrichter: Frank Mills (Ghana)

Torfolge: 1:0, 2:0 Mfum (30., 36.), 3:0 Aggrey-Finn (71.)

Zuschauer: 30.000 (Accra, Sports Stadium)

DDR: Weigang; Fräßdorf, Walter, Geisler; Pankau, Körner; Nachtigall (5. R. Ducke), Nöldner (46. Frenzel), P. Ducke, Erler (K), Vogel.

Schiedsrichter: Codesal (Uruguay)

Torfolge: 0:1 Frenzel (76.), 0:2 P.Ducke (88.)

Zuschauer: 50.000 (Montevideo, Estadio Centenario)

DDR: Weigang; Fräßdorf, Walter, Geisler; Pankau, Körner; Stöcker, Nöldner, P. Ducke, Erler (K), R. Ducke.

Schiedsrichter: Mihailescu (Rumänien)

Torfolge: 1:0 Hof (46.), 1:1 Nöldner (74.)

Zuschauer: 65.000 (Wien, Praterstadion)

DDR: Weigang; Mühlbächer, Walter, Geisler; Pankau, Körner; Fräßdorf, Nöldner, Frenzel, Erler (K), Vogel.

Schiedsrichter: Johansson (Schweden)

Torfolge: 1:0 Vogel (17.), 1:1 Bene (28.)

Zuschauer: 105.000 (Leipzig, Zentralstadion)

DDR: Weigang (65. Heinsch); Fräßdorf, Walter, Krampe; Pankau, Liebrecht, (60. Mühlbächer); Frenzel, Nöldner, P. Ducke, Erler (K), Vogel.

Schiedsrichter: Ritter (Rumänien)

Torfolge: 0:1 Vogel (33.), 0:2 Nöldner (42.), 1:2, 2:2 Kotkow (49., 57. Foulstrafstoß), 3:2 Diew (65.)

Zuschauer: 25.000 (Warna, Juri-Gagarin-Stadion)

DDR: Weigang; Fräßdorf, Walter, Geisler; Mühlbächer, Pankau; Frenzel, Nöldner, P. Ducke, Erler (K), R. Ducke.

Schiedsrichter: Andsjulis (UdSSR)

Torfolge: 0:1 P. Ducke (31.), 1:1 Rakosi (41.), 2:1 Novak (53.), 2:2 P. Ducke (71.), 3:2 Farkas (80.)

Zuschauer: 80.000 (Budapest, Nepstadion)

DDR: Weigang; Fräßdorf, Walter, Geisler; Körner, Pankau; R. Ducke, Nöldner, P. Ducke, Erler (K), Vogel.

Schiedsrichter: Carswell (Nordirland)

Torfolge: 1:0 Nöldner (1.)

Zuschauer: 95.000 (Leipzig, Zentralstadion)

DDR: Weigang; Fräßdorf, Walter, Geisler; Pankau, Körner; Engelhardt, Nöldner, Frenzel, Erler (K), R. Ducke.

Schiedsrichter: van Ravens (Niederlande)

Torfolge: 1:0 R. Ducke (2.), 2:0, 3:0 Nöldner (8., 23.), 3:1 Kindvall (43.), 4:1 Frenzel (57.)

Zuschauer: 50.000 (Leipzig, Zentralstadion)

DDR: Weigang; Fräßdorf, Walter, Geisler; Pankau, Körner; Engelhardt (46. R. Ducke), Nöldner, Frenzel, Erler (K), Vogel.

Schiedsrichter: Engblom (Finnland)

Torfolge: 1:0 Nöldner (3.), 2:0 Frenzel (44.), 2:1 Tobar (62. Foulstrafstoß), 3:1 Vogel (72.), 4:1 Fräßdorf (79.) 4:2 Marcos (81.), 5:2 Geisler (86.)

Zuschauer: 45.000 (Leipzig, Zentralstadion)

DDR: Blochwitz; Fräßdorf, Urbanczyk, Walter, Geisler; Pankau, Erler (K), Irmscher; Engelhardt, Frenzel, Vogel.

Schiedsrichter: Menschikow (UdSSR)

Torfolge: 1:0 Pankau (9.), 2:0, 3:0 Erler (15., 36.), 4:0 Vogel (85.), 5:0 Irmscher (86.), 6:0 Engelhardt (89.)

Zuschauer: 18.000 (Karl-Marx-Stadt, Ernst-Thälmann-Stadion)

DDR: Blochwitz; Fräßdorf, Urbanczyk, Geisler; Pankau, Körner; R.Ducke, Nöldner, Frenzel (46. Backhaus), Erler (K), Vogel.
Schiedsrichter: Ritter (Rumänien)
Torfolge: 1:0 Erler (53.), 2:0 Körner (71. Foulstrafstoß)
Zuschauer: 30.000 (Erfurt, Georgi-Dimitroff-Stadion)

DDR: Blochwitz; Fräßdorf, W.Wruck, Geisler, Bransch; Pankau, Irmscher; R. Ducke (K), Frenzel, Erler, Vogel.
Schiedsrichter: Wharton (Schottland)
Torfolge: 1:0 Cruijff (2.)
Zuschauer: 55.000 (Amsterdam, Olympiastadion)

DDR: Blochwitz; Fräßdorf, Walter, Geisler; Pankau, Körner;R.Ducke, Nöldner, Frenzel, Erler (K), Vogel.
Schiedsrichter: Jennings (England)
Torfolge: 1:0 Nöldner (62.), 2:0 Frenzel (89.)
Zuschauer: 20.000 (Gera, Stadion der Freundschaft)

DDR: Croy; Fräßdorf, Pankau, Walter, Bransch; Körner, Erler (K);R.Ducke,Frenzel,P.Ducke, Vogel.
Schiedsrichter: Bachramow (UdSSR)
Torfolge: 1:0, 2:0, 3:0 Farkas (9., 48., 50.), 3:1 Frenzel (58.)
Zuschauer: 70.000 (Budapest, Nepstadion)

DDR: Blochwitz; Fräßdorf, Walter, Geisler; Pankau, Körner,Irmscher (46. R. Ducke); Nöldner, Frenzel, Erler (K), Vogel.
Schiedsrichter: Enkell (Finnland)
Torfolge: 1:0 Strelzow (21.), 1:1 Fräßdorf (22.), 2:1 Tschislenko (52.), 2:2 Nöldner (68.)
Zuschauer: 50.000 (Moskau, Leninstadion)

DDR: Blochwitz; Urbanczyk (K), Walter, Bransch; Pankau, Nöldner, Körner; R. Ducke, Frenzel, P. Ducke, Vogel.
Schiedsrichter: Banasiuk (Polen)
Torfolge: 0:1 Dyreborg (25.), 1:1 Körner (35. Foulstrafstoß), 1:2 Söndergaard, 2:2, 3:2 Pankau (59., 73.)
Zuschauer: 25.000 (Leipzig, Zentralstadion)

DDR: Weigang; Fräßdorf, Walter, Geisler; Pankau, Körner, Erler (K);R.Ducke, Frenzel, Nöldner, Vogel.
Schiedsrichter: Sigurdsson (Island)
Torfolge: 0:1 Mulder (10.), 0:2 Keizer (12.), 1:2 Vogel (50.), 2:2 Frenzel (62.), 2:3 Keizer (65.), 3:3, 4:3 Frenzel (78., 85.)
Zuschauer: 40.000 (Leipzig, Zentralstadion)

DDR: Blochwitz; Urbanczyk, Wruck, Bransch; Pankau, Irmscher; Hoge, Nöldner, Frenzel, Erler (K), Löwe.
Schiedsrichter: Helies (Frankreich)
Torfolge: 1:0 Frenzel (51.)
Zuschauer: 55.000 (Leipzig, Zentralstadion)

DDR: Croy; Fräßdorf, Walter, Geisler, Bransch; Irmscher, Körner; R. Ducke (K), Nöldner, Frenzel, Löwe.
Schiedsrichter: Hansen (Dänemark)
Torfolge: 0:1 Nöldner (53.)
Zuschauer: 10.000 (Helsingborg, Olympiastadion)

DDR: Blochwitz; Urbanczyk, Wruck, Bransch; Pankau, Irmscher; Hoge, Nöldner, Frenzel, Erler (K), Löwe (46.Vogel).
Schiedsrichter: Davidek (CSSR)
Torfolge: 1:0 Pankau (8. Handstrafstoß)
Zuschauer: 35.000 (Berlin, Walter-Ulbricht-Stadion)

DDR: Croy; Fräßdorf, Walter, Geisler, Bransch; Irmscher, Körner; R. Ducke (K), Frenzel, Nöldner, Löwe.
Schiedsrichter: Hannet (Belgien)
Torfolge: 0:1 Löwe (5.), 1:1 Bjerre (65. Foulstrafstoß)
Zuschauer: 30.000 (Kopenhagen, Idraetspark)

DDR: Blochwitz; Urbanczyk, Wruck, Rock; Bransch, Irmscher, Pankau, Erler (K); Hoge, Frenzel, Vogel.
Schiedsrichter: Elinski (Polen)
Torfolge: 0:1 Irmscher (8.)
Zuschauer: 60.000 (Bukarest, Stadion 23.August)

Kabinengeflüster

DDR: Weigang; Wruck, Fräßdorf, Bransch, Naumann;Irmscher, Kreische Erler (K, 37. Feldverweis); Hoge (54. Löwe), Frenzel (46. Urbanczyk), Vogel.
Schiedsrichter: Hormazabal (Chile)
Torfolge: 1:0 Irmscher (22.), 2:0 Kreische (25.), 2:1 Vrana (33.), 2:2 Krnac (45.)
Zuschauer: 35.000 (Santiago de Chile, Estadio Nacional)

DDR: Croy; Fräßdorf, Urbanczyk (K), Wruck (9. Rock), Bransch; Seehaus, Irmscher, Körner; Löwe, Frenzel, Vogel.
Schiedsrichter: Enkell (Finnland)
Torfolge: 1:0 Gadocha (13.), 1:1 Löwe (49.)
Zuschauer: 30.000 (Stettin, Pogon-Stadion)

DDR: Croy; Fräßdorf, Urbanczyk (K), Bransch; Seehaus, Körner, Nöldner (76. Stein); Löwe, Frenzel, Kreische, Vogel.
Schiedsrichter: Boström (Schweden)
Torfolge: 1:0 Vogel (26.), 1:1 Riva (55.), 2:1 Kreische (75.), 2:2 Riva (81.)
Zuschauer: 60.000 (Berlin, Walter-Ulbricht-Stadion)

DDR: Croy; Fräßdorf, Urbanczyk (K), Bransch; Seehaus, Körner, Stein, Kreische; Löwe (78. Rock), Frenzel, Vogel.
Schiedsrichter: Geluck (Belgien)
Torfolge: 1:0 Löwe (31.), 1:1 England (57.), 2:1 Rock (89.)
Zuschauer: 45.000 (Dresden, Heinz-Steyer-Stadion)

DDR: Croy; Fräßdorf, Urbanczyk (K), Hamann, Bransch; H.Wruck, Kreische (46. Zapf); Löwe, Frenzel (59. Dörner), Sparwasser, Vogel.
Schiedsrichter: Krauschwili (UdSSR)
Torfolge: 0:1 Javar (90.)
Zuschauer: 20.000 (Magdeburg, Ernst-Grube-Stadion)

DDR: Croy (54. Schneider); Urbanczyk (K), Dobermann, Seehaus,Zapf; Bransch, Schütze, Kreische (55. Löwe); Sparwasser, Frenzel, Vogel.
Schiedsrichter: Wöhrer (Österreich)
Torfolge: 1:0 Frenzel (6.), 2:0 Vogel (7.), 3:0, 4:0 Frenzel (32., 59.),5:0, 6:0 Sparwasser (80., 82.), 7:0 Löwe (84.)
Zuschauer: 8.000 (Rostock, Ostseestadion)

DDR: Blochwitz (75. Schneider); Fräßdorf, Urbanczyk (K), Seehaus, Bransch; Stein, Kreische, Körner; Löwe, Frenzel, Vogel (58. Sparwasser)
Schiedsrichter: Emsberger (Ungarn)
Torfolge: 1:0 Löwe (7.), 1:1 Pusatsch (35.), 1:2 Chmelnizki (59.), 2:2 Frenzel (86.)
Zuschauer: 90.000 (Leipzig, Zentralstadion)

DDR: Croy; Fräßdorf, Urbanczyk (K), Seehaus, Bransch; Stein, Irmscher, Körner; Löwe, Frenzel, Vogel.
Schiedsrichter: Machin (Frankreich)
Torfolge: 0:1 Vogel (54.), 0:2 Löwe (60.), 0:3 Frenzel (62.), 1:3 Powell (83.)
Zuschauer: 22.500 (Cardiff, Ninian-Park)

DDR: Croy; Bransch, Fräßdorf (75. Rock), Urbanczyk (K), Seehaus; Stein, Irmscher, Körner; Löwe (46. P. Ducke), Frenzel, Vogel.
Schiedsrichter: Schiller (Österreich)
Torfolge: 1:0 Mazzola (7.), 2:0 Domenghini (25.), 3:0 Riva (37.)
Zuschauer: 100.000 (Neapel, Stadion San Paolo)

DDR: Croy; Fräßdorf, Urbanczyk (K), Ganzera, Bransch; Stein, Irmscher, Körner; Sparwasser (46. Streich), Kreische, Vogel.
Schiedsrichter: Saadi Abdul Karim (Irak)
Torfolge: 0:1 Körner (23.), 1:1 Ammo (36.)
Zuschauer: 20.000 (Bagdad, Al-Shaab-Stadion)

DDR: Croy; Dobermann, Urbanczyk (K), Stein, Bransch; Irmscher (75. Körner), Mosert; Sparwasser, Frenzel, Kreische, Vogel.
Schiedsrichter: Latsios (Griechenland)
Torfolge: 0:1 Sparwasser (35.), 1:1 Yacoub (54.), 1:2, 1:3 Kreische (60., 84.)
Zuschauer: 20.000 (Kairo, Nationalstadion)

DDR:	Croy; Rock; Fräßdorf, Strempel, Kurbjuweit; Bransch (K), Irmscher, Stein; Kreische, P. Ducke, Vogel.
Schiedsrichter:	Rainea (Rumänien)
Torfolge:	1:0 Deyna (20.), 1:1 Vogel (22.)
Zuschauer:	35.000 (Krakau, Wisla-Stadion)

DDR:	Croy (50. Blochwitz); Rock; Irmscher (65. Weise), Strempel, Kurbjuweit; Bransch (K, 47. Preuße), Stein, Kreische, Schlutter; P. Ducke (55. Löwe), Vogel (75. Sparwasser).
Schiedsrichter:	Piotrowicz (Polen)
Torfolge:	1:0, 2:0 P. Ducke (8., 21.), 3:0 Kreische (37.), 4:0 Vogel (47.), 5:0 Weise (88.)
Zuschauer:	10.000 (Jena, Ernst-Abbe-Sportfeld)

DDR:	Croy; Kurjuweit, Strempel, Rock, Werner; Fräßdorf (K), Stein, Kreische, Schlutter; P. Ducke (56. Frenzel), Vogel (75. Sparwasser).
Schiedsrichter:	Docharow (UdSSR)
Torfolge:	1:0 Strempel (36.), 2:0 Stein (48.), 3:0 Kreische (55.), 4:0 Vogel (67. Foulstrafstoß), 5:0 Kreische (84.)
Zuschauer:	15.000 (Rostock, Ostseestadion)

DDR:	Croy; Rock, Strempel, K.Sammer, Kurjuweit; Ganzera, Fräßdorf (K), Frenzel (54. Irmscher), Kreische; P. Ducke, Vogel.
Schiedsrichter:	Liedberg (Schweden)
Torfolge:	1:0 P. Ducke (56.)
Zuschauer:	35.000 (Dresden, Rudolf-Harbig-Stadion)

DDR:	Croy; Rock; Kurbjuweit, Strempel, Ganzera; Irmscher, Frenzel (K, 63.Sparwasser), K.Sammer, Kreische; P. Ducke (77. Schlutter), Vogel.
Schiedsrichter:	Bucheli (Schweiz)
Torfolge:	0:1 Vogel (21.), 0:2, 0:3, 0:4, 0:5 Kreische (29., 36., 39., 78.)
Zuschauer:	3.000 (Luxemburg, Stade Municipal)

DDR:	Croy; Rock; Kurbjuweit, K.Sammer, Strempel (79. Frenzel); Ganzera, Irmscher, Stein, Kreische; P. Ducke (K), Vogel.
Schiedsrichter:	Scheurer (Schweiz)
Torfolge:	1:0 Lee (12.), 2:0 Peters (21.), 2:1 Vogel (27.), 3:1 Clarke (63.)
Zuschauer:	100.000 (London, Wembley-Stadion)

DDR:	Croy; Kurbjuweit, K.Sammer, Strempel (71. Dörner), Ganzera; Irmscher, Kreische, Stein; Frenzel (K, 70.Rock), P. Ducke (83. Richter), Vogel.
Schiedsrichter:	Lobregat (Venezuela)
Torfolge:	0:1 Kreische (19.)
Zuschauer:	20.000 (Santiago de Chile, Estadio Nacional)

DDR:	Croy; Kurbjuweit, K.Sammer, Ganzera, Strempel (73. Dörner); Irmscher, Stein, Frenzel (K); P. Ducke, Kreische, Vogel, (43. Richter).
Schiedsrichter:	Barreto Ruiz (Uruguay)
Torfolge:	0:1, 0:2 Stein (14., 18.), 0:3 Richter (65.)
Zuschauer:	20.000 (Montevideo, Estadio Centenario)

DDR:	Croy; Kurbjuweit, K.Sammer, Ganzera, Strempel; Irmscher, Stein, Frenzel (K); P. Ducke, Kreische, Richter.
Schiedsrichter:	Alejandro Otero (Uruguay)
Torfolge:	0:1 Frenzel (35.), 1:1 Zubia (67.)
Zuschauer:	10.000 (Montevideo, Estadio Centenario)

DDR:	Croy; K.Sammer; Ganzera, Strempel, Bransch; Weise, Stein (K), Schlutter, Sparwasser (85. Richter), Frenzel, Kreische.
Schiedsrichter:	Wilson (Nordirland)
Torfolge:	1:0 Kreische (31.), 2:0 Frenzel (88.), 2:1 Dussier (90.)
Zuschauer:	15.000 (Gera, Stadion der Freundschaft)

DDR:	Croy; Weise, K.Sammer, Strempel, Bransch; Schlutter, Stein (K), Kreische; Frenzel (77. Irmscher), P. Ducke, Vogel (66. Löwe).
Schiedsrichter:	Schiller (Österreich)
Torfolge:	0:1 Filipovic (11.), 0:2 Dzajic (19.), 1:2 Löwe (70.)
Zuschauer:	100.000 (Leipzig, Zentralstadion)

DDR:	Croy; Bransch, Kische, Strempel, Kurbjuweit; Weise, Stein (K), Kreische (64. Frenzel); Sparwasser, P. Ducke, Richter (54. Vogel).
Schiedsrichter:	Perez (Peru)
Torfolge:	0:1 Sparwasser (77.)
Zuschauer:	30.000 (Guadalajara, Estadio Jalisco)

DDR: Croy; Bransch; Kische (53. Irmscher), Strempel, Kurbjuweit; Weise, Frenzel (K, 55.Häfner),Kreische (56.Löwe);Streich,P. Ducke,Vogel.
Schiedsrichter: Emsberger (Ungarn)
Torfolge: 0:1 Borja (51.), 1:1 Löwe (85.)
Zuschauer: 20.000 (Leipzig, Zentralstadion)

DDR: Croy; Bransch (K); Kische, Weise, Kurbjuweit;Irmscher,Dörner,Kreische (76. Frenzel); Streich, P. Ducke, Löwe (69. Vogel).
Schiedsrichter: Iwanow (UdSSR)
Torfolge: 1:0 Streich (47.), 1:1 Kuna (77.)
Zuschauer: 18.000 (Berlin, Friedrich-Ludwig-Jahn-Sportpark)

DDR: Croy;Bransch (K);Strempel,Weise,Kische; Kreische, Sparwasser, (68. Irmscher), K.Sammer; Streich, P. Ducke (80. Löwe), Vogel.
Schiedsrichter: Lobello (Italien)
Torfolge: 0:1 Vogel (10.), 1:1 Hulshof (25.), 2:1, 3:1 Keizer (52., 63.), 3:2 Vogel (82.)
Zuschauer: 52.000 (Rotterdam, Feyenoord Kuip-Stadion)

DDR: Croy;Bransch;Strempel,K.Sammer,Weise, Kische; Stein (K, 80. Löwe), Kreische (71. Irmscher); Streich, P. Ducke, Vogel.
Schiedsrichter: Taylor (England)
Zuschauer: 4.000 (Belgrad, Armee.Stadion)

DDR: Croy; Zapf; Kische, Weise, Bransch (K); Irmscher, Seguin (53. Häfner); Streich, Sparwasser, P. Ducke, Schulenberg.
Schiedsrichter: Smejkal (CSSR)
Torfolge: 1:0 Irmscher (81.)
Zuschauer: 20.000 (Leipzig, Zentralstadion)

DDR: Croy; Carow; Kische, Weise, Bransch (K); Irmscher,Häfner,Pommerenke; Streich,P. Ducke, Schulenberg.
Schiedsrichter: Axelryd (Schweden)
Zuschauer: 15.000 (Rostock, Ostseestadion)

DDR: Croy; Zapf; Kurbjuweit (68. Irmscher), Weise, Wätzlich; Pommerenke, Bransch (K),Kreische;Sparwasser,P.Ducke,Streich (75. Schulenberg).
Schiedsrichter: Würtz (USA)
Torfolge: 1:0 Kreische (17.), 2:0 Streich (44.), 3:0 Sparwasser (66.), 4:0 Kreische (89.)
Zuschauer: 45.000 (München, Olympiastadion)

DDR: Croy;Kurbjuweit (77.Pommerenke),Zapf, Weise, Wätzlich (72. Vogel); Irmscher, Kreische, Bransch (K); Sparwasser, P. Ducke, Streich.
Schiedsrichter: Mullegan (Irland)
Torfolge: 0:1 Gorgon (7.), 1:1 Streich (45.), 1:2 Gorgon (62.)
Zuschauer: 10.000 (Nürnberg, Städtisches Stadion)

DDR: Croy; Zapf; Ganzera, Weise, Bransch (K); Seguin, Pommerenke (72. Irmscher), Kreische;Sparwasser,P.Ducke (71.Vogel), Streich.
Schiedsrichter: Marques (Brasilien)
Torfolge: 0:1 A.Dunai (61.), 0:2 Toth (67.)
Zuschauer: 8.000 (Passau, Drei-Flüsse-Stadion)

111. DDR-UdSSR   2:2 (2:2,1:2)n.V.   10.9.'72
DDR: Croy; Zapf; Ganzera (20. Kurbjuweit), Weise, Bransch (K); Pommerenke, Seguin (76.Vogel),Kreische;Sparwasser,P.Ducke, Streich.
Schiedsrichter: Marques (Brasilien)
Torfolge: 0:1 Blochin (10.), 0:2 Churzilawa (31.), 1:2 Kreische (35. Handstrafstoß), 2:2 Vogel (78.)
Zuschauer: 80.000 (München, Olympiastadion)

DDR: Croy; Bransch (K); Weise (64. Ganzera), K.Sammer, Wätzlich; Seguin, Pommerenke, Kreische; Sparwasser, P. Ducke, Streich.
Schiedsrichter: Raduntschew (Bulgarien)
Torfolge: 1:0 Kreische (46.), 2:0 Sparwasser (68.), 3:0, 4:0 Streich (70., 76.), 5:0 Sparwasser (86.)
Zuschauer: 16.000 (Dresden, Dynamo-Stadion)

DDR:	Lihsa; Dörner; Kische, Bransch (K), Wätzlich, Pommerenke, Seguin, Kreische; Sparwasser, P. Ducke, Streich.
Schiedsrichter:	Petrea (Rumänien)
Torfolge:	0:1, 0:2 Kreische (15., 61.), 0:3 P. Ducke, 1:3 Pekarik (76.)
Zuschauer:	20.000 (Preßburg, Slovan-Stadion)

DDR:	Blochwitz; Zapf; Kische, Dörner, Bransch (K); Kurbjuweit, Seguin, Pommerenke, Kreische; P. Ducke (65. Richter), Streich (50. Sparwasser).
Schiedsrichter:	Velasquez (Kolumbien)
Torfolge:	0:1 Streich (25.), 0:2 Kurbjuweit (70.)
Zuschauer:	35.000 (Bogota, Estadio Distrial Nemesio Camacho El Campin)

DDR:	Croy; Zapf; Kische (72. Wätzlich), Dörner, Bransch (K); Kurbjuweit, Seguin, Pommerenke, Kreische; P. Ducke, Richter (53. Sparwasser)
Schiedsrichter:	Naranjo (Ekuador)
Torfolge:	0:1 Kreische (3.), 1:1 Tapia (73.)
Zuschauer:	40.000 (Quito, Estadio Atahualpa)

DDR:	Croy; Zapf; Kische, Bransch (K), Kurjuweit; Seguin, Kreische; Sparwasser, Streich, P. Ducke (78. Löwe), Vogel.
Schiedsrichter:	Helies (Frankreich)
Torfolge:	1:0 Streich (62.), 2:0 Sparwasser (69.)
Zuschauer:	25.000 (Magdeburg, Ernst-Grube-Stadion)

DDR:	Croy; Zapf; Kische, Bransch (K), K.Sammer (25. Weise); Kurbjuweit, Seguin, Kreische; Streich, P. Ducke, Löwe.
Schiedsrichter:	Verbeke (Frankreich)
Torfolge:	1:0 Lambert (15.), 2:0 Dockx (75.), 3:0 Lambert (82.)
Zuschauer:	10.000 (Antwerpen, Olympiastadion)

DDR:	Blochwitz; Bransch (K); Ganzera, K.Sammer, Kurbjuweit; Seguin, Lauck, Kreische; Löwe, P. Ducke, Streich (76 Vogel).
Schiedsrichter:	Sarka (CSSR)
Torfolge:	0:1 Vidats (7.), 1:1, 2:1 Streich (36., 54.)
Zuschauer:	30.000 (Karl-Marx-Stadt, Ernst-Thälmann-Stadion)

DDR:	Blochwitz; Bransch (K); Ganzera (68. Pommerenke), K.Sammer, Kurbjuweit; Seguin, Lauck, Kreische; Löwe, P. Ducke (64. Vogel), Streich.
Schiedsrichter:	Linemayr (Österreich)
Torfolge:	1:0 Dumitrache (53.)
Zuschauer:	75.000 (Bukarest, Stadion 23. August)

DDR:	Blochwitz; Bransch (K); Weise, K.Sammer, Kurbjuweit; Pommerenke (22. Häfner), Lauck, Kreische; Löwe, P. Ducke, Streich.
Schiedsrichter:	Kasakow (UdSSR)
Torfolge:	0:1, 0:2 Streich (7., 30.), 0:3 Löwe (44.), 0:4 P. Ducke (75.), 0:5 Kreische (83.), 1:5 Manninen (88.)
Zuschauer:	7.000 (Tampere, Ratina. Stadion)

DDR:	Schneider; Bransch (K); Weise, K.Sammer, Kurbjuweit; Schnuphase, Lauck (46. Pommerenke), Kreische; Löwe (61. Vogel), P. Ducke, Streich (85. Sparwasser).
Schiedsrichter:	Gordon (Schottland)
Torfolge:	1:0 A.Sigurvinsson, 1:1, 1:2 Kreische (35., 39.)
Zuschauer:	7.000 (Reykjavik, Laukavaal-Stadion)

DDR:	Blochwitz (75. Croy); Bransch (K); Lauck, Schnuphase, Kurbjuweit; Seguin, Häfner, Kreische (60. Pommerenke); Sparwasser (65. Löwe), P. Ducke (51. Streich), Vogel.
Schiedsrichter:	Gordon (Schottland)
Torfolge:	0:1 Kreische (15.), 0:2 Vogel (49.)
Zuschauer:	7.000 (Reykjavik, Laukavaal-Stadion)

DDR:	Croy; Bransch (K); Fritsche, K.Sammer, Kurbjuweit; Lauck, Seguin, Kreische (61. Sparwasser); Löwe, P. Ducke, Streich.
Schiedsrichter:	Scheurer (Schweiz)
Torfolge:	1:0, 2:0 Bransch (42., 64.)
Zuschauer:	95.000 (Leipzig, Zentralstadion)

DDR:	Blochwitz; Bransch (K); Fritsche, Weise, Kurbjuweit; Lauck, Seguin (70. Stein), Frenzel; Löwe, Sparwasser, Streich (73. Vogel).
Schiedsrichter:	Petri (Ungarn)
Torfolge:	1:0 Streich (18.)
Zuschauer:	40.000 (Leipzig, Zentralstadion)

Kabinengeflüster

DDR:	Croy; Bransch (K); Kurbjuweit, Weise (81. Vogel), Fritsche, Frenzel (67. Stein), Lauck, Sparwasser; Streich, P. Ducke, Löwe.
Schiedsrichter:	Bonett (Malta)
Torfolge:	0:1 Streich (5.), 1:1 Ghika (15.), 1:2 Streich (35.), 1:3 Löwe (62.), 1:4 Sparwasser (77.)
Zuschauer:	25.000 (Tirana, Quemal-Stafa-Stadion)

DDR:	Blochwitz; Bransch (K); Fritsche, Weise, Kurbjuweit; Dörner, Lauck, Tyll; Sparwasser, P. Ducke, Hoffmann.
Schiedsrichter:	Bucek (Österreich)
Torfolge:	0:1 Lauck (35.)
Zuschauer:	6.000 (Budapest, Nepstadion)

DDR:	Croy (75. Blochwitz); Bransch (K); Fritsche, Weise, Kurbjuweit (46. Wätzlich); Lauck, Frenzel (46. Sparwasser), Dörner; Löwe, Streich (69. Vogel), Matoul.
Schiedsrichter:	Ben Ganif (Algerien)
Torfolge:	0:1 Lauck (17.), 0:2 Frenzel (36.), 0:3 Lauck (70.), 0:4 Dörner (76.)
Zuschauer:	12.000 (Tunis, Stadion El Minzah)

DDR:	Croy; Bransch (K); Kurbjuweit, Weise, Wätzlich; Seguin (63. Frenzel), Lauck, Dörner; Löwe, Streich (65. Vogel), Matoul (57. Sparwasser).
Schiedsrichter:	Dridi (Algerien)
Torfolge:	0:1 Streich (10.), 0:2 Matoul (16. Foulstrafstoß), 1:2 Griche (62.), 1:3 Löwe (64.)
Zuschauer:	13.500 (Algier, Olympiastadion)

DDR:	Croy; Bransch (K); Fritsche (46. Wätzlich), Weise, Kurbjuweit; Schnuphase, Sparwasser, Lauck, Streich, Matoul, Vogel.
Schiedsrichter:	Kopcio (CSSR)
Torfolge:	1:0 Streich (80.)
Zuschauer:	30.000 (Berlin, Friedrich-Ludwig-Jahn-Sportpark)

DDR:	Croy; Bransch (K); Kurbjuweit, Weise, Wätzlich; Lauck (46. Dörner), Irmscher, Schnuphase; Streich (68. Löwe), Riedel (68. Kreische), Vogel (85. Sparwasser).
Schiedsrichter:	Lipatow (UdSSR)
Torfolge:	1:0 Streich (13.)
Zuschauer:	13.000 (Dresden, Dynamo-Stadion)

DDR:	Croy; Bransch (K); Kische, Weise, Kurbjuweit (46. Wätzlich); Irmscher, Lauck, Kreische (46. Hoffmann); Löwe, P. Ducke (72. Sparwasser), Streich.
Schiedsrichter:	Keizer (Niederlande)
Torfolge:	1:0 Sparwasser (77.)
Zuschauer:	15.000 (Rostock, Ostseestadion)

DDR:	Croy; Bransch (K); Fritsche, Weise, Wätzlich; Irmscher, Sparwasser, Pommerenke; Löwe, Streich, Vogel (60. Hoffmann).
Schiedsrichter:	Müncz (Ungarn)
Torfolge:	1:0 Streich (66.), 1:1 Channon (68.)
Zuschauer:	100.000 (Leipzig, Zentralstadion)

DDR:	Croy; Bransch (K); Kische, Weise, Wätzlich; Irmscher, Sparwasser, Pommerenke; Löwe (55. Hoffmann), Streich, Vogel.
Schiedsrichter:	N'Diaye (Senegal)
Torfolge:	1:0 Curran (Eigentor), 2:0 Streich (70.)
Zuschauer:	17.000 (Hamburg, Volksparkstadion)

DDR:	Croy; Bransch (K); Kische, Weise, Wätzlich; Seguin (72. Kreische), Irmscher, Sparwasser; Hoffmann, Streich, Vogel (29. P. Ducke).
Schiedsrichter:	Angonese (Italien)
Torfolge:	1:0 Hoffmann (56.), 1:1 Ahumada (69.)
Zuschauer:	30.000 (Berlin, Olympiastadion)

DDR:	Croy; Bransch (K); Kische, Weise, Wätzlich; Lauck, Irmscher (65. Hamann), Kurbjuweit; Sparwasser, Kreische, Hoffmann.
Schiedsrichter:	Barreto Ruiz (Uruguay)
Torfolge:	0:1 Sparwasser (78.)
Zuschauer:	62.000 (Hamburg, Volksparkstadion)

DDR:	Croy; Bransch (K); Kische, Weise, Wätzlich; Lauck (65. Löwe), Hamann (46. Irmscher); Streich, Sparwasser, Hoffmann.
Schiedsrichter:	Thomas (Wales)
Torfolge:	1:0 Rivelino (61.)
Zuschauer:	64.000 (Hannover, Niedersachsenstadion)

DDR:	Croy; Bransch (K); Kische, Weise, Kurbjuweit; Pommerenke, Lauck (64. Kreische), Schnuphase; Löwe (54. P. Ducke), Sparwasser, Hoffmann.
Schiedsrichter:	Scheurer (Schweiz)
Torfolge:	1:0 Neeskens (8.), 2:0 Rensenbrink (60.)
Zuschauer:	65.000 (Gelsenkirchen, Parkstadion)

DDR:	Schulze; Zapf; Weise, Bransch (K), Wätzlich (55. Dörner); Kurbjuweit, Pommerenke (71. Vogel), Decker; Streich, P. Ducke, Hoffmann.
Schiedsrichter:	Thime (Norwegen)
Torfolge:	1:0 Hoffmann (7.), 1:1 Hallgrimsson (25.)
Zuschauer:	15.000 (Magdeburg, Ernst-Grube-Stadion)

DDR:	Croy; Bransch (K); Kische, Weise, Kurbjuweit; Schnuphase, Sparwasser, Pommerenke; Löwe (67. Vogel), Streich (81. P. Ducke), Hoffmann.
Schiedsrichter:	Taylor (England)
Torfolge:	1:0 Streich (14.), 1:1 Houseman (22.)
Zuschauer:	20.000 (Gelsenkirchen, Parkstadion)

DDR:	Croy; Bransch (K, 38. Zapf); Kische, Weise, Wätzlich; Kurbjuweit (56. Irmscher), Häfner, Lauck (73. Streich), Kreische; Sparwasser, Hoffmann.
Schiedsrichter:	Taylor (England)
Torfolge:	1:0 Hutchison (33. Foulstrafstoß), 2:0 Burns (36.), 3:0 Dalglish (75.)
Zuschauer:	50.000 (Glasgow, Hampden Park)

DDR:	Croy; Bransch (K); Kische, Weise, Wätzlich; Dörner, Kurbjuweit, Tyll; Hoffmann, Schellenberg (65. Streich), Vogel.
Schiedsrichter:	Müncz (Ungarn)
Torfolge:	1:0 Lato (3.), 1:1 Kurbjuweit (36.), 1:2 Vogel (39.), 1:3 Dörner (51.)
Zuschauer:	30.000 (Warschau, Legia-Stadion)

DDR.	Croy; Dörner; Kische, Weise, Wätzlich; Häfner, Kurbjuweit, Lauck, Kreische (83. Seguin); Sparwasser (K), Hoffmann.
Schiedsrichter:	Sanchez-Ibanez (Spanien)
Torfolge:	0:1 Sparwasser (25.), 0:2 Kreische (57.), 1:2 Guillou (80.), 2:2 Gallice (90.)
Zuschauer:	50.000 (Paris, Prinzenpark-Stadion)

DDR:	Croy; Dörner; Kische, Weise, Wätzlich (70. Kreische); Lauck, Häfner, Kurbjuweit; Hoffmann, Streich, Vogel (K).
Schiedsrichter:	Gonella (Italien)
Zuschauer:	35.000 (Leipzig, Zentralstadion)

DDR:	Croy; Bransch (K); Kische, Weise, Decker; Dörner, Sparwasser (46. Irmscher), Kurbjuweit; Hoffmann, Schellenberg (46. Streich), Vogel (56. Pommerenke).
Schiedsrichter:	Anderco (Rumänien)
Torfolge:	1:0 Bicovsky (6.), 1:1 Hoffmann (22.), 2:1 Bicovsky (28.), 3:1 Ondrus (30.)
Zuschauer:	10.000 (Prag, Sparta-Stadion)

DDR:	Croy; Zapf; Kische, Weise, Bransch (K, 65. Wätzlich); Kurbjuweit, Dörner (75. Tyll), Pommerenke; Hoffmann, Riediger, Vogel (77. Streich).
Schiedsrichter:	Iwanow (UdSSR)
Zuschauer:	15.000 (Berlin, Friedrich-Ludwig-Jahn-Sportpark)

DDR:	Croy; Bransch (K); Kische, Weise, Wätzlich; Seguin (56. Dörner), Decker, Pommerenke (46. Kurbjuweit); Hoffmann, Streich, Vogel (46. Schellenberg).
Schiedsrichter:	Lipatow (UdSSR)
Torfolge:	1:0 Hoffmann (16.), 2:0 Dörner (90.)
Zuschauer:	2.000 (Frankfurt/Oder, Stadion der Freundschaft)

DDR:	Croy; Zapf (K); Kische, Krebs, Wätzlich; Pommerenke (72. Häfner), Schnuphase, Tyll (67. Dörner); Riediger, Streich (67. Vogel), Hoffmann.
Schiedsrichter:	Eriksson (Schweden)
Torfolge:	0:1 Lato (74.), 1:1 Vogel (81.), 1:2 Marx (86.)
Zuschauer:	20.500 (Halle, Kurt-Wabbel-Stadion)

Kabinengeflüster

DDR:	Croy; Zapf (83. Riediger); Kische, Weise, Wätzlich; Pommerenke, Schnuphase (55. Dörner), Kurbjuweit; Hoffmann, Streich, Vogel.
Schiedsrichter:	Foote (Schottland)
Torfolge:	1:0 Edvaldsson (10.), 2:0 Sigurvinsson (33.), 2:1 Pommerenke (48.)
Zuschauer:	10.000 (Reykjavik, Laugardalsvoellur-Stadion)

DDR:	Croy; Bransch (K); Kische (75. Fritsche), Weise, Kurbjuweit; Seguin (80. Dörner), Lauck, Kreische (60. Pommerenke); Streich (58. Vogel), Sparwasser (62. Riediger), Hoffmann.
Schiedsrichter:	Winsemann (Kanada)
Torfolge:	0:1 Sparwasser (11.), 0:2 Vogel (81.), 0:3 Bransch (86.)
Zuschauer:	12.000 (Toronto, Varsity-Stadion)

DDR:	Grapenthin (62. Croy); Dörner; Fritsche, Weise, Kurbjuweit (62. Kische); Lauck (62. Bransch), Seguin (46. Kreische), Pommerenke; Streich, Riediger, Vogel (K).
Schiedsrichter:	Winston (USA)
Torfolge:	0:1 Streich (10.), 0:2 Riediger (28.), 0:3 Vogel (37.), 0:4 Pommerenke (48.), 0:5 Streich (57.), 0:6 Vogel (59.), 1:6 Rose (72.), 1:7 Vogel (84.)
Zuschauer:	10.800 (Ottawa)

DDR:	Croy; Dörner; Fritsche, Weise, Kurbjuweit; Terletzki, Seguin (54. Weber), Pommerenke (68. Sparwasser); Hoffmann, Streich, Vogel (K).
Schiedsrichter:	Swistek (Polen)
Zuschauer:	25.000 (Moskau, Leninstadion)

DDR:	Croy (88. Grapenthin); Dörner (K); Fritsche, Weise, Kurbjuweit; Häfner, Lauck, Weber; Riediger, P. Ducke, Hoffmann.
Schiedsrichter:	Rainea (Rumänien)
Torfolge:	0:1 P. Ducke (50.), 1:1 Puis (60.), 1:2 Häfner (71.)
Zuschauer:	30.000 (Brüssel, Emil-Verse-Stadion)

DDR:	Croy; Dörner (K); Weber, Weise, Fritsche; Häfner, Schade, Lauck; Streich (75. Hoffmann), P. Ducke, Vogel.
Schiedsrichter:	Fredriksson (Schweden)
Torfolge:	0:1 Bathenay (50.), 1:1 Streich (56.), 2:1 Vogel (78. Foulstrafstoß).
Zuschauer:	30.000 (Leipzig, Zentralstadion)

DDR:	Croy; Dörner (K), Kische, Weise, Bransch; Häfner, Kurbjuweit, Weber; Heidler, Sparwasser (11. P. Ducke), Hoffmann.
Schiedsrichter:	Stanew (Bulgarien)
Torfolge:	0:1 Weise (82.), 1:1 Bicovsky (90.)
Zuschauer:	20.000 (Brünn, Zbrojovka-Stadion)

DDR:	Croy; Dörner (K); Kische, Weise, Kurbjuweit; Häfner (79. Schade), Lauck, Weber; Heidler, Riediger, Hoffmann.
Schiedsrichter:	Rudnow (UdSSR)
Zuschauer:	45.000 (Leipzig, Zentralstadion)

DDR:	Croy (46. Grapenthin); Dörner (K, 65. Bransch); Gröbner (46. Fritsche), Schnuphase (46. Schade), Kurbjuweit; Häfner, Lauck; Heidler, Kotte, Riediger, Vogel (46. Löwe).
Schiedsrichter:	Stec (Polen)
Torfolge:	1:0 Kotte (9.), 2:0 Riediger (12.), 3:0 Heidler (36.), 4:0 Dörner (61. Foulstrafstoß), 5:0 Kotte (82.)
Zuschauer:	8.000 (Cottbus, Stadion der Freundschaft)

DDR:	Croy; Dörner (K); Kische, Weise, Kurbjuweit; Heidler, Häfner, Lauck, Schade; Löwe, Hoffmann.
Schiedsrichter:	Dorantes (Mexiko)
Torfolge:	1:0 Dörner (61. Foulstrafstoß), 2:0 Kurbjuweit, 2:1 Kolotow (83. Foulstrafstoß)
Zuschauer:	50.000 (Montreal, Olympiastadion)

236

DDR:	Croy: Dörner (K); Weise, Kische, Lauck; Krbjuweit, Häfner, Schade; Löwe (69. Gröbner),Riediger (85. Bransch), Hoffmann.
Schiedsrichter:	Barreto Ruiz (Uruguay)
Torfolge:	1:0 Schade (7.), 2:0 Hoffmann (14.), 2:1 Lato (60.), 3:1 Häfner (84.)
Zuschauer:	72.000 (Montreal, Olympiastadion)

DDR:	Croy; Dörner (K); Kurbjuweit, Weise, Fritsche; Häfner, Schade, J. Müller (61. Lauck); Sachse (70.Riediger), Sparwasser, Kotte (58. Hoffmann).
Schiedsrichter:	Barreto Ruiz (Uruguay)
Torfolge:	1:0 Houseman (30.), 2:0 Carrascosa (72.)
Zuschauer:	50.000 (Buenos Aires, Boca-Junior-Stadion)

DDR:	Croy; Weise, Kische, Weber, Kurbjuweit (57. Gröbner); Häfner, Lauck (K), Schade; Heidler, Riediger (54. Kotte), Hoffmann.
Schiedsrichter:	Lund-Sörensen (Dänemark)
Torfolge:	1:0 Riediger (19.), 1:1 Fazekas (26.)
Zuschauer:	20.000 (Berlin, Friedrich-Ludwig-Jahn-Sportpark)

DDR:	Croy; Dörner (K); Kische, Weise, Kurbjuweit (9. Weber); Häfner, Schade, J. Müller; Löwe, Sparwasser, Hoffmann.
Schiedsrichter:	Kuston (Polen)
Torfolge:	1:0 Häfner (9.), 1:1 Bubnow (22.), 2:1 Sparwasser (90.)
Zuschauer:	95.000 (Leipzig, Zentralstadion)

DDR:	Croy; Schmuck; Kische, Weise, K. Müller; Häfner (65. Pommerenke), Schade, Lauck (K); Streich, Kotte (71 Riedel), Heidler.
Schiedsrichter:	Jargus (Polen)
Torfolge:	0:1, 0:2 Streich (38., 40.), 0:3 Heidler (63.), 0:4 Schade (66.)
Zuschauer:	25.000 (Sliwen, Zentralstadion)

DDR:	Croy; Dörner (K); Kische, Weise, Weber; Häfner, Schade, J. Müller (70. Pommerenke); Heidler (80. Riediger), Sparwasser, Hoffmann.
Schiedsrichter:	Haugen (Norwegen)
Torfolge:	0:1 Dörner (75.)
Zuschauer:	15.000 (Stockholm, Rasunda-Stadion)

DDR:	Croy; Schmuck (48.Dörner); Kische, Weise, K. Müller, Häfner, Lauck (K, 71. Riedel), Schade; Streich, Kotte, Heidler.
Schiedsrichter:	Partridge (England)
Torfolge:	1:0 Kotte (3. Foulstrafstoß), 1:1 Cemil (31. Foulstrafstoß)
Zuschauer:	18.000 (Dresden, Dynamo-Stadion)

DDR:	Croy; Dörner (K); Kische, Weise, Weber; Häfner, Schade, Lindemann; Heidler, Sparwasser (46. Kotte), Streich (46. Hoffmann).
Schiedsrichter:	Horbas (CSSR)
Torfolge:	1:0 Schade (66.)
Zuschauer:	50.000 (Berlin, Stadion der Weltjugend)

DDR:	Grapenthin; Dörner (K); Kische, Weise, Kurbjuweit; Häfner, Heidler (53. Schade), Lauck; Riediger, Streich, Hoffmann.
Schiedsrichter:	Bella Bruna (Schweiz)
Torfolge:	0:1 Streich (55.)
Zuschauer:	10.000 (La Valetta, Gzirah-Stadion)

DDR:	Croy; Dörner (K); Kische, Weise, Weber; Häfner, Schade, Lindemann; Heidler (73. Riediger), Kotte (46. Sparwasser), Hoffmann.
Schiedsrichter:	Reynolds (Wales)
Torfolge:	1:0 Kreuz (9.), 1:1 Hoffmann (40.)
Zuschauer:	72.000 (Wien, Prater-Stadion)

DDR:	Croy; Dörner (K); Kische, Weise, Kurbjuweit; Häfner, Weber (51. Schade), Schnuphase, J. Müller; Riediger (73. Sachse), Streich (84. Hoffmann).
Schiedsrichter:	Sanchez-Ibanez (Spanien)
Torfolge:	0:1 Kurbjuweit (30.), 1:1 Dumitru (38.)
Zuschauer:	22.000 (Bukarest, Steaua-Stadion)

DDR:	Croy; Dörner (K), Kische, Weise, Weber; Häfner, Schade, Lindemann; Löwe, Kotte (56.Riediger), Hoffmann (87.Sparwasser).
Schiedsrichter:	Foote (Schottland)
Torfolge:	0:1 Hattenberger (43.), 1:1 Löwe (50.)
Zuschauer:	95.000 (Leipzig, Zentralstadion)

237

Kabinengeflüster

DDR:	Croy; Dörner (K); Kische, Weise, Weber; Häfner, Pommerenke (46. Streich), Schade; Riediger, Sparwasser, Hoffmann.
Schiedsrichter:	Namdar (Iran)
Torfolge:	1:0 Hoffmann (2.), 2:0 Schade (38.), 3:0 Hoffmann (44.), 4:0 Sparwasser (52.), 5:0 Weber (56.), 6:0, 7:0, 8:0 Streich (63. Foulstrafstoß, 79., 82.), 9:0 Hoffmann (84.)
Zuschauer:	15.000 (Babelsberg, Karl-Liebknecht-Stadion)

DDR:	Croy; Dörner (K); Kische, Weise, Weber; Häfner, Lindemann, Schade; Riediger, Streich (55. Pommerenke), Hoffmann (88. Sparwasser).
Schiedsrichter:	Michelotti (Italien)
Torfolge:	0:1 Schade (30.), 0:2 Hoffmann (62.), 1:2 Volkan (81.)
Zuschauer:	10.000 (Izmir, Atatürk-Stadion)

DDR:	Croy; Dörner (K); Raugust, Weise, Weber; Häfner, J. Müller (46. Schade), Pommerenke; Riediger, Peter, Hoffmann.
Schiedsrichter:	Padar (Ungarn)
Torfolge:	1:0 Riediger (4.), 2:0 Hoffmann (25.), 2:1 Sulser (32.), 3:1 Hoffmann (40.)
Zuschauer:	28.000 (Karl-Marx-Stadt, Ernst-Thälmann-Stadion)

DDR:	Droy; Dörner (K); Kische, Weise (15. Schade), Weber; Pommerenke (46. Gröbner), Lindemann, Steinbach; Riediger, Peter, Hoffmann (73. Streich).
Schiedsrichter:	Dotschew (Bulgarien)
Torfolge:	0:1 Aslund (76.)
Zuschauer:	25.000 (Leipzig, Zentralstadion)

DDR:	Croy; Dörner (K); Kische, Gröbner, Kurbjuweit; Schade (55. Lindemann), Weber, Steinbach; Riediger, Peter, Heidler (69. Riedel).
Schiedsrichter:	Homewood (England)
Zuschauer:	20.000 Magdeburg (Ernst-Grube-Stadion)

DDR:	Croy; Dörner (K); Weise, Kische (46. Pommerenke), Weber; Eigendorf, Schade, Lindemann (65. Streich); Häfner, Riediger (84. Kotte), Peter (46. Hoffmann).
Schiedsrichter:	Vencl (CSSR)
Torfolge:	1:0 Eigendorf (15.), 1:1 Pamow (21.), 1:2 A.Stankow (42.), 2:2 Eigendorf (62.)
Zuschauer:	9.000 (Erfurt, Georgi-Dimitroff-Stadion)

DDR:	Croy; Dörner (K); Weise, Hause, Weber; Häfner, Pommerenke, Eigendorf; Kotte, Kühn, Hoffmann.
Schiedsrichter:	Wöhrer (Österreich)
Torfolge:	1:0 Pommerenke (20.), 2:0 Eigendorf (66.), 2:1 Ondrus (83.)
Zuschauer:	15.000 (Leipzig, Zentralstadion)

DDR:	Croy; Dörner (K); Weise, Hause, Weber; Häfner (36. Lindemann), Pommerenke, Eigendorf; Peter, Riediger, Hoffmann.
Schiedsrichter:	Reynolds (Wales)
Torfolge:	1:0 Peter (6.), 1:1 P.Petursson (14. Foulstrafstoß), 2:1 Riediger (29.), 3:1 Hoffmann (72.)
Zuschauer:	12.000 (Halle, Kurt-Wabbel-Stadion)

DDR:	Croy; Dörner (K); Kische, Schnuphase, Weber; Häfner, Lindemann, Eigendorf (70. Netz); Schade (47. Peter), Riediger, Hoffmann.
Schiedsrichter:	Eriksson (Schweden)
Torfolge:	1:0 Kische (8. Eigentor), 2:0 Geels (72. Foulstrafstoß), 3:0 Geels (88.)
Zuschauer:	45.000 (Rotterdam, Feyenoord Kuip-Stadion)

DDR:	Rudwaleit; Dörner (K); Raugust, Schnuphase, Weise; Eigendorf, Terletzki (64. Kühn), Schade (72. Gröbner); Peter (64. Kotte), Streich, Hoffmann.
Schiedsrichter:	Salmi (Irak)
Torfolge:	1:0 Ali Hussein (80.), 1:1 Streich (89.)
Zuschauer:	25.000 (Bagdad, Al-Shaab-Stadion)

238

DDR:	Rudwaleit (77. Heyne); Dörner (K); Raugust, Gröbner, Weise; Eigendorf, Schnuphase, Terletzki (46. Schade); Kühn, Streich (77. Kotte), Hoffmann.
Schiedsrichter:	Khasher (Irak)
Torfolge:	0:1 Kühn (3.), 1:1, 2:1 Hussein Said (74.,88. Handstrafstoß)
Zuschauer:	22.000 (Bagdad, Al-Shaab-Stadion)

DDR:	Rudwaleit; Dörner (K); Weise, Gröbner, Baum; Weber, Lindemann (59. Häfner), Schnuphase (59. Peter); Riediger, Kühn, Hoffmann (72. Streich).
Schiedsrichter:	Kolissi (Rumänien)
Torfolge:	1:0 Gotschew (52.)
Zuschauer:	15.000 (Burgas, Stadion 9.September)

DDR:	Rudwaleit (46. Grapenthin); Dörner (K); Kische (60. Weber), Weise, Baum; Lindemann, Schade, Häfner; Peter (46. Kotte), Streich, Hoffmann.
Schiedsrichter:	Brummeier (Österreich)
Torfolge:	1:0 Törocsik (16.), 2:0 Tiber (50.), 3:0 Tatar (73.)
Zuschauer:	15.000 (Budapest, Nepstadion)

DDR:	Grapenthin; Dörner (K); Kische, Weise, Weber; Häfner, Schade (46.Pommerenke), Lindemann; Riediger, Streich, Hoffmann.
Schiedsrichter:	Asim-Zade (UdSSR)
Torfolge:	0:1 Boniek (8.), 1:1 Streich (50.), 2:1 Lindemann (63.)
Zuschauer:	55.000 (Leipzig, Zentralstadion)

DDR:	Grapenthin; Dörner (K); Kische, Weise, Weber; Häfner, Pommerenke, Lindemann; Riediger, Streich, Hoffmann.
Schiedsrichter:	Castillo (Spanien)
Torfolge:	0:1 Lindemann (45.), 0:2 Streich (90.)
Zuschauer:	9.000 (St.Gallen, Auf dem Espenmoos)

DDR:	Grapenthin; Dörner (K); Noack, Weise, Weber; Häfner, Pommerenke (75. Kühn), Lindemann (69. Steinbach); Riediger, Streich (83. Schade), Hoffmann.
Schiedsrichter:	Palotai (Ungarn)
Torfolge:	1:0 Streich (64.)
Zuschauer:	50.000 (Berlin, Stadion der Weltjugend)

DDR:	Grapenthin; Dörner (K); Kische, Weise, Baum (46. Schnuphase); Häfner, Pommerenke (46. Lindemann), Weber; Riediger, Streich (78. Schade), Kühn (60. Hoffmann).
Schiedsrichter:	Körös (Ungarn)
Torfolge:	1:0 Gawrilow (70.)
Zuschauer:	50.000 (Moskau, Leninstadion)

DDR:	Grapenthin; Dörner (K); Kische, Weise, Schnuphase; Weber, Häfner, Lindemann; Riediger, Streich, Hoffmann.
Schiedsrichter:	Thime (Norwegen)
Torfolge:	0:1, 0:2 Weber (66. Foulstrafstoß, 73.), 0:3 Streich (80.)
Zuschauer:	10.000 (Reykjavik, Laugardalsvoellur-Stadion)

DDR:	Grapenthin; Dörner (K); Brauer, Weise, Kische; Häfner, Lindemann, Weber, Schnuphase; Riediger, Hoffmann.
Schiedsrichter:	Partridge (England)
Torfolge:	0:1 Häfner (62.), 1:1 Wieczorek (77.)
Zuschauer:	70.000 (Königshütte/Chorzow, Stadion Slaski)

DDR:	Grapenthin; Dörner (K); Brauer, Schnuphase, Kische; Häfner, Lindemann, Weber; Riediger, Streich (68. Kotte), Hoffmann.
Schiedsrichter:	Wurtz (Frankreich)
Torfolge:	1:0 Weber (1.), 2:0 Hoffmann (11.), 2:1 Barberis (19.), 3:1 Schnuphase (26.), 3:2 Pfister (72.), 4:2, 5:2 Hoffmann (75.,80.)
Zuschauer:	44.000 (Berlin, Stadion der Weltjugend)

DDR:	Grapenthin; Dörner (K); Brauer, Weise (40. Feldverweis), Kische; Häfner, Weber (73. Pommerenke), Schnuphase (60. Schade); Kotte, Streich, Hoffmann.
Schiedsrichter:	Garrido (Potugal)
Torfolge:	1:0 Schnuphase (17.), 2:0 Streich (33. Foulstrafstoß), 2:1 Thijssen (45.), 2:2 Kist (50.), 2:3 R. van de Kerkhof (67.)
Zuschauer:	92.000 (Leipzig, Zentralstadion)

239

Kabinengeflüster

DDR:	Grapenthin; Dörner (K); Kische, Schmuck, Weise; Häfner, Pommerenke, Weber (46. Streich), Schade; Kotte, Hoffmann.
Schiedsrichter:	Daina (Schweiz)
Torfolge:	0:1 Streich (57.)
Zuschauer:	35.000 (Malaga, La Rosaleda)

DDR:	Grapenthin; Dörner (K); Kische, Schmuck, Kurbjuweit (69. Ullrich); Häfner, Weber, Pommerenke (67. Lindemann), Riediger, Kotte, Hoffmann (62. Streich).
Schiedsrichter:	Lukow (Bulgarien)
Torfolge:	1:0 M.Sandu, 2:0 Dörner (61. Eigentor), 2:1 Streich (78.), 2:2 Schmuck (89.)
Zuschauer:	20.000 (Bukarest, Stadion 23.August)

DDR:	Croy; Dörner (K); Kische, Weise, Weber; Häfner, Pommerenke (46. Sekora), Lindemann (46. Kotte); Riediger, Streich, Hoffmann.
Schiedsrichter:	Mansson (Dänemark)
Torfolge:	1:0 Weber (64.), 2:0 Streich (69.)
Zuschauer:	20.000 (Leipzig, Zentralstadion)

DDR:	Rudwaleit; Baum; Brauer (7. M. Müller), Uhlig, Strozniak; Schnuphase, Terletzki (K), Steinbach; Trocha (58. Bähringer), Kühn, Heun.
Schiedsrichter:	Geurds (Niederlande)
Torfolge:	0:1 Gassajew (11.), 1:1 Kühn (28.), 1:2 Burjak (76. Foulstrafstoß), 2:2 Terletzki (88.)
Zuschauer:	20.000 (Rostock, Ostseestadion)

DDR:	Grapenthin; Dörner (K); M. Müller, Weise, Ullrich; Häfner Schnuphase, Liebers; Kotte, Streich, Hoffmann.
Schiedsrichter:	Bucek (Österreich)
Torfolge:	0:1 Streich (17.)
Zuschauer:	8.000 (Prag, Strahov-Stadion)

DDR:	Croy; Dörner (K); M. Müller, Weise, Kische; Häfner, Liebers, Kühn (46. Steinbach); Kotte (72. Pommerenke), Streich, Hoffmann (56. Lindemann).
Schiedsrichter:	Veverka (CSSR)
Zuschauer:	30.000 (Leipzig, Zentralstadion)

DDR:	Grapenthin; Trieloff; Kische, Weise (K), M. Müller; Häfner, Weber (87. Pommerenke), Liebers; Trocha, Streich, Kotte (85. Hoffmann).
Schiedsrichter:	Mathias (Österreich)
Torfolge:	1:0 Trocha (28.), 2:0 Streich (32.)
Zuschauer:	14.000 (Halle, Kurt-Wabbel-Stadion)

DDR:	Grapenthin; Dörner (K); Ullrich (46. Strozniak), Schnuphase, Noack; Häfner, Steinbach, Liebers; Netz, Streich, Hoffmann.
Schiedsrichter:	Reeves (England)
Torfolge:	1:0 Fabri (11.), 1:1 Schnuphase (20. Foulstrafstoß), 1:2 Häfner (44.)
Zuschauer:	6.000 (La Valetta, Gzirah-Stadion)

DDR:	Grapenthin; Dörner (K); Strozniak, Schmuck, Kurbjuweit; Häfner, Schnuphase, Steinbach; Riediger, Bielau (67. Heun), Hoffmann.
Schiedsrichter:	Hunting (England)
Zuschauer:	20.000 (Udine, Stadio de Friuli)

DDR:	Grapenthin; Dörner (K); Strozniak, Schmuck, Kurbjuweit, Häfner, Schnuphase, Steinbach; Riediger, Streich (70. Liebers), Hoffmann (63. Bielau).
Schiedsrichter:	Christov (CSSR)
Torfolge:	1:0 Buncol (55.)
Zuschauer:	74.000 (Königshütte/Chorzow, Stadion Slaski)

DDR:	Croy (76. Rudwaleit); Schnuphase; Strozniak, Schmuck, Kurbjuweit (K); Häfner, Liebers (65. Dörner), Steinbach; Bielau, Heun, Höffmann (46. Streich).
Schiedsrichter:	Veverka (CSSR)
Torfolge:	1:0 Heun (11.), 2:0 Schnuphase (45.), 3:0 Streich (60.), 4:0 Hernandez (72. Eigentor), 5:0 Heun (83.)
Zuschauer:	6.000 (Senftenberg, Stadion der Bergarbeiter)

DDR:	Grapenthin; Dörner (K); Weise, Schnuphase; Pommerenke (46. Steinbach), Kurbjuweit, Liebers, Baum; Riediger, Streich, Trocha.
Schiedsrichter:	Castillo (Spanien)
Torfolge:	0:1 Szarmach (2.), 0:2 Smolarek (5.), 1:2 Schnuphase (53. Foulstrafstoß), 1:3 Smolarek (61.), 2:3 Streich (66.)
Zuschauer:	85.000 (Leipzig, Zentralstadion)

DDR:	Rudwaleit; Schnuphase (K); Ullrich, Troppa, Baum; Liebers, Krause, Steinbach (79. Ernst); Bielau (59. Heun), Streich, Trocha.
Schiedsrichter:	Mc Knight (Nordirland)
Torfolge:	1:0 Krause (11.), 2:0 Streich (35.), 2:1 Spitteri-Gonzi (41.), 3:1 Heun (71.), 4:1 Streich (75.), 5:1 Holland (90. Eigentor)
Zuschauer:	2.000 (Jena, Ernst-Abbe-Sportfeld)

DDR:	Rudwaleit; Trieloff; Ullrich (83. Strozniak), Schnuphase (K), Baum; Liebers, Hause (54. Steinbach), Dörner, Pommerenke; Streich (85. Döschner), Trocha (67. Heun).
Schiedsrichter:	Aragao (Brasilien)
Torfolge:	0:1 Dörner (34.), 1:1 Paulo Isidoro (38.), 2:1 Renato (52.), 3:1 Serginho (79.)
Zuschauer:	48.638 (Natal, Estadio Castello Branco)

DDR:	Rudwaleit; Trieloff; Ullrich, Schnuphase (K), Baum, Liebers (88. Döschner), Dörner, Hause, Pommerenke; Streich (74. Raab), Trocha (46. Heun).
Schiedsrichter:	Bergamo (Italien)
Torfolge:	0:1 Liebers (71.)
Zuschauer:	5.000 (Athen, Apollon-Stadion)

DDR:	Rudwaleit; Trieloff; Ullrich, Stahmann, Uteß; Sträßer, Dörner (K), Hause, Pommerenke; Bielau (88. Döschner), Heun (70. Raab).
Schiedsrichter:	Salah (Irak)
Zuschauer:	20.000 (Bagdad, Al-Shaab-Stadion)

DDR:	Rudwaleit; Trieloff; Ullrich, Schnuphase (K), Zötzsche; Liebers, Hause, Dörner, Pommerenke; Streich (65. Jarohs), Trocha.
Schiedsrichter:	Krchnak (CSSR)
Torfolge:	1:0 Hause (20.)
Zuschauer:	28.000 (Leipzig, Zentralstadion)

DDR:	Rudwaleit; Trieloff; Ullrich, Schnuphase (K), Zötzsche (46. Baum); Liebers, Hause, Dörner (69. Stahmann), Pommerenke; Streich, Bornschein (76. Jarohs).
Schiedsrichter:	Nagy (Ungarn)
Torfolge:	1:0 Schengelija (29.)
Zuschauer:	39.000 (Moskau, Leninstadion)

DDR:	Rudwaleit; Trieloff; Ullrich, Stahmann, Baum; Dörner, Pommerenke, Schnuphase (K), Liebers (46. Häfner); Riediger, Jarohs (82. Streich).
Schiedsrichter:	Haugen (Norwegen)
Torfolge:	0:1 Jarohs (44.), 1:1 Persson, 1.2 Dörner (64.), 2:2 Larsson (78.)
Zuschauer:	2.000 (Halmstad, BK-Stadion)

DDR:	Rudwaleit; Trieloff; Troppa, Stahmann, Schnuphase (K); Hause (60. Häfner), Pommerenke, Dörner, Pilz; Streich, Riediger (70. Heun).
Schiedsrichter:	Frickmann (Dänemark)
Torfolge:	0:1 Streich (30.)
Zuschauer:	3.000 (Reykjavik, Laugardalsvoellur-Stadion)

DDR:	Rudwaleit; Trieloff; Kreer, Schnuphase (K), Stahmann, Baum (46. Hause); Dörner, Pommerenke, Pilz (20. Trocha); Streich, Riediger (67. Liebers).
Schiedsrichter:	Marques-Pirez (Portugal)
Torfolge:	0:1 Dörner (33.), 1:1 Sdrawkow (44.), 1:2 Riediger (56.), 2:2 Sdrawkow (72.)
Zuschauer:	8.000 (Burgas, Tschernomorez-Stadion)

DDR:	Rudwaleit; Trieloff; Kreer, Stahmann, Schnuphase (K), Baum; Häfner (72. Liebers), Dörner (72. Pommerenke), Pilz; Streich, Riediger.
Schiedsrichter:	Konraths (Frankreich)
Torfolge:	1:0 Wark (52.), 2:0 Sturrock (75.)
Zuschauer:	40.355 (Glasgow, Hampden Park)

241

Kabinengeflüster

DDR:	Rudwaleit; Trieloff; Kreer, Schnuphase (K), Ullrich; Pilz (68. Troppa), Dörner, Liebers (86. Stahmann); Richter, Heun, Kühn.
Schiedsrichter:	Jushka (UdSSR)
Torfolge:	1:0 Kühn (30.), 2:0 Schnuphase (40.), 2:1 Bölöni (61.), 3:1 Kühn (65.), 4:1 Heun (85.)
Zuschauer:	10.000 (Karl-Marx-Stadt, Ernst-Thälmann-Stadion)

DDR:	Rudwaleit; Trieloff; Kreer, Schnuphase (K), Stahmann; Trautmann, Pommerenke, Liebers; Heun (68. Dörner), Streich, Kühn.
Schiedsrichter:	Naceur Kraiem (Tunesien)
Torfolge:	0:1 Streich (24.), 0:2 Kühn (66.)
Zuschauer:	10.000 (Tunis, Olympiastadion)

DDR:	Rudwaleit; Trieloff; Kreer, Schnuphase (K), Stahmann; Trautmann, Dörner, Liebers; Richter, Streich, Kühn.
Schiedsrichter:	Gregr (CSSR)
Torfolge:	1:0 Richter (18.), 1:1 Ardizoglou (30.), 2:1 Streich (33.)
Zuschauer:	7.500 (Dresden, Dynamo-Stadion)

DDR:	Rudwaleit; Trieloff; Kreer, Schnuphase (K), Stahmann; Trautmann, Dörner, Pommerenke (72. Liebers); Richter, Streich, Kühn (62. Heun).
Schiedsrichter:	Mustatea (Rumänien)
Torfolge:	1:0 Streich (11.), 2:0, 3:0 Richter (15., 62.), 3:1 Hjelm (82.)
Zuschauer:	12.000 (Magdeburg, Ernst-Grube-Stadion)

DDR:	Rudwaleit; Trieloff; Kreer, Schnuphase (K), Stahmann; Trautmann, Dörner, Liebers; Richter (69. Busse), Streich, Kühn (60 Heun).
Schiedsrichter:	Carpenter (Irland)
Torfolge:	0:1 van der Elst (36.), 0:2 Vandenbergh (69.), 1:2 Streich (83.).
Zuschauer:	75.000 (Leipzig, Zentralstadion)

DDR:	Rudwaleit; Trieloff; Kreer, Baum, Troppa; Stahmann, Ernst (46. Steinbach), Liebers (84. Trautmann); Richter (46. Minge), Streich (K), Busse.
Schiedsrichter:	Jargus (Polen)
Torfolge:	1:0 Steinbach (53.), 2:0 Streich (83.), 3:0 Busse (87.)
Zuschauer:	10.000 (Gera, Stadion der Freundschaft)

DDR:	Rudwaleit; Schnuphase (K); Kreer, Stahmann, Baum; Pilz (70. Ernst), Troppa, Liebers, Steinbach; Streich, Busse (61. Richter).
Schiedsrichter:	Guruceta Muru (Spanien)
Torfolge:	0:1 Streich (9.), 1:1 Ceulemans (18.), 2:1 Coeck (38.)
Zuschauer:	43.000 (Brüssel, Heysel-Stadion)

DDR:	Rudwaleit; Schnuphase (K); Kreer, Stahmann, Baum; Troppa, Liebers (73. Heun), Steinbach (61. Pilz); Bielau, Streich, Minge.
Schiedsrichter:	Ericsson (Schweden)
Zuschauer:	40.000 (Bern, Wankdorf-Stadion)

DDR:	Rudwaleit; Schnuphase (K); Ullrich, Zötzsche; Liebers, Troppa, Ernst, Steinbach; Bielau, Streich (75. Heun), Richter (46. Backs).
Schiedsrichter:	Palotai (Ungarn)
Torfolge:	0:1 Blochin (8.), 1:1 Streich (24.), 1:2 Oganesjan (36.), 1:3 Jewtuschenko (68.)
Zuschauer:	70.000 (Leipzig, Zentralstadion)

DDR:	Rudwaleit; Schnuphase (K); Kreer, Dennstedt (57. Liebers), Ullrich (66. Zötzsche); Ernst, Dörner, Trautmann, Backs (33. Bielau); Pastor, Minge (71. Pilz).
Schiedsrichter:	Alexandrow (Bulgarien)
Torfolge:	1:0 Negrila (33.)
Zuschauer:	10.000 (Bukarest, Steaua-Stadion)

DDR:	Rudwaleit; Schnuphase (K); Kreer, Troppa, Zötzsche; Raab (72. Minge), Ernst, Backs, Steinbach; Streich, Richter.
Schiedsrichter:	Hackett (England)
Torfolge:	1:0 Richter (45.), 2:0 Ernst (73.), 3:0 Streich (90.)
Zuschauer:	12.000 (Berlin, F.-L.-Jahn-Sportpark)

DDR:	Rudwaleit; Stahmann; Kreer, Troppa, Zötzsche; Pilz, Ernst (87. Raab), Backs, Steinbach; Streich (K), Richter.
Schiedsrichter:	Wöhrer (Österreich)
Torfolge:	1:0 Kreer (33.), 2:0 Streich (43.), 2:1 Bannon (78.)
Zuschauer:	18.000 (Halle, Kurt-Wabbel-Stadion)

DDR:	Weißflog (86. Benkert); Baum (K); B.Schulz, Trieloff, Konik; Halata (86. N.Rudolph), Häfner, Backs (68. Romstedt), F.Rohde; Glowatzky, Gütschow.
Schiedsrichter:	Fredriksson (Schweden)
Torfolge:	1:0 Gütschow (23.)
Zuschauer:	2.500 (Zwickau, Georgi-Dimitroff-Stadion)

DDR:	Müller; Stahmann (K); Kreer, Trieloff, Zötzsche; Raab, Pilz, Backs, A.Schulz; Richter (58. Döschner/ 85. Wunderlich), Gütschow.
Schiedsrichter:	Mihalis (Zypern)
Torfolge:	1:0 Anastopoulos (33. Foulstrafstoß), 1:1 Döschner (67.), 1:2 Raab (82.), 1:3 Gütschow (86.).
Zuschauer:	5.000 (Athen, Olympiastadion)

DDR:	Müller; Dörner (K); Kreer, Stahmann, Zötzsche; Liebers, Troppa, Ernst (89.Raab), Steinbach; Streich (76. Richter), Minge.
Schiedsrichter:	Thomas (Niederlande)
Torfolge:	1:0 Robson (82.)
Zuschauer:	24.000 (London, Wembley-Stadion)

DDR:	Rudwaleit (60. Müller); Dörner; Kreer, Sänger, Zötzsche (85. Troppa); Pilz (46. Raab), Liebers, Ernst, Döschner (78. Neuhäuser); Minge (60. Mothes), Streich (K).
Schiedsrichter:	Divinyi (Ungarn)
Torfolge:	1:0 Minge (29.), 1:1 Griga (35.), 2:1 Ernst (42.)
Zuschauer:	7.000 (Erfurt, Georgi-Dimitroff-Stadion)

DDR:	Müller (46. Weißflog); Dörner (K); Kreer, Stahmann, Zötzsche (46. Döschner); Rohde (46. Pilz), Ernst, Troppa, Steinbach (62. Thom); Minge (72. Streich), Glowatzky.
Schiedsrichter:	Nemeth (Ungarn)
Torfolge:	1:0 Stahmann (20.), 2:0 Rohde (25.), 3:0, 4:0 Ernst (44., 70.), 4:1 Belloumi (85.), 5:1 Streich (86.), 5:2 Mekhloufi (88.)
Zuschauer:	8.000 (Aue, Otto-Grotewohl-Stadion)

DDR:	Weißflog; Dörner(K); Kreer, Troppa, Zötzsche; Pilz, Backs, Steinbach (66. Stahmann), Döschner (11. A.Schulz/ 59. Raab); Minge, Ernst (46. Streich).
Schiedsrichter:	Christov (CSSR)
Torfolge:	1:0 Backs (2.), 1:1 Quirarte (21.)
Zuschauer:	10.200 (Berlin, Friedrich-Ludwig-Jahn-Sportpark)

DDR:	Müller; Dörner (K); Kreer, Stahmann, Zötzsche; Rohde, Ernst (69. Streich), Troppa, Steinbach; Glowatzky, Minge.
Schiedsrichter:	Brummeier (Österreich)
Torfolge:	1:0 Glowatzky (11.), 1:1 Bazdarevic (30.), 1:2 Vokri (48.), 2:2 Ernst (50.), 2:3 Sestic (80.)
Zuschauer:	63.000 (Leipzig, Zentralstadion)

DDR:	Müller; Dörner (K, 71. Döschner); Kreer, Stahmann, Zötzsche; Liebers, Troppa, Steinbach, Ernst; Minge (54. Streich), Richter (79. Pastor).
Schiedsrichter:	Shuk (UdSSR)
Torfolge:	0:1 Irimescu (4.Foulstreafstoß), 1:1 Minge (18.), 2:1 Liebers (90.)
Zuschauer:	8.500 (Gera, Stadion der Freundschaft)

DDR:	Müller; Dörner (K); Kreer, Stahmann (66. Stübner), Döschner; Thom, Troppa, Steinbach; Minge, Ernst, Glowatzky (46. Liebers).
Schiedsrichter:	Donelly (Nordirland)
Torfolge:	0:1 Ernst (60.), 0:2 Minge (63.), 0:3 Ernst (76.), 0:4 Minge (78.), 0:5 Ernst (81.)
Zuschauer:	1.179 (Esch, Stade de la Frontiere)

243

Kabinengeflüster

DDR:	Müller; Dörner (K); Trautmann, Stahmann, Döschner; Stübner, Troppa, Liebers, Steinbach (75. Richter); Minge (79. Glowatzky), Thom.
Schiedsrichter:	Casarin (Italien)
Torfolge:	1:0 Stopyra (32.), 2:0 Anziani (90.)
Zuschauer:	50.000 (Paris, Prinzenpark-Stadion)

DDR:	Müller; Dörner (K); Kreer, Trautmann, Zötzsche; Stübner, Liebers (79. Rohde), Ernst (46. Steinbach), Döschner, Minge (85. Glowatzky), Thom.
Schiedsrichter:	Cardelin (Uruguay)
Torfolge:	1:0 Aquilera (37.), 2:0 da Silva (78.), 3:0 Francescoli (84.)
Zuschauer:	80.000 (Montevideo, Estadio Centenario)

DDR:	Müller; Dörner (K); Kreer (64. Trautmann), Rohde, Zötzsche; Stübner, Llebers (75. A.Schulz), Steinbach, Döschner; Ernst, Thom (64. Marschall).
Schiedsrichter:	Francesco (Ekuador)
Torfolge:	1:0 Benitez (17.), 1:1 Ernst (34.), 1:2 Thom (40.), 1:3 Ernst (55.), 2:3 Cuvi (83.)
Zuschauer:	26.000 (Guayaquil, Estadio Modelo)

DDR:	Müller; Dörner (K); Kreer, Rohde, Döschner; Stübner, Liebers, Backs, Steinbach (70. B.Schulz); Ernst (46. Glowatzky), Thom.
Schiedsrichter:	Gotari (Algerien)
Torfolge:	1:0 Yahi (50.), 1:1 B.Schulz (84.)
Zuschauer:	40.000 (Batna, Stadion 1.November 1954)

DDR:	Müller; Dörner (K); Kreer, Stahmann, Döschner; Stübner, Krause, Backs (88. B.Schulz); Minge (88. Weidemann), Ernst, Thom.
Schiedsrichter:	Wöhrer (Österreich)
Torfolge:	1:0 Mladenow (87.)
Zuschauer:	40.000 (Sofia, Wassil-Lewski-Stadion)

DDR:	Weißflog; Dörner (K); Kreer, Stahmann (46. Rohde), Döschner; Krauß, Krause, Ernst, Stübner; Minge (36. Weidemann), Thom.
Schiedsrichter:	Hora (CSSR)
Torfolge:	1:0 Krause (50.)
Zuschauer:	6.000 (Frankfurt/Oder, Stadion der Freundschaft)

DDR:	Müller; Dörner (K); Kreer, Rohde, Döschner; Krauß (46. Zötzsche), Krause, Ernst, Stübner (46. Liebers); Kirsten, Thom.
Schiedsrichter:	Ravander (Finnland)
Torfolge:	1:0, 2:0 Laudrup (6., 67.), 3:0 Lauridsen (79.), 4:0 Berggren (82.), 4:1 Zötzsche (84.)
Zuschauer:	19.500 (Kopenhagen, Idreatspark)

DDR:	Müller; Dörner (K); Kreer, Rohde (57. Döschner), Zötzsche; Pilz, Ernst, Liebers; Kirsten, Minge, Thom.
Schiedsrichter:	Scerri (Malta)
Torfolge:	1:0, 2:0 Minge (19., 38.) 3:0 Ernst (45. Foulstrafstoß), 3:1 Langers (76.)
Zuschauer:	9.000 (Babelsberg, Karl-Liebknecht-Stadion)

DDR:	Müller (K); Rohde; Kreer, Sänger, Zötzsche; Pilz (64. Stübner), Minge, Liebers, Thom; Kirsten (86. Heun), Ernst.
Schiedsrichter:	Jensen (Dänemark)
Torfolge:	0:1 Kirsten (17.)
Zuschauer:	10.500 (Olso, Ulleval-Stadion)

DDR:	Müller (K); Rohde; Kreer, Sänger, Zötzsche; Stübner, Minge, Liebers, Thom; Kirsten, Ernst.
Schiedsrichter:	d'Elia (Italien)
Torfolge:	1:0 Ernst (54.), 2:0 Kreer (81.)
Zuschauer:	78.000 (Leipzig, Zentralstadion)

DDR:	Müller (K); Rohde; Kreer, Sänger, Zötzsche; Pilz, Minge, Liebers, Thom; Kirsten (89. Heun), Ernst.
Schiedsrichter:	Miminoschwili (UdSSR)
Torfolge:	0:1, 0:2 Thom (47., 59.), 1:2 Skoro (83.)
Zuschauer:	45.000 (Belgrad, Partizan-Stadion)

DDR:	Müller (K, 46. Weißflog); Rohde; Kreer, Sänger, Zötzsche; Pilz, Liebers, Stübner, Thom; Kirsten, Ernst (70. Bielau).
Schiedsrichter:	Worral (England)
Zuschauer:	41.000 (Glasgow, Hampden Park)

DDR: Müller (K); Rohde; Kreer, Sänger, Zötzsche; Pilz, Liebers, Minge, Stübner (77. Heun); Kirsten, Ernst (77. Glowatzky).
Schiedsrichter: Keizer (Niederlande)
Torfolge: 1:0 Zötzsche (4. Foulstrafstoß), 1:1 Gotschew (39.), 2:1 Liebers (40.)
Zuschauer: 32.000 (Karl-Marx-Stadt, Ernst-Thälmann-Stadion)

DDR: Müller (K); Rohde; Kreer, Sänger, Zötzsche; Minge, Stübner (71. Liebers), Pilz; Thom, Kirsten (80. Lesser), Ernst (59. Sträßer).
Schiedsrichter: Evans (USA)
Torfolge: 0:1 Zötzsche (26. Foulstrafstoß), 1:1 Flores (38.), 1:2 Zötzsche (83.)
Zuschauer: 6.000 (San Jose)

DDR: Müller (K); Rohde; Kreer, Sänger, Zötzsche; Pilz (25. Stübner). Minge (89. Schößler), Liebers, Thom; Kirsten (46. Lesser), Ernst.
Schiedsrichter: Lamo Castillo (Spanien)
Torfolge: 0:1 Thom (87.), 0:2 Kirsten (24.), 0:3 Ernst (33.), 1:3 Gomez (63. Foulstrafstoß)
Zuschauer: 30.000 (Braga, Estadio 1 de Maio)

DDR: Müller (K); Rohde; Kreer, Sänger, Zötzsche; Pilz, Liebers, Ernst (61. Lesser), Stübner; Kirsten, Thom.
Schiedsrichter: Wöhrer (Österreich)
Torfolge: 0:1 van Basten (13.)
Zuschauer: 22.000 (Leipzig, Zentralstadion)

DDR: Müller (K); Rohde; Sänger, Stahmann, Zötzsche; Pilz, Minge (69. Stübner), Liebers, Thom; Kirsten (46. Doll), Sträßer.
Schiedsrichter: Kolokithas (Griechenland)
Torfolge: 1:0 Anastopoulos (63. Foulstrafstoß), 2:0 Saravakos (86.)
Zuschauer: 15.000 (Athen, Karaiskaki)

DDR: Müller (K); Rohde; Kreer (39. Schößler), Sänger, Zötzsche; Pilz, Minge (80. Stübner), Liebers, Thom; Lesser, Ernst.
Schiedsrichter: Juan Bava (Argentinien)
Torfolge: 1:0 Mueller (11.), 2:0 Alemao (36.), 3:0 Careca (59.)
Zuschauer: 70.000 (Gioania, Estadio Serra Dourada)

DDR: Müller (K, 46. Weißflog); Rohde; Schößler (46. Kreer), Stahmann, Zötzsche; Minge (46. Pilz), Liebers, Thom, Janotta; Sträßer, Ernst.
Schiedsrichter: Nesu (Rumänien)
Torfolge: 1:0 Knoflicek (62.), 2:0 Luhovy (64.)
Zuschauer: 12.000 (Nitra, Plastika-Sadion)

DDR: Müller (K); Rohde; Kreer, Sänger, Döschner, Zötzsche; Pilz, Minge (80. Baum), Liebers; Kirsten, Doll (67. Glowatzky).
Schiedsrichter: Bo Karlsson (Schweden)
Torfolge: 1:0 Hjelm (61.)
Zuschauer: 3.325 (Lahti, Keskusurheilukenttä)

DDR: Müller (K, 46. Weißflog); Rohde; Kreer, Sänger, Zötzsche, Döschner; Pilz (46. Doll), Liebers, Stübner, Thom; Kirsten, Minge (46. Pastor).
Schiedsrichter: Hartmann (Ungarn)
Torfolge: 0:1 Eriksen (24.)
Zuschauer: 30.000 (Leipzig, Zentralstadion)

DDR: Müller (K); Rohde; Kreer, Sänger, Zötzsche; Stübner, Ernst, Liebers, Thom; Kirsten, Pastor.
Schiedsrichter: Mulder (Niederlande)
Zuschauer: 10.000 (Oslo, Ulleval-Stadion)

DDR: Müller (K); Rohde; Schößler, Sänger (68. Stahmann), Döschner; Stübner, Ernst (85. Minge), Liebers, Thom; Kirsten, Pastor.
Schiedsrichter: Petrovic (Jugoslawien)
Torfolge: 1:0 Thom (5.), 2:0 Kirsten (90.)
Zuschauer: 18.000 (Karl-Marx-Stadt, Ernst-Thälmann-Stadion)

DDR: Müller (K); Stahmann; Schößler, Rohde, Döschner; Steinmann (62. Richter), Stübner, Liebers; Kirsten (77. M. Sammer), Pastor, Thom.
Schiedsrichter: Courtney (England)
Zuschauer: 52.000 (Leipzig, Zentralstadion)

Kabinengeflüster

DDR:	Müller (K); Stahmann; Kreer, Rohde (67. Sänger), Schößler; Pilz (53. Marschall), Stübner, Ernst, Döschner; Minge, Thom.
Schiedsrichter:	Ionescu (Rumänien)
Torfolge:	0:1 Minge (29.), 1:1 Erdal Keser (45.), 2:1 Kayhan (47.), 3:1 Tanju (76.)
Zuschauer:	5.000 (Istanbul)

DDR:	Müller (K); Rohde; Kreer, Lindner, Zötzsche; Stübner (70. Wuckel), Liebers, Ernst, Raab; Thom, Kirsten (55. Scholz).
Schiedsrichter:	Fredriksson (Schweden)
Torfolge:	1:0 Sawarow (41.), 2:0 Belanow (49.)
Zuschauer:	95.000 (Kiew, Zentralstadion)

DDR:	Weißflog; Rohde (K); Schößler, Reich, Döschner; Raab, Ernst, Steinmann; Kirsten (46. Doll), Minge (74. Pastor), Thom.
Schiedsrichter:	Butenko (UdSSR)
Torfolge:	1:0 Raab (42.), 2:0 Ernst (64. Foulstrafstoß)
Zuschauer:	3.000 (Brandenburg, Stahl-Stadion)

DDR:	Müller (K); Rohde; Kreer, Lindner, Döschner; Raab, Ernst, Steinmann; Doll (77. Scholz), Minge (82. Kirsten), Thom.
Schiedsrichter:	Lund-Sörensen (Dänemark)
Torfolge:	0:1 Minge (15.), 0:2 Thom (38.), 0:3 Doll (49.), 0:4 Thom (69.), 0:5 Döschner (85.), 0:6 Thom (88.)
Zuschauer:	10.000 (Reykjavik, Laugardalsvoellur)

DDR:	Müller (K, 46. Weißflog); Rohde; Kreer (79. Schößler), Lindner, Döschner; Raab (46. Stübner), Ernst, Scholz; Doll (67. Kirsten), Minge, Thom.
Schiedsrichter:	Damgard (Dänemark)
Zuschauer:	71.000 (Leipzig, Zentralstadion)

DDR:	Müller (K); Rohde; Kreer, Döschner, Zötzsche; Stübner, Raab, Ernst (81. Liebers), Thom; Kirsten (59. Richter), Minge.
Schiedsrichter:	Timoschenko (UdSSR)
Torfolge:	1:0 Krol (22. Foulstrafstoß), 2:0 Prusik (64.)
Zuschauer:	40.000 (Lublin, Zaglebie-Stadion)

DDR:	Müller (K, 46. Rudwaleit); Rohde (67. Stahmann); Ksienzyk, Kreer, Döschner; Stübner (46. Doll), Ernst, Liebers, Zötzsche; Kirsten, Thom.
Schiedsrichter:	Haugen (Norwegen)
Torfolge:	1:0 Doll (52.), 2:0 Kirsten (53.)
Zuschauer:	7.500 Gera (Stadion der Freundschaft)

DDR:	Müller (K); Zötzsche; Kreer, Schößler, Döschner; Pilz (75. Stübner), Raab (84. Minge); Liebers; Kirsten, Thom, Doll.
Schiedsrichter:	Krchnak (CSSR)
Torfolge:	1:0 Kirsten, 1:1 Alejnikow (80.)
Zuschauer:	20.000 (Berlin, Friedrich-Ludwig-Jahn-Sportpark)

DDR:	Müller (K); Stahmann; Schößler, Kreer, Döschner; Pilz, Raab, Liebers; Kirsten, Thom, Doll.
Schiedsrichter:	Kaupe (Österreich)
Torfolge:	1:0 Kirsten (14.), 1:1 Fjaerestad (32.), 2:1 Thom (33.), 3:1 Kirsten (54.)
Zuschauer:	10.000 (Magdeburg, Ernst-Grube-Stadion)

DDR:	Müller (K); Stahmann; Kreer, Döschner, Zötzsche; Pilz, Liebers, Steinmann; Kirsten, Minge (61. Ernst), Thom.
Schiedsrichter:	Silva Valente (Portugal)
Torfolge:	0:1 Ernst (90.)
Zuschauer:	20.000 (Paris, Prinzenpark-Stadion)

DDR:	Müller (K); Stahmann; Schößler, Kreer, Zötzsche; Ernst (66. Stübner), Raab (59. Rohde), Liebers; Kirsten, M. Sammer, Doll (85. Pilz).
Schiedsrichter:	Girard (Frankreich)
Zuschauer:	25.000 (Valencia, Estadio Luis Casanova)

DDR:	Müller (K); Stahmann; Schößler, Kreer, Zötzsche; Stübner, Rohde (60. Pilz), Liebers (72. Steinmann); Kirsten (72. M. Sammer), Ernst, Doll.
Schiedsrichter:	Abasi (Marokko)
Torfolge:	1:0 Khairi (23.), 2:0 Hamraoui (89.), 2:1 Ernst (90.)
Zuschauer:	5.000 (Mohammedia)

DDR:	Müller (K, 46. Rudwaleit); Stahmann; Kreer, Lindner, Zötzsche; Pilz, Stübner (66. M. Sammer), Steinmann (75. Raab); Kirsten, Ernst, Thom.
Schiedsrichter:	Stiegler (CSSR)
Torfolge:	1:0 Ernst (10.), 1:1 Müller (20. Eigentor), 2:1 Zötzsche (37. Handstrafstoß), 3:1 Stahmann (57.), 3:2 Andone (77.), 3:3 Geolgau (81.)
Zuschauer:	6.500 (Halle, Kurt-Wabbel-Stadion)

DDR:	Weißflog; Stahmann; Kreer (66. Schößler), Lindner, Döschner; Stübner, Pilz, Ernst (46. Doll), Steinmann; Kirsten, Thom (K).
Schiedsrichter:	Nemeth (Ungarn)
Torfolge:	1:0, 2:0 Tanju Colak (24., 65.), 3:0 Oguz (70.), 3:1 Thom (76.)
Zuschauer:	42.000 (Istanbul, Stadion Ali Sami Yen)

DDR:	Rudwaleit; Stahmann; Röser, Rohde; Kreer, Pilz (81. Kracht), Stübner, Steinmann, Ernst; Kirsten, Thom (K).
Schiedsrichter:	Wiesel (BR Deutschland)
Torfolge:	0:1 Stübner (30.), 1:1 Iwanow (81.)
Zuschauer:	20.000 (Burgas, Stadion 9. September)

DDR:	Müller (K); Rohde; Kreer, Lindner, Trautmann; Scholz (46. Köhler), M. Sammer, Steinmann (80. Bonan), Doll (70. Marschall); Kirsten, Thom.
Schiedsrichter:	Mohammed Hussam (Ägypten)
Torfolge:	0:1 Kirsten (5.), 0:2 Thom (43.), 0:3 Kirsten (84.), 0:4 Thom (87.)
Zuschauer:	15.000 (Kairo, Nasser-Stadion)

DDR:	Weißflog; Stahmann; Kreer, Lindner, Döschner; Stübner, Raab (76. Rohde), Steinmann; Kirsten, M. Sammer (72. Doll), Thom (K).
Schiedsrichter:	Listkiewicz (Polen)
Torfolge:	1:0 M. Sammer (24.)
Zuschauer:	6.500 (Berlin, Friedrich-Ludwig-Jahn-Sportpark)

DDR:	Müller (K); Rohde; Schößler, Wahl (46. Doll), Lindner, Kreer; Stübner, M. Sammer, Halata (66. Marschall); Kirsten, Thom.
Schiedsrichter:	Longhi (Italien)
Torfolge:	1:0 Saravakos (21.), 2:0 Wahl (29. Eigentor), 2:1 Halata (54.), 3:1 Saravakos (59.), 3:2 Thom (66.)
Zuschauer:	2.000 (Athen, Apollon-Stadion)

DDR:	Weißflog (46. Rudwaleit); Stahmann; Lindner, Rohde, Döschner; Ernst (65. Stübner), Raab (86. Scholz), Steinmann; Kirsten, Doll (65. M. Sammer), Thom (K).
Schiedsrichter:	Matusik (CSSR)
Torfolge:	1:0 Ernst (29.), 1:1, 1:2 Furtok (60., 62.)
Zuschauer:	11.000 (Cottbus, Stadion der Freundschaft)

DDR:	Müller (K); Rohde; Kreer, Trautmann, Lindner; Halata (75. Doll), M. Sammer (75. Hauptmann), Stübner, Wosz; Kirsten, Thom (46. Gütschow).
Schiedsrichter:	Marko (CSSR)
Torfolge:	0:1 Lipponen (29.), 1:1 Trautmann (54.)
Zuschauer:	14.000 (Dresden, Dynamo-Stadion)

DDR:	Weißflog; Stahmann; Schößler, Lindner, Döschner; Ernst, Raab, Steinmann, Stübner (33. M. Sammer); Kirsten, Thom (K).
Schiedsrichter:	Halle (Norwegen)
Torfolge:	1:0, 2:0 Thom (34., 89.)
Zuschauer:	12.300 (Berlin, Friedrich-Ludwig-Jahn-Sportpark)

DDR:	Müller (K); Rohde; Trautmann, Lindner, Hauptmann; Stübner (63. Wuckel), Pilz (19. Doll), M. Sammer, Minge; Kirsten, Thom.
Schiedsrichter:	Damgaard (Dänemark)
Torfolge:	0:1 Tanju Colak (21.), 0:2 Ridvan (87.)
Zuschauer:	23.000 (Magdeburg, Ernst-Grube-Stadion)

247

Kabinengeflüster

DDR:	Weißflog; Lieberam; Hauptmann (74. März), Köhler, Trautmann, Döschner; Scholz (55. Kirsten), M. Sammer, Wosz; Doll, Thom.
Schiedsrichter:	Hope (Schottland)
Torfolge:	1:0 Dobrowolski (2.), 2:0 Litowtschenko (20.), 3:0 Protassow (41.)
Zuschauer:	100.000 (Kiew, Zentralstadion)

DDR:	Heyne; Lindner; Schößler, Kreer (K), Reich, Döschner (76. Herzog); Weidemann, Ernst (46. Steinmann), M. Sammer (71. Stübner); Kirsten, Doll (46. Thom).
Schiedsrichter:	Azzopardi (Malta)
Torfolge:	0:1, 0:2 Doll (10., 32.), 0:3, 0:4 Steinmann (73. Foulstrafstoß, 86.)
Zuschauer:	3.000 (La Valetta, Ta'Qali-Stadion)

DDR:	Weißflog; Stahmann; Lindner, Trautmann (46. Doll), Kreer (K); Rohde, Stübner, M. Sammer (67. Weidemann); Steinmann, Kirsten, Thom.
Schiedsrichter:	Constantine (Belgien)
Torfolge:	0:1 Polster (3.), 1:1 Kirsten (86.)
Zuschauer:	22.000 (Leipzig, Zentralstadion)

DDR:	Heyne; Stahmann; Kreer (K, 67. Feldverweis), Schößler, Lindner, Döschner (42. Doll); Steinmann, M. Sammer (79. Weidemann), Stübner; Kirsten, Thom.
Schiedsrichter:	Werner (Polen)
Torfolge:	1:0, 2:0, 3:0 Polster (2., 23. Foulstrafstoß, 61.)
Zuschauer:	55.000 (Wien, Prater-Stadion)

DDR:	Heyne; Stahmann; Kreer (K), Reich, Lindner, Döschner (86. Platzverweis); M. Sammer, Ernst, Steinmann (66. Wosz); Kirsten (73. Doll), Thom.
Schiedsrichter:	Poromboiu (Rumänien)
Torfolge:	1:0 Kirsten (15.), 1:1 Jordanow (26.)
Zuschauer:	4.500 (Erfurt, Georgi-Dimitroff-Stadion)

DDR:	Heyne; Wagenhaus; Herzog, Reich, Mauksch; Stübner (72. Weidemann), M. Sammer (82. Weilandt), Steinmann, Wosz (46. Wuckel); Kirsten, Doll.
Schiedsrichter:	Hassan Al-Moussa (Kuwait)
Torfolge:	0:1, 0:2 Cantona (2., 23.), 0:3 Deschamps (73.)
Zuschauer:	1.500 (Al Kuwait)

DDR:	Heyne; Stahmann; Kreer (K); Lindner, Reich, Döschner; Stübner, M. Sammer, Ernst (82. Steinmann); Kirsten, Doll.
Schiedsrichter:	Cooper (Wales)
Torfolge:	0:1 M. Sammer (55.), 0:2 Ernst (62.), 0:3 Doll (65.)
Zuschauer:	7.535 (Reykjavik, Laugardalsvoellur)

DDR:	Teuber; Herzog; Wagenhaus, Lindner, Reich; Weidemann, Weilandt, Steinmann (84. Stübner), Wuckel; Wosz, Rösler (65. Kirsten).
Schiedsrichter:	Rahdi Al Haddad (Kuwait)
Torfolge:	0:1, 0:2 Wuckel (26., 59.), 1:2 Suleiman (89.)
Zuschauer:	4.000 (Al Kuwait)

DDR:	Heyne; Stahmann; Kreer (K), Lindner, Döschner; Steinmann (88. Weidemann), Stübner, Ernst (74. Doll), M. Sammer; Kirsten, Thom.
Schiedsrichter:	Helen (Schweden)
Torfolge:	0:1 Litowtschenko (74.), 1:1 Thom (80.), 2:1 M. Sammer (82.)
Zuschauer:	15.900 (Karl-Marx-Stadt, Ernst-Thälmann-Stadion)

DDR:	Heyne; Herzog; Lindner (K), Schuster, Büttner; M. Sammer, Ernst (76. Minkwitz), Steinmann; Kirsten (80. Rösler), Thom.
Schiedsrichter:	Wiesel (BR Deutschland)
Torfolge:	1:0, 2:0 Kirsten (17., 31.), 2:1 Vermes (41.), 3:1 Kirsten (66.), 3:2 Murray (86.)
Zuschauer:	4.000 (Berlin, Friedrich-Ludwig-Jahn-Sportpark)

DDR: Heyne; Böger; Herzog, Peschke, Schuster
(63. Büttner), Minkwitz, M. Sammer (K),
Ernst, Wosz (68. Weidemann); Steinmann
(84. Heidrich), Rösler.
Schiedsrichter: Nervig (Norwegen)
Torfolge: 1:0 Peschke (32.), 2:0 Sammer (41.)
Zuschauer: 1.000 (Karl-Marx-Stadt, Ernst-Thälmann-
Stadion)

DDR: Bräutigam; Peschke; Böger, Herzog,
Lindner, Schuster; Hauptmann (63.
Steinmann), Ernst, Weidemann (77.
Rösler); Kirsten, Doll.
Schiedsrichter: Luis Carlos Felix (Brasilien)
Torfolge: 1:0 Alemao (43.), 1:1 Doll (48.), 2:1 Careca
(56.), 3:1 Dunga (59.), 3.2 Ernst (68.), 3:3
Steinmann (90.)
Zuschauer: 58.898 (Rio de Janeiro)

DDR: Bräutigam; Peschke, Böger, Herzog,
Lindner, Schuster; M. Sammer, Stübner
(85. Büttner), Ernst (K); Kirsten, Doll.
Schiedsrichter: Midgley (England)
Torfolge: 0:1 Doll (72. Foulstrafstoß)
Zuschauer: 22.000 (Glasgow, Hampden Park)

DDR: Schmidt (87. Adler); Peschke; Schwanke,
Wagenhaus, Schößler; Stübner (26.
Böger), M. Sammer, Bonan, Scholz (86.
Kracht); Wosz, Rösler.
Schiedsrichter: Blankenstein (Niederlande)
Torfolge: 0:1, 0:2 M. Sammer (74., 89.)
Zuschauer: 10.000 (Brüssel, Anderlecht-Stadion)

DIE AUSWAHLSPIELER VON A-Z

Name	Verein	Spiele	Zeitraum
Adler, Jens	HFC Chemie	1	1990
Assmy, Horst	FC Vorwärts Berlin	12	1954-1959
Backhaus, Gerd	Lok Stendal	3	1963-1966
Backs, Christian	BFC Dynamo	9	1983-1985
Bähringer, Jürgen	FC Karl-Marx-Stadt	1	1980
Bauchspieß, Bernd	Chemie Zeitz	1	1959
Barthels, Wolfgang	SC Empor Rostock	2	1963-1964
Bauer, Erhard	SC Wismut Karl-Marx-Stadt	3	1954
Baum, Frank	1. FC Lok Leipzig	17	1979-1984
Baumann, Rainer	SC Lok Leipzig	2	1956
Benkert, Wolfgang	FC Rot-Weiß Erfurt	1	1984
Bialas, Arthur	SC Empor Rostock	1	1961
Bielau, Andreas	FC Carl-Zeiss Jena	9	1981-1985
Bley, Hermann	BFC Dynamo	1	1961
Blochwitz, Wolfgang	FC Carl-Zeiss Jena	19	1966-1974
Böger, Stefan	FC Carl-Zeiss Jena	4	1990
Bonan, Heiko	1. FC Magdeburg	2	1989-1990
Bornschein, Andreas	1. FC Lok Leipzig	1	1982
Bransch, Bernd	HFC Chemie	72	1967-1976
Brauer, Gert	FC Carl-Zeiss Jena	4	1979-1980
Bräutigam, Perry	FC Carl-Zeiss Jena	3	1989-1990
Busch, Günter	Chemie/Lok Leipzig	2	1954-1957
Buschner, Georg	SC Motor Jena	6	1954-1957
Busse, Martin	FC Rot-Weiß Erfurt	3	1983
Büttner, Steffen	Dynamo Dresden	3	1990
Carow, Jochen	BFC Dynamo	1	1972
Croy, Jürgen	Sachsenring Zwickau	94	1967-1981
Decker, Klaus	1. FC Magdeburg	3	1974
Dennstedt, Thomas	1. FC Lok Leipzig	1	1983
Doll, Thomas	FC Hansa Rostock, BFC	29	1986-1990
Dobermann, Bernd	Chemie Leipzig	2	1969
Dörner, Hans-Jürgen	Dynamo Dresden	100	1969-1985
Dorner, Konrad	SC Dynamo Berlin	2	1958
Döschner, Matthias	Dynamo Dresden	40	1982-1989
Drews, Werner	SC Empor Rostock	2	1961-1962
Ducke, Peter	SC Motor/Carl-Zeiss Jena	68	1960-1975
Ducke, Roland	SC Motor/Carl-Zeiss Jena	37	1958-1967
Eigendorf, Lutz	BFC Dynamo	6	1978-1979
Eilitz, Werner	Chemie Leipzig/Vorwärts Berlin	8	1952-1956
Engelhardt, Dieter	1. FC Lok Leipzig	3	1966
Erler, Dieter	SC Wismut/FC Karl-Marx-Stadt	47	1959-1968
Ernst, Rainer	BFC Dynamo	56	1981-1990
Faber, Michael	SC Leipzig	1	1963
Fischer, Dieter	SC Lok Leipzig	4	1958-1960
Franke, Gerhard	SC Turbine Erfurt	6	1958-1959
Franke, Horst	Aktivist Brieske/Ost	2	1953-1954
Franz, Rainer	Motor Zwickau	5	1956-1960
Fräßdorf, Otto	FC Vorwärts Berlin	33	1963-1970
Freitag, Horst	SC Wismut Karl-Marx-Stadt	1	1957
Frenzel, Henning	1. FC Lok Leipzig	56	1961-1974
Fritsche, Joachim	1. FC Lok Leipzig	14	1973-1977
Fritzsche, Harald	SC Motor Jena	8	1962-1964
Fritzsche, Rolf	ASK Vorwärts Berlin	2	1955

Fröhlich, Heinz	Chemie Leipzig	2	1952
Ganzera, Frank	Dynamo Dresden	13	1969-1973
Geisler, Manfred	1. FC Lok Leipzig	15	1965-1967
Glowatzky, Michael	FC Karl-Marx-Stadt	9	1984-1986
Grapenthin, Hans-Ulrich	FC Carl-Zeiss Jena	21	1975-1981
Gröbner, Wilfried	1. FC Lok Leipzig	8	1976-1979
Großstück, Wolfgang	SC Einheit Dresden	1	1958
Gütschow, Torsten	Dynamo Dresden	3	1984-1989
Haack, Lothar	SC Empor Rostock	1	1961
Haase, Günter	Turbine Halle	1	1953
Häfner, Reinhard	Dynamo Dresden	58	1971-1984
Halata, Damian	1. FC Magdeburg	4	1984-1989
Hamann, Erich	FC V. Berlin/Frankfurt/O.	3	1969-1974
Hauptmann, Ralf	Dynamo Dresden	4	1989-1990
Hause, Lothar	FC Vorwärts Frankfurt/O.	9	1978-1982
Heidler, Gert	Dynamo Dresden	12	1975-1978
Heidrich, Steffen	FC Karl-Marx-Stadt	1	1990
Heine, Werner	SC Dynamo Berlin	29	1958-1964
Heinsch, Jürgen	SC Empor Rostock	7	1963-1965
Hergert, Heinz	SC Motor Jena	1	1962
Herzog, Hendrik	BFC Dynamo	7	1989-1990
Heun, Jürgen	FC Rot-Weiß Erfurt	17	1980-1985
Heyne, Dirk	1. FC Magdeburg	9	1979-1990
Hirschmann, Günter	SC Aufbau Magdeburg	1	1961
Hoge, Günter	FC Vorwärts/Union Berlin	6	1961-1968
Hoffmann, Martin	1. FC Magdeburg	66	1973-1981
Holze, Karl-Heinz	SC Dynamo Berlin	1	1954
Holzmüller, Willy	SC Motor Karl-Marx-Stadt	1	1957
Ilsch, Karl-Heinz	Motor Dessau	1	1953
Imhof, Günther	Turbine Halle	2	1952
Irmscher, Harald	Motor Zwickau/Carl-Zeiss Jena	41	1966-1974
Jahn, Rolf	SC Turbine Erfurt	1	1957
Janotta, Eberhard	Stahl Brandenburg	1	1986
Jarohs, Rainer	FC Hansa Rostock	3	1982
Kaiser, Manfred	SC Wismut Karl-Marx-Stadt	31	1955-1964
Kaiser, Siegfried	Motor Zwickau	1	1954
Kalinke, Peter	ASK Vorwärts Berlin	7	1960-1961
Kirsten, Ulf	Dynamo Dresden	49	1985-1990
Kische, Gerd	FC Hansa Rostock	63	1971-1980
Kiupel, Hans	ASK Vorwärts Berlin	1	1961
Klank, Wolfgang	Motor Dessau	3	1952-1953
Kleiminger, Heino	SC Empor Rostock	4	1963-1964
Klingbiel, Wilfried	Lok Stendal/Dynamo Berlin	6	1958-1961
Kohle, Horst	ASK Vorwärts Berlin	1	1959
Köhler, Sven	FC Karl-Marx-Stadt	2	1989
Konik, Bernhard	Wismut Aue	1	1984
Körner, Gerhard	FC Vorwärts Berlin	33	1962-1969
Kotte, Peter	Dynamo Dresden	21	1976-1980
Kracht, Torsten	1. FC Lok Leipzig	2	1988-1990
Krampe, Dieter	ASK Vorwärts Berlin	28	1959-1965
Krause, Andreas	FC Carl-Zeiss Jena	4	1981-1985
Krause, Rudolf	Chemie Leipzig	2	1953-1956
Krauß, Steffen	Wismut Aue	2	1985
Krebs, Albert	FC Rot-Weiß Erfurt	1	1975
Kreische, Hans-Jürgen	Dynamo Dresden	50	1968-1975
Kreer, Ronald	1. FC Lok Leipzig	65	1982-1989

Krüger, Heinz	Aktivist Brieske/Ost	1	1957
Ksienzyk, Waldemar	BFC Dynamo	1	1987
Kubisch, Günter	SC Aufbau Magdeburg	1	1961
Kühn, Dieter	1. FC Lok Leipzig	13	1978-1983
Kurbjuweit, Lothar	Stahl Riesa/Carl-Zeiss Jena	66	1970-1981
Lauck, Reinhard	1. FC Union/BFC Dynamo	33	1973-1977
Lemanczyk, Heinz	Aktivist Brieske-Senftenberg	2	1955-1958
Lesser, Henry	FC Carl-Zeiss Jena	4	1986
Lieberam, Frank	Dynamo Dresden	1	1989
Liebers, Matthias	1. FC Lok Leipzig	59	1980-1988
Liebrecht, Kurt	Lok Stendal	16	1960-1965
Lihsa, Werner	BFC Dynamo	1	1972
Lindemann, Lutz	FC Carl-Zeiss Jena	21	1977-1980
Lindner, Ernst	Lok Stendal	6	1956-1962
Lindner, Matthias	1. FC Lok Leipzig	22	1987-1990
Linß, Werner	Motor Steinach	2	1962
Löwe, Wolfram	1. FC Lok Leipzig	43	1967-1977
Marotzke, Gerhard	ASK Vorwärts Berlin	1	1955
Marquardt, Willi	Rotation Babelsberg	1	1956
Marschall, Olaf	1. FC Lok Leipzig	4	1985-1989
März, Heiko	FC Hansa Rostock	1	1990
Maschke, Robert	SC Dynamo Berlin	7	1959-1962
Matoul, Hans-Bert	1. FC Lok Leipzig	3	1974
Matzen, Johannes	SC Dynamo Berlin	2	1952-1954
Maucksch, Matthias	Dynamo Dresden	1	1990
Meier, Siegfried	Motor Zwickau	3	1952-1954
Meinhold, Erhard	Motor Zwickau	2	1954
Meyer, Lothar	ASK Vorwärts Berlin	16	1954-1961
Minge, Ralf	Dynamo Dresden	36	1983.1989
Minkwitz, Stefan	1. FC Magdeburg	2	1990
Mosert, Erhard	HFC Chemie	1	1969
Mothes, Harald	Wismut Aue	1	1984
Mühlbächer, Waldemar	SC Dynamo Berlin	17	1958-1965
Müller, Bringfried	Wismut Aue/Karl-Marx-Stadt	18	1955-1960
Müller, Helmut	SC Motor Jena	13	1957-1962
Müller, Joachim	FC Karl-Marx-Stadt	5	1977-1978
Müller, Jochen	SC Turbine Erfurt	3	1953-1954
Müller, Klaus	Dynamo Dresden	2	1976
Müller, Matthias	Dynamo Dresden	4	1980
Müller, Rene	1. FC Lok Leipzig	46	1984-1989
Nachtigall, Rainer	ASK Vorwärts Berlin	11	1960-1965
Naumann, Jürgen	1. FC Lok Leipzig	1	1968
Netz, Wolf-Rüdiger	BFC Dynamo	2	1978-1981
Neuhäuser, Mario	FC Karl-Marx-Stadt	1	1984
Noack, Michael	BFC Dynamo	2	1979-1981
Nöldner, Jürgen	FC Vorwärts Berlin	30	1960-1969
Nordhaus, Helmut	SC Turbine Erfurt	3	1953-1954
Pankau, Herbert	FC Hansa Rostock	25	1962-1967
Pastor, Frank	HFC Chemie/BFC Dynamo	7	1983-1987
Peschke, Heiko	FC Carl-Zeiss Jena	5	1990
Peter, Werner	HFC Chemie	9	1978-1979
Pfeifer, Wolfgang	SC Einheit Dresden	2	1958-1959
Pilz, Hans-Uwe	Dynamo Dresden	35	1982-1989
Pommerenke, Jürgen	1. FC Magdeburg	57	1972-1983
Preuße, Udo	FC Carl-Zeiss Jena	1	1970
Raab, Jürgen	FC Carl-Zeiss Jena	20	1982-1988

Raugust, Detlef	1. FC Magdeburg	3	1978-1979
Reich, Burkhard	BFC Dynamo	6	1987-1990
Reinhardt, Alfred	Fortschritt Weißenfels	1	1953
Richter, Frank	Dynamo Dresden	7	1971-1973
Richter, Hans	FC Karl-Marx-Stadt/1. FC Lok Leipzig	15	1982-1987
Riedel, Dieter	Dynamo Dresden	4	1974-1978
Riediger, Hans-Jürgen	BFC Dynamo	41	1975-1982
Rock, Peter	FC Carl-Zeiss Jena	11	1967 1971
Rohde, Frank	BFC Dynamo	42	1984-1989
Romstedt, Armin	FC Rot-Weiß Erfurt	1	1984
Rosbigalle, Georg	SC Turbine Erfurt	2	1952
Röser, Mario	FC Carl-Zeiss Jena	1	1988
Rösler, Uwe	1. FC Magdeburg	5	1990
Rudolph, Norbert	FC Vorwärts Frankfurt /O.	1	1984
Rudwaleit, Bodo	BFC Dynamo	33	1979-1988
Sachse, Rainer	Dynamo Dresden	2	1977
Sammer, Klaus	Dynamo Dresden	17	1970-1973
Sammer, Matthias	Dynamo Dresden	23	1986-1990
Sänger, Carsten	FC Rot-Weiß Erfurt	16	1984-1987
Schade, Hartmut	Dynamo Dresden	31	1975-1980
Schaller, Gerhard	SC Empor Rostock	5	1955-1956
Schellenberg, Gerd	FC Karl-Marx-Stadt	3	1974
Scherbaum, Horst	Chemie/Vorwärts Leipzig/ Vorwärts Berlin/Rotation Leipzig	5	1952-1958
Schlutter, Rainer	FC Carl-Zeiss Jena	5	1970-1971
Schmidt, Jens	Chemnitzer FC	1	1990
Schmuck, Udo	Dynamo Dresden	7	1976-1981
Schneider, Dieter	FC Hansa Rostock	3	1969-1973
Schneider, Günter	Motor Zwickau	1	1954
Schnieke, Karl	SC Motor Jena	3	1952-1954
Schnuphase, Rüdiger	FC Rot- Weiß/ Jena	45	1973-1983
Schoen, Herbert	VP/Dynamo Dresden/ SC Dynamo Berlin	12	1952-1957
Scholz, Heiko	1. FC Lok Leipzig	7	1987-1990
Schöne, Hans	Rotation Babelsberg	3	1954
Schößler, Detlef	1. FC Magdeburg	18	1986-1990
Schröter, Günter	VP/Dynamo Dresden/ SC Dynamo Berlin	39	1952-1962
Schulenberg, Ralf	BFC Dynamo	3	1972
Schulz, Axel	FC Hansa Rostock	3	1984-1985
Schulz, Bernd	BFC Dynamo	3	1984-1985
Schulze, Ulrich	1. FC Magdeburg	1	1974
Schuster, Dirk	1. FC Magdeburg	4	1990
Schütze, Harald	BFC Dynamo	1	1969
Schwanke, Jörg	Energie Cottbus	1	1990
Seehaus, Dieter	FC Hansa Rostock	10	1963-1969
Seguin, Wolfgang	1. FC Magdeburg	21	1972-1975
Sekora, Gunter	1. FC Lok Leipzig	1	1980
Skaba, Martin	SC Dynamo Berlin	8	1958-1963
Sparwasser, Jürgen	1. FC Magdeburg	53	1969-1977
Speth, Hans	Motor Zwickau/Empor Rostock	2	1952-1958
Spickenagel, Karl-Heinz	DHfK Leipzig/ Vorwärts Berlin	29	1954-1962
Stahmann, Dirk	1. FC Magdeburg	46	1982-1989
Stein, Helmut	FC Carl-Zeiss Jena	22	1962-1973
Steinbach, Wolfgang	1. FC Magdeburg	46	1982-1989
Steinmann, Rico	FC Karl-Marx-Stadt	23	1986-1990

Stöcker, Hermann	SC Aufbau Magdeburg	6	1963-1965
Sträßer, Ralf	BFC Dynamo	4	1982-1986
Streich, Joachim	FC Hansa/1. FC Magdeburg	102	1969-1984
Strempel, Michael	FC Carl-Zeiss Jena	15	1970-1971
Strozniak, Dieter	HFC Chemie	6	1980-1982
Stübner, Jörg	Dynamo Dresden	47	1984-1990
Terletzki, Frank	BFC Dynamo	4	1975-1980
Teuber, Ronny	Dynamo Dresden	1	1990
Thiele, Klaus	Wismut Aue	4	1958-1959
Thom, Andreas	BFC Dynamo	51	1984-1990
Torhauer, Günter	VP Dresden	1	1952
Trautmann, Andreas	Dynamo Dresden	14	1983-1989
Trieloff, Norbert	BFC Dynamo	18	1980-1984
Trocha, Martin	FC Carl-Zeiss Jena	8	1980-1982
Tröger, Willy	Wismut Aue/Karl-Marx-Stadt	15	1954-1959
Troppa, Rainer	BFC Dynamo	17	1981-1984
Tyll, Axel	1. FC Magdeburg	4	1973-1975
Uhlig, Frank	FC Karl-Marx-Stadt	1	1980
Ullrich, Artur	BFC Dynamo	13	1980-1983
Unger, Werner	Mot. Zwickau/Vorwärts Berlin	7	1954-1964
Urbanczyk, Klaus	HFC Chemie	34	1961-1969
Uteß, Jürgen	FC Hansa Rostock	1	1982
Vetterke, Lothar	Chemie Leipzig	1	1953
Vogel, Eberhard	FC Karl-Marx-Stadt/Carl-Zeiss Jena	74	1962-1976
Vogt, Gerhard	ASK Vorwärts Berlin	4	1959
Wagenhaus, Andreas	Dynamo Dresden	3	1990
Wagner, Konrad	SC Wismut Karl-Marx-Stadt	4	1959-1964
Wahl, Jens	FC Hansa Rostock	1	1989
Walter, Horst	SC Chemie Halle	1	1962
Walter, Manfred	Chemie Leipzig	16	1965-1967
Wätzlich, Siegmar	Dynamo Dresden	24	1972-1975
Weber, Gerd	Dynamo Dresden	35	1975-1980
Wehner, Harald	SC Turbine Erfurt	1	1961
Weidemann, Uwe	FC Rot-Weiß Erfurt	10	1985-1990
Weigang, Horst	1. FC Lok Leipzig	12	1962-1968
Weilandt, Hilmar	FC Hansa Rostock	2	1990
Weise, Konrad	FC Carl-Zeiss Jena	86	1970-1981
Weißflog, Jörg	Wismut Aue	15	1984-1988
Welzel, Werner	Motor Dessau	1	1952
Werner, Jürgen	FC Carl-Zeiss Jena	1	1970
Wirth, Günther	Mot. Oberschöneweide/Vorw. Berlin	28	1954-1962
Wohlfahrt, Karl-Heinz	Rotation Babelsberg	2	1952
Woitzat, Siegfried	SC Motor Jena	1	1961
Wolf, Karl	Wismut Aue/Karl-Marx-Stadt	10	1954-1957
Wolf, Siegfried	Wismut Aue/Karl-Marx-Stadt	17	1955-1959
Wosz, Dariusz	HFC Chemie	7	1989-1990
Wruck, Horst	FC Vorwärts Berlin	1	1969
Wruck, Wolfgang	1. FC Union Berlin	6	1967-1968
Wuckel, Markus	1. FC Magdeburg	4	1987-1990
Wunderlich, Bernd	FC Vorwärts Frankfurt/O.	1	1984
Zapf, Kurt	SC Empor Rostock	4	1957-1958
Zapf, Manfred	1. FC Magdeburg	16	1969-1975
Zerbe, Arno	1. FC Lok Leipzig	1	1961
Zötzsche, Uwe	1. FC Lok Leipzig	38	1982-1988
Zulkowski, Alfred	ASK Vorwärts Berlin	1	1962

FUSSBALL**LLL**EGENDEN – Die Reihe mit den LLL
FUSSBA**LLL**IEBE - FUSSBA**LLL**EBEN – FUSSBA**LLL**EIDENSCHAFT

Folke Havekost / Volker Stahl
Gerd Müller
– Schrecken im Strafraum
ISBN 978-3-89784-291-5
Hardcover, 104 Seiten, ca. 150
Fotos, 22,0 x 32,0 cm
Euro 19,90 / CHF 33,50

Folke Havekost / Volker Stahl
Helmut Schön
– Der Mann mit der Mütze
ISBN 978-3-89784-283-0
Hardcover, 104 Seiten,
ca.150 Fotos, 22,0 x 32,0 cm
Euro 19,90 / CHF 33,50

Hans Vinke
Charly Dörfel
Freibeuter des Fußballfeldes
ISBN 978-3-89784-284-7
Hardcover, 104 Seiten, ca.
100 Fotos, 22,0 x 32,0 cm
Euro 19,90 / CHF 33,50

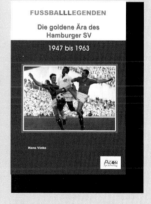

Volker Neumann
Die Walter-Elf
Die goldenen Jahre
des 1. FC Kaiserslautern
ISBN 978-3-89784-285-4
Hardcover, 64 Seiten, ca. 100
Fotos, 22,0 x 32,0 cm
Euro 16,90 / CHF 29,00
November 2010

Daniel Meuren
602 - Ein Rekord für die Ewigkeit
Die Karriere des Karl-Heinz Körbel
ISBN 978-3-89784-348-6
Hardcover, 112 Seiten, ca. 100
Fotos, 22,0 x 32,0 cm
Euro 16,90 / CHF 29,00

Hans Vinke
Die golden Ära des Hamburger SV
1947 bis 1963
ISBN 978-3-89784-337
Hardcover, 104 Seiten, ca. 100
Fotos, 22,0 x 32,0 cm
Euro 16,90 / CHF 29,00

www.fussball**legenden.eu – www.agon-sportverlag.de**

Kabinengeflüster

Nachwort nach 13 Jahren

Kabinengeflüster

...wo nur anfangen?

Als das „Kabinengeflüster" 1997 in 1. Auflage erschien, tauscht ein gewisser Michael Ballack gerade das Trikot des Chemnitzer FC gegen das der „Roten Teufel" auf dem Betzenberg. Ulf Kirsten wird zum zweiten Mal Torschützenkönig in der Bundesliga. Energie Cottbus steht mit Trainer Ede Geyer im DFB-Pokalfinale und feierte den Aufstieg in die 2. Bundesliga. Dort spielen Jena, Zwickau sowie der VfB Leipzig. Matthias Sammer unterzieht sich einer Routine-Operation am Knie. Danach soll er nie wieder ein Fußballspiel bestreiten.

Nun, im Herbst 2010, erscheint das „Kabinengeflüster" im neuen Gewand. 20 Jahre nach dem Länderspiel-Abschied der DDR in Brüssel durchlebt der Fußball-Osten düstere Zeiten. In der Bundesliga dreht sich der Ball ohne einen einzigen Ost-Verein. In der Nationalmannschaft gehören bei der Weltmeisterschaft in Südafrika mit Toni Kroos und dem Zeugwart überhaupt nur zwei Akteure aus dem Osten zur DFB-Delegation. Dazu Hansas Absturz, die alten Oberliga-Rivalen duellieren sich in den Ligen 3, 4 und 5. Angesichts dieser Dauer-Depression scheint es verständlich, wenn der eine oder andere Blick wehmütig in Vergangenes abtaucht. Selbst wenn es nie so schön war, wie es in der Erinnerung ist. Oft wurde gehadert, selten gefeiert. Treffender, als mit Wolfgangs Hempels Worten, kann man den DDR-Fußball jedoch nicht beschreiben: „Er war zu allen Zeiten besser als sein Ruf!"

Rückblickend betrachtet war die DDR-Auswahl ein Exot. Kein bunter Vogel, auch kein stolzer Schwan. Flugfähig aber schon, mit grauem Gefieder. Hin und wieder belächelt. Was ihm fehlte, waren Flugstunden unter freiem Himmel. Einmalig ist und bleibt die wechselvolle Geschichte dieser Mannschaft, ihrer 293 Länderspiele sowie der damit verbundenen Geschichten. Deren jüngste Helden haben den deutschen Fußball in den vergangenen zwei Jahrzehnten maßgeblich geprägt. An erster Stelle ist da der Dresdner Matthias Sammer zu nennen. Der Schütze der beiden letzten DDR-Auswahltore führte als Libero und brillanter Stratege die deutsche Mannschaft bei der EM 1996 zum bislang letzten großen Titel. Seit 2006 versucht er, als Sportdirektor des Deutschen Fußball-Bundes die Zukunft zu gestalten. René Müller, Ulf Kirsten, Thomas Doll und die anderen haben wie Sammer die

Seiten gewechselt. Als Trainer sind nicht all ihre Wünsche, Träume oder Hoffnungen in Erfüllung gegangen. Das aber wäre schon wieder Stoff für das nächste Buch.

Die meisten der damals aufgesuchten Protagonisten sind noch immer irgendwie mit dem Fußball verbunden. Einige spielen jetzt auf ganz anderen Plätzen. Stellvertretend seien Günter Busch, Georg Buschner, Dieter Erler, Walter Fritzsch, Wolfgang Hempel, Hans Kreische, Heinz Krügel, Reinhard Lauck, Heinz Satrapa und Willy Tröger genannt. Sie alle haben den DDR-Fußball geprägt und bereichert. Haben ihn gelebt, jeder auf seine Art. Unvergessen.

Dresden, im September 2010

Uwe Karte

Danksagung und Quellenhinweis

Kabinengeflüster

An dieser Stelle ein Wort des Dankes an die aufgezählten Fußballfreunde, ohne deren tatkräftige Unterstützung und Hilfe bei der Bereitstellung privaten Fotomaterials das Erstellen des vorliegenden Werkes nicht möglich gewesen wäre.

Busch, Günter
Buschner, Georg
Croy, Jürgen
Dehlis, Frank
Dörner, Hans-Jürgen
Döschner, Matthias
Ducke, Peter
Erler, Dieter
Frenzel, Henning
Grandel, Uwe
Häfner, Reinhard
Heidler, Gert
Hoffmann, Martin
Irmscher, Harald
Kaiser, Manfred
Klein Dr., Wolfgang
Kotte, Peter

Kreer, Ronald
Kreische, Hans
Kreische, Hans-Jürgen
Krügel, Heinz
Liebers, Matthias
Lindemann, Lutz
Löwe, Wolfram
Minge, Ralf
Müller, Rene
Nachtigall, Rainer
Nöldner, Jürgen
Pommerenke, Jürgen
Raab, Jürgen
Riedel, Dieter
Rohde, Frank
Satrapa, Heinz
Schade, Hartmut

Schoen, Herbert
Scholz, Heiko
Schößler, Detlef
Schröter, Günter
Stange, Bernd
Streich, Joachim
Tröger, Willy
Urbanczyk, Klaus
Walter, Manfred
Wätzlich, Siegmar
Weber, Gerd
Weise, Konrad
Wolf, Werner
Wutke, Fritz
Zötzsche, Uwe.

Quellen:
Chronik des Sports. Dortmund 1990.
Das war unser Fußball im Osten. Berlin 1991.
Die Neue Fußballwoche. Jahrgänge 1949 bis 1990.
Europacup 1964. Berlin 1964.
Europacup/Europameisterschaft 1968. Berlin 1968.
Europacup/Europameisterschaft 1972. Berlin 1972.
Europacup/Europameisterschaft 1976. Berlin 1976.
Europacup/Europameisterschaft 1980. Berlin 1980.
Europacup/Europameisterschaft 1984. Berlin 1984.
Fußball-Weltmeisterschaft Chile 1962. Berlin 1962.
Fußball-Weltmeisterschaft England 1966. Berlin 1966.
Fußball-Weltmeisterschaft Mexiko 1970. Berlin 1970.
Fußball.Weltmeisterschaft BRD 1974. Berlin 1974.
Fußball-Weltmeisterschaft Argentinien 1978. Berlin 1978.
Fußball-Weltmeisterschaft Spanien 1982. Berlin 1982.
Fußball-Weltmeisterschaft Mexiko 1986. Berlin 1986.
Querengässer, K.: Fußball in der DDR 1945 bis 1989,
Teil 2: Die Nationalmannschaft. Kassel 1995.
Simon, G.: Fußball informativ. Berlin 1986.
Simon, G., Rohr, B.: Fußball-Lexikon. München 1993